欠驱动水面船舶运动控制

孟　威　刘　杨　李建文　著

科 学 出 版 社

北　京

内 容 简 介

欠驱动水面船舶模型具有非线性、欠驱动、非完整、不确定等特性，因此欠驱动水面船舶运动控制既有理论上的困难，更是一个工程难题。本书介绍 3 自由度欠驱动水面船舶数学模型，分析欠驱动水面船舶运动学模型和动力学模型的特点，并利用非线性控制（包括滑模控制方法和反步法）和稳定性分析理论，设计欠驱动水面船舶的 1 输入 2 输出和 2 输入 3 输出镇定控制方法、路径跟踪和轨迹跟踪控制方法，以及领导船速度未知和通信受限情况下的编队控制方法。本书在设计控制方法时遵循先简单后复杂的原则，先采用精确模型后采用不确定模型，先针对单艘船舶后针对多艘船舶进行控制方法设计。

本书可供自动控制相关专业的高校教师、本科生、研究生，以及从事船舶运动控制领域工作的科研人员和工程技术人员参考。

图书在版编目（CIP）数据

欠驱动水面船舶运动控制 / 孟威，刘杨，李建文著. —北京：科学出版社，2019.11

ISBN 978-7-03-062915-9

Ⅰ. ①欠… Ⅱ. ①孟… ②刘… ③李… Ⅲ. ①船舶操纵–运动控制
Ⅳ. ①U664.82

中国版本图书馆 CIP 数据核字（2019）第 242916 号

责任编辑：姜 红 李 娜 / 责任校对：彭珍珍
责任印制：吴兆东 / 封面设计：无极书装

科 学 出 版 社 出版
北京东黄城根北街 16 号
邮政编码：100717
http://www.sciencep.com

北京九州迅驰传媒文化有限公司 印刷
科学出版社发行 各地新华书店经销
*
2019 年 11 月第 一 版 开本：720 × 1000 1/16
2020 年 1 月第二次印刷 印张：14
字数：282 000
定价：99.00 元
（如有印装质量问题，我社负责调换）

前　言

近年来，国内外的许多专家学者都对欠驱动系统进行了研究。欠驱动系统是指由控制输入量构成空间的维数小于位形空间维数的系统，即控制输入数小于系统自由度的系统。多数水面船舶、水下机器人、轮式小车、无人机及倒立摆等系统都属于欠驱动系统。目前，海上航行的大部分船舶仅装配产生纵向推进力的螺旋桨和产生转船力矩的舵装置，有些船舶为便于离靠泊控制，也装配侧推器，但是在海上正常航行时不使用，可以忽略其作用。由于船舶做 3 自由度水平面运动，所以该类船舶就属于欠驱动的。欠驱动水面船舶的研究已成为船舶运动控制领域中的一类重要课题。研究欠驱动水面船舶在实际工程中具有重要的价值。在实际航行中，大多数船舶为了考虑经济性，仅装配螺旋桨和舵或全回转推进器，即设计为欠驱动形式。集装箱、钻井平台和特种船舶（如打捞船、挖泥船和破冰船等）等对于控制精度和安全性要求比较高，在设计时都是全驱动系统。但是，海上情况变幻莫测，如果某个推进器损坏或失灵，此时的系统也是欠驱动的。欠驱动控制可为全驱动水面船舶设计备份控制器，能够降低由驱动器损坏带来的灾难性后果，所以研究欠驱动控制能够提高系统的鲁棒性和稳定性。另外，由于经济的飞速发展，船舶逐渐向专业化和大型化发展，由此带来许多操纵控制问题。船舶如何在狭长水域和风、浪、流干扰的影响下安全准时地到达目的地，是一个至关重要的问题。船舶数量日益增加，使港口变得拥挤，船舶在离靠泊时发生碰撞等的危险性就会增加。随着海洋资源的开发，一些特殊任务如海洋钻井采油、铺设管道和深海动力定位等，需要非常精确地控制，简单的航迹跟踪不能满足需要。

欠驱动水面船舶的研究也具有重要的理论意义。欠驱动水面船舶运动控制模型包括运动学模型和动力学模型两个部分，属于二阶非完整动力学系统，对此类系统的研究是对一阶非完整系统的延续。欠驱动水面船舶系统本质上是非线性系统，但是由于船舶在横向没有驱动，针对非完整系统的级联系统稳定性分析方法、反馈线性化和滑模控制等一些非线性研究方法不能直接应用于欠驱动水面船舶系统。由于船舶模型建立本身存在不确定性，海洋环境干扰也会导致船舶在行驶过程中出现参数摄动，并且测量信号受到传感器测量噪声的污染等不确定因素的存在，使欠驱动系统成为一类特殊的非线性系统。因此，必须寻找新的方法解决船舶的欠驱动问题，对于该类系统的研究有助于研究一般非线性系统的控制问题。

本书共 7 章，第 1 章绪论，介绍欠驱动水面船舶运动的研究背景，对国内外的主要研究方法进行详细综述,并给出欠驱动水面船舶的研究现状和待解决问题。第 2 章非线性系统稳定性分析基础,具体包括书中应用到的微分几何理论基础、Lyapunov 稳定性理论。第 3 章欠驱动水面船舶运动数学模型,分别在惯性坐标系和船舶附体坐标系下建立欠驱动水面船舶的运动学和动力学模型,并建立风、浪、流等环境干扰数学模型,通过综合分析建立欠驱动水面船舶标准 3 自由度数学模型。第 4 章欠驱动水面船舶镇定控制,主要探讨欠驱动水面船舶的直线航迹镇定控制及动力定位和靠泊镇定控制方法设计问题。第 5 章欠驱动水面船舶的路径跟踪控制,考虑模型不确定和外界干扰情况,采用滑模控制方法、反步法和神经网络方法,设计稳定控制方法。第 6 章欠驱动水面船舶的轨迹跟踪控制,研究基于不确定模型的欠驱动水面船舶鲁棒自适应轨迹跟踪控制和基于全局动态非线性滑模的欠驱动水面船舶轨迹跟踪控制。第 7 章欠驱动水面船舶的编队控制,采用领导者-跟随者方法,针对精确模型、模型参数不确定和未建模不确定项及船舶之间网络通信受限的问题,设计鲁棒自适应全局滑模编队控制方法。上述设计的控制方法都进行稳定性分析和仿真研究,仿真结果表明控制方法的有效性。

    本书由大连交通大学的刘杨和苏州热工研究院有限公司的孟威、李建文共同撰写,在本书即将出版之际,作者衷心感谢国家自然科学基金项目、国家重点研发计划的支持,感谢苏州热工研究院科技专著出版基金的资助。

    希望本书对从事相关领域的研究者有所帮助。由于作者水平有限,本书在理论推导中,难免会有不足之处,诚挚地希望听到各方面的批评意见,以便能进行进一步的修改,使其不断完善。

孟 威

2019 年 4 月

目　　录

第1章 绪 论

欠驱动水面船舶主要存在以下三个问题：镇定控制、跟踪控制和编队控制。这也是国内外学者研究的焦点问题，以下主要从这三个方面综述欠驱动水面船舶控制的研究进展。

1.1 欠驱动水面船舶镇定控制研究进展

实际的机械系统的运动学特性往往受到一定的约束，如运动轨迹的速度约束。如果该速度约束是由不可积的微分方程来描述的，则其又称为一阶非完整约束[1, 2]。运动学特性受一阶非完整约束影响的机械系统就称为非完整系统，如在水平面垂直滚动的独轮、两轮驱动的移动机器人小车[3, 4]等。欠驱动系统代表另一类重要的非线性系统，其显著特点是，系统广义坐标的个数大于系统独立控制输入的个数[5]。欠驱动系统的动力学特性受不可积的加速度，即二阶非完整约束的影响。欠驱动系统的镇定控制是国际上公认的难题。镇定控制也称为点镇定控制，是指获得反馈控制，确保系统渐近收敛到平衡点。欠驱动水面船舶很难转换为标准的无漂系统，针对非完整系统的重要结论不能直接适用于欠驱动镇定控制研究[6]，欠驱动系统还具有加速度不可积性质，不满足 Brockett 的必要条件[7]。因此，传统的光滑时不变状态反馈控制不能使欠驱动水面船舶镇定到期望点，研究欠驱动水面船舶的镇定控制不能直接采用常规的非线性控制方法，需要发展新的适用于欠驱动系统的方法。研究欠驱动水面船舶的镇定控制主要有以下几种方法：①非连续时不变反馈镇定控制；②连续时变反馈镇定控制；③混合反馈镇定控制。

1. 非连续时不变反馈镇定控制

目前，在欠驱动镇定控制器设计中，构造非连续反馈控制通常采用 σ 变换法[8]。σ 变换法是解决欠驱动系统镇定问题的一种重要方法，其本质就是对系统进行坐标变换，将非线性系统转换为等价的线性系统，因此只需对转换后的线性系统进行设计。Reyhanoglu[9]用 σ 变换法设计了非连续时不变反馈控制，证明欠驱动水面船舶系统在任意平衡点是强可达的，但是系统初始状态受存在的限制条件的影响，当初始状态满足限制条件时，能使所有的状态指数收敛到期望点。该方法是对文献[10]的改进。Laiou 和 Astolfi[11]针对具有高阶形式的非完整系统，提出了一种非连续控制方法，并且应用到欠驱动水面船舶中。该方法在相平面空间中一条线上不连续，而文献[9]中的结果是在一个区域内不连续，并且只能通过提高控制器增益来减弱不连续性。Fantoni 等[12]针对欠驱动气垫船设计了两种非连续控制，分别对船舶的速度和位移进行控制，但他们没有考虑航向问题。Ma[13]首先对降阶的欠驱动水面船舶数学模型进行非连续坐标和输入变换，得到线性时不变可控模型，提出一种时不变转换镇定律，能够满足全局一致指数收敛。Xu 和 Ozguner[14]采用滑模控制方法解决级联形式的欠驱动系统全局镇定控制问题，滑模控制器的优点是，对系统的模型误差、模型参数不确定和其他干扰具有鲁棒性。Cheng 等[15]通过微分同胚变换把欠驱动水面船舶系统转换成两个独立的子系统，分别采用终端滑模控制方法设计反馈控制，在一定的假设初始条件下，能够实现系统指数稳定。文献[16]同样通过微分同胚变换把欠驱动水面船舶系统转换成两个独立的子系统，在未知时变环境干扰和输入饱和的情况下，设计了一种适用于欠驱动水面船舶的自适应模糊镇定控制器，将自适应模糊系统与辅助动态函数结合，利用向量逆推技术和 Lyapunov 直接法提出了一种镇定控制方案。本书研究欠驱动系统的全局渐近稳定问题，考虑欠驱动水面船舶动力学特征为非对角惯性和阻尼矩阵，通过使用输入和状态转换，将动态模型转换为等效的由两个子系统串联组成的系统，针对转换后的系统设计分数功率控制框架，实现欠驱动水面船舶六变量的全局渐近稳定。

2. 连续时变反馈镇定控制

齐次法（homogeneity properties）和反步法是连续时变反馈控制常用的两种方法。采用反步法设计的光滑控制便于实现，并可保证系统渐近稳定，因此该方法也经常用于研究欠驱动系统的镇定问题，其缺点是采用递归算法对虚拟控制进行求导，有可能出现计算膨胀问题。

Pettersen 和 Egeland[17]针对欠驱动水面船舶提出了一种局部稳定的连续周期时变反馈控制，其不足之处在于收敛轨迹出现振荡。在文献[17]控制方法的基础上，文献[18]考虑了船舶模型推进动力学和部分参数的不确定。总体来说，这两种设计都没有取得较好的镇定效果，因此文献[19]在原有的控制中加入了积分增益项，并且进行了船舶模型实验，结果表明积分作用减小了镇定误差，但是镇定轨迹仍然会在平衡点处振荡。该方法经过修改应用于一个小的船舶模型进行动力定位实验[20]，实验结果表明，所设计的连续周期时变反馈控制能够使船舶镇定到期望的平衡点附近，但镇定轨迹仍然存在振荡。针对上述文献存在的问题，文献[21]根据分离原理将坐标变换和高增益观测器结合，设计全局一致渐近时变光滑输出反馈稳定控制律。Mazenc 等[22]对 Pettersen 等的工作[17, 20-22]进行了改进，提出了一种基于反步法的光滑时变周期状态反馈控制，能够使船舶在原点处全局一致渐近稳定，并且在文献[23]中对该控制器进行了严格的稳定性分析，所设计的控制器的控制效果与文献[17]、文献[20]～文献[22]设计的控制效果相比具有更好的鲁棒性。Pettersen 等[24]对该方法进行了船舶模型实验，并采用三个摄像机对船舶位置和方向进行反馈。在理论上，该方法能够使船舶全局一致渐近收敛到平衡点附近，并在此处振荡；在实际中，该方法能够对未建模不确定项和环境干扰具有更好的鲁棒性。我们从这种方法中得到启发，如果要获得更好的鲁棒性和实用性，必须在控制器设计时就把船舶的未建模不确定项和环境干扰考虑进去。因此，Pettersen 和 Nijmeijer[25]将积分反步法和平均法结合，提出了连续时变反馈控制和干扰自适应控制，对未知幅值的外界干扰采用自适应控制，实现系统的半全局渐近稳定，实验结果表明，系统能够收敛到原点处一个小的邻域内，虽然存在持续振荡状态，但是能够调节振荡幅值。

文献[26]利用级联系统的特点，将船舶运动学模型和动力学模型转化为二阶系统方程组，借助微分同胚变换将欠驱动系统转化为两个子系统，分别设计时变光滑状态反馈控制，使闭环系统所有状态全局指数收敛至平衡点。在实际中，该方法可应用于欠驱动水面船舶动力定位或自动离靠泊控制。M'Closkey 和 Morin[27]将齐次反馈渐近镇定律应用到带有漂移项的欠驱动水面船舶系统中，提出了两种控制设计方法：一是通过扩张函数得到渐近镇定指数收敛控制；二是采用时间平均法简化闭环齐次系统的镇定分析。文献[28]基于 σ 变换思想，为获得光滑时变控制在状态反馈控制中增加指数收敛控制项，并证明了系统全局指数稳定。

针对非完整系统，Tian 和 Li[29]设计了一种光滑时变渐近镇定控制，并应用于欠驱动水面船舶。文献[30]针对文献[29]中只考虑运动学模型设计的不足，把动力学模型考虑到控制的设计中。该方法通过引入辅助状态变量把非线性系统转换成线性时变控制系统并基于最小扩张角进行时变状态转换。文献[31]提出了一种新的近最优控制设计框架，用于任意非完整系统的链式控制，并且利用对偶性建立一致的完全可观测性，合成一个封闭形式和指数收敛的观测器，使用该框架设计的控制器既可以是状态反馈，也可以是输出反馈。基于反步法，Dong 和 Guo[32]提出了三种全局光滑时变反馈控制：一是基于状态变换，使闭环系统的状态全局渐近镇定到原点；二是为了提高闭环系统状态收敛率，提出了指数镇定控制，使闭环系统的状态指数收敛到零，但是收敛率不能任意分配；三是在状态变换中引入一个指数收敛项，使收敛率能够任意分配。与文献[25]比较，这三种控制结构简单，易于实现。Ghommam 等[33]把欠驱动系统通过坐标变换变成级联非线性系统，把欠驱动镇定控制问题简化成三阶级联形式的镇定控制，采用 σ 变换法和反步法设计了非连续时不变反馈控制，保证欠驱动系统全局一致渐近镇定到期望的位置。该方法在控制器设计时要求初始航向不为零，并为此给出了初始航向为零时的解决方案。Soro 和 Lozano[34]采用嵌套饱和控制技术与反步法结合，提出了一种半全局时变渐近稳定控制，并采用平均法理论进行了稳定性分析。

3. 混合反馈镇定控制

近年来，由于混合控制能够解决著名的 Brockett 必要条件的限制问题，该种控制日益受到广大学者的重视。Aguiar 等[35]考虑系统中存在外部干扰和测量误差，提出了一种切换交互控制（switched seesaw control）方法，该方法在两种模式下进行切换，每种模式驱动一个不同的闭环系统状态收敛到原点。Hespanha 等[36]的研究工作表明，除了在不同模型之间切换操作，还可以使用连续流形驱动状态的一个子集收敛到原点，同时能够驱动状态的补集收敛到原点。文献[37]提出了一种新颖的基于逻辑的控制器，包括上层逻辑单元和下层时不变控制器，使船舶沿线性化的航向反复进退，逐渐减小误差最终接近目标，Lyapunov 稳定性分析证明了闭环系统的渐近稳定性。Greytak 和 Hover[38,39]采用预测模型方法设计了切换镇定控制器，并对该方法进行了船舶模型实验验证，相比较文献[17]和文献[19]两种控制方法，其消除了振荡状态。

4. 其他方法

随着欠驱动水面船舶镇定控制研究的兴起，智能控制方法如神经网络、模糊控制和遗传优化算法等用于研究镇定控制问题[40,41]。文献[40]在未知时变环境干扰和输入饱和的情况下，设计了一种适用于欠驱动水面船舶的自适应模糊镇定控制器。将自适应模糊系统与辅助动态函数结合，利用矢量逆推技术和 Lyapunov 直接法，提出了一种镇定控制方案。Liu 等[41]提出了基于遗传优化算法的欠驱动水面船舶镇定改进算法，解决了由系统控制输入饱和引起的控制不稳定问题，并对环境干扰进行了补偿，保证了控制器的鲁棒性。以上文献都假设船舶是前后对称的，然而这种假设在实际中很少，针对这一情况，文献[42]把欠驱动水面船舶系统通过微分同胚变换解耦成线性和非线性两个独立子系统，实现了船舶系统的全局指数镇定。

1.2　欠驱动水面船舶跟踪控制研究进展

考虑安全性、经济性和特殊任务的目的，船舶需要按照设定的航线行驶，如布雷、铺设管线及管线维护等。航迹跟踪控制，是指船舶从任意初始位置驶入预先规划好的航线，并沿此航线最终抵达目的地。由于欠驱动水面船舶受模型参数不确定和未建模不确定项的影响，欠驱动水面船舶的跟踪控制设计非常困难。轨迹跟踪控制和路径跟踪控制为船舶跟踪控制的两大分支。轨迹跟踪控制中给定的参考轨迹为时间函数，即船舶在指定时间内按照设定的轨迹到达指定位置；路径跟踪控制中给定的参考轨迹与时间无关，不考虑时间的几何位置跟踪。轨迹跟踪控制和路径跟踪控制的主要区别就是对于时间的依赖程度，处理欠驱动问题的本质是相同的，因此本书主要从研究方法上对其进行综述。

针对欠驱动水面船舶的跟踪控制问题，本书主要从航迹跟踪控制方法、控制中考虑不确定性因素的航迹控制及航迹与镇定控制的综合问题三方面的研究成果进行综述。

1. 航迹跟踪控制方法

欠驱动水面船舶跟踪控制的难点在于：所研究的系统是欠驱动的；受到非完整系统加速度不可积的条件限制；船舶运动数学模型是非线性的，受模型参数不确定和未建模不确定项的影响，对于欠驱动水面船舶，转船力矩对横向运动也有影响。航迹跟踪控制常用的方法是系统局部线性化和多变量模型的解耦，主要采用 Lyapunov 直接法、状态反馈控制方法、输出反馈控制方法、模型预测控制方法和滑模控制方法等。

1）Lyapunov 直接法

Jiang[43]针对欠驱动水面船舶的全局渐近跟踪控制问题，在持续激励的情况下，利用 Lyapunov 直接法设计跟踪控制器。针对文献[43]中的持续激励条件限制，文献[44]基于计算转矩方法把系统转换为两个级联系统的形式，提出了一种仅需要参考信号为持续激励的全局指数轨迹跟踪控制设计方法。

2）状态反馈控制方法

Godhavn[45]基于反步法和反馈线性化方法提出了一种连续时不变状态反馈控制，能够使欠驱动水面船舶获得全局指数轨迹跟踪，设计时要求艏摇角速度不为零，这意味着不能跟踪直线轨迹。针对文献[45]中存在的不足，Pettersen 和 Nijmeijer[46]把文献[47]中级联无漂系统的控制方法应用到欠驱动水面船舶的轨迹跟踪控制上，采用文献[19]中的积分反步法设计了轨迹跟踪控制器，不仅能够镇定位置误差，也能够镇定航向误差，并将该方法结合平均法应用到文献[17]的控制器设计中。Pettersen 和 Nijmeijer[48]改进了文献[46]的设计方法，并应用到一个小的船舶模型上，采用三个摄像机完成船舶位置和方向的反馈。Lefeber 等[49]进一步对文献[48]中的方法进行改进，提出了一种全局指数收敛状态反馈控制，所得到的控制结构比较简单，并且采用与文献[48]相同条件进行船舶模型实验，结果表明，其对于模型误差和干扰具有一定的鲁棒性，能够使系统得到很好的控制结果。

Berge 等[50]基于状态反馈线性化引入积分作用设计了非线性轨迹跟踪控制器，通过稳定性分析表明，船舶的位置误差和速度误差能够指数收敛，由于没有直接控制船舶航向，定义了虚拟参考点使船舶艏摇动力学零状态稳定。Toussaint 等[51]扩展了文献[50]中的方法，详细说明了怎样使用反步法设计非线性欠驱动水面船舶控制，通过选择合适的输出扩展常规反步法，所得到的控制能够减少航向误差，从而跟踪直线轨迹和固定偏差下的曲线轨迹，但是该方法仍然有文献[50]中跟踪轨迹类型受到限制的缺点。Toussaint 等[52, 53]针对环境干扰和状态反馈受测量噪声污染的欠驱动水面船舶的运动规划和控制,提出了一种 H_∞ 控制方法。Cao 和 Tian[54]采用文献[31]中的镇定控制器设计思想把非线性系统通过时变状态转换为线性时变控制系统,在此基础上针对一般非完整系统的轨迹跟踪控制,提出一种光滑时变级联设计方法,所得结果同样适用于欠驱动水面船舶。Li 等[55]采用输入输出反馈线性化和重定义方法,设计了状态反馈直线跟踪控制。文献[56]针对船舶的直线航迹控制,提出了一种重定义输出方法。

3)输出反馈控制方法

1996 年,输出反馈控制方法被应用于船舶的轨迹跟踪控制和位置保持[57]。Do 等[58]为解决艏摇角速度非零限制,提出一种全状态、输出反馈鲁棒控制器。在文献[59]中设计了无源观测器,通过使用无源理论把调整的参数个数降到最少,该控制器通过数字仿真和船舶模型实验,得到了较好的控制结果。对欠驱动水面船舶拉格朗日动力学系统基于观测器设计输出反馈控制器难点在于,科里奥利矩阵使不可测速度存在交叉项,因此给输出反馈问题带来了很大的挑战。针对这一难点 Do 等[60]基于 Lyapunov 直接法和反步法,提出了一种全新的全局部分状态反馈和输出反馈轨迹跟踪控制器的设计方案,此控制器不需要测量横摇速度和前进速度,对于输出反馈只需要测量船舶位置和方向。Ihle 等[61]在文献[62]的基础上,使用观测器和反步法设计了一种鲁棒输出反馈控制器,能够克服干扰对控制器的影响,该方法可应用于仅有位置反馈的船舶系统中。

4)模型预测控制方法

模型预测控制(model predictive control,MPC)方法主要处理输入和状态受限制的系统,已经成功应用于化工、自动化和航空航天系统。其主要思想是:采用确定的模型把现有状态作为初始状态来预测被控对象的未来响应,通过在线解决每个采样间隔有限开环最优控制问题来决定控制效果,具有处理多变量系统的特性。MPC 通过把所有的目标合并成一个目标函数,可以很好地解决欠驱动问题。

Wahl 和 Gilles[63]在 1998 年首次将 MPC 引入船舶控制中。文献[64]采用 MPC 设计舵减摇镇定控制系统,从此拉开了 MPC 在欠驱动水面船舶上的应用序幕。McNinch 等[65]提出了一种非线性 MPC 方法,并且考虑了驱动器限制和船舶位置限制。Li 等[66]考虑舵值和转舵速率限制,在 MPC 设计时采用的是 2 自由度线性模型,但在验证控制器的有效性时使用了 4 自由度非线性模型,在有波浪干扰时验证了控制器具有很好的鲁棒性,控制效果对于采样时间、预测范围和权值矩阵的灵敏度分析结果很好,这将引导 MPC 参数调整,采样时间和预测范围决定了 MPC 在欠驱动水面船舶实时应用的可行性。为了提高文献[66]中控制器的效果,Oh 和 Sun[67]提出了一种针对带有输入限制的欠驱动水面船舶跟踪控制的 MPC 方法,使用 3 自由度动态模型设计 MPC,把视线(line of sight,LOS)导航算法和欠驱动水面船舶的路径控制结合起来。基于文献[68]提出的 Serret-Frenet

坐标，Wang 等[69, 70]针对模型参数不确定设计了基于解析模型预测控制的自适应路径跟踪控制器。

5）滑模控制方法

滑模控制对模型误差和外界干扰具有鲁棒性[71]，因此适用于处理船舶的控制问题[72]。Ashrafiuon 等[73]基于滑模控制方法提出了一种渐近稳态轨迹跟踪控制，能够使欠驱动水面船舶跟踪期望的轨迹，为了解决横向上没有驱动的问题，引入了关于横向跟踪误差的二阶滑动平面，并证明了艏摇角速度是有界输入有界输出的。该方法进行了船舶模型实验，船舶模型参数数据是通过文献[74]中的方法获得的，直线轨迹和曲线轨迹都获得了很好的效果。该方法的缺点是没有对艏摇运动直接进行控制，在实际实验中出现了航向的振荡，并且船舶的初始位置必须在设定的轨迹上，这与实际不相符。Elmokadem 等[75]在 Ashrafiuon 的基础上将关于横向误差的滑模面设计为积分型滑模面，并在常值干扰和时变干扰两种情况下分别设计滑模控制对直线轨迹进行跟踪研究。Meng 等[76]针对外界环境干扰作用下的欠驱动水面船舶轨迹跟踪控制问题，设计滑模轨迹跟踪控制器，对圆形参考轨迹进行跟踪控制，并根据 Lyapunov 函数证明船舶跟踪控制闭环系统一致最终有界。文献[77]针对随机波干扰和模型参数不确定的欠驱动水面船舶非线性数学模型，提出了一种基于 LOS 制导的滑模控制器，通过对开关表面的设计，解决了反馈控制中存在的模型参数不确定和波干扰等问题；在滑模条件下，将低通滤波器引入控制器，消除了由干扰和开关表面本身引起的摇摆速度和偏航率的高频振荡，实现了速度的平滑控制，用 Lyapunov 理论证明了控制的稳定性。其结果表明，该控制器具有较好的鲁棒性。文献[78]把奇异终端滑模控制方法应用于欠驱动水面船舶轨迹跟踪控制，设计的控制器使得路径跟踪误差与航向跟踪误差能够在有限时间内实现收敛。

6）其他航迹跟踪控制方法

神经网络由于能逼近任意连续函数，通常用于解决模型参数不确定和补偿外界环境干扰问题[79]。汪洋[80]提出一种将动态神经模糊模型与非线性控制器结合的在线控制算法，证明了跟踪误差的收敛性，其仿真结果验证了控制器的有效性。Liu 等[81]针对欠驱动水面船舶的模型参数不确定和外界环境干扰的影响设计了一种稳态自适应神经网络路径跟踪控制器。

2. 考虑不确定性因素的航迹控制

欠驱动水面船舶的航迹控制是一个非常重要但又非常复杂的问题，不仅需要选择合适的控制方法，而且需要选择恰当的欠驱动水面船舶数学模型，如果对模型进行简化就会相应地忽略系统的某些重要特性，考虑或忽略数学模型中的不确定性因素，会对控制效果产生至关重要的影响。欠驱动水面船舶受到风、浪、流等外界干扰的影响，多数文献在研究中都对其进行了忽略或简化，但为了设计符合实际的控制器，应该考虑上述影响因素。

1）欠驱动水面船舶动力学模型为非对角矩阵

在轨迹跟踪控制中，通常假设惯性矩阵和阻尼矩阵均为对角矩阵。在实际中，船舶通常是左右对称，而前后不对称的，因此如何设计模型中存在非对角项影响的控制器已成为一个热点问题。

Behal 等[82]将含有非对角项的欠驱动水面船舶模型转化为斜对称的形式，设计了一种基于高增益的全局跟踪控制器，能够把路径跟踪误差和方向跟踪误差全局指数收敛到原点任意小的邻域内。Skjetne 和 Fossen[83]针对欠驱动水面船舶系统模型存在非对角项和耦合的影响，采用一种三步反步法设计了路径跟踪控制。Skjetne 等[84]采用一艘船舶模型分别进行建模、辨识参数，采用文献[85]中一类非线性系统的鲁棒输出操纵控制方法设计了船舶操纵控制器，并进行了水池实验。Do 和 Pan[86]提出了一种新的设计全局跟踪控制器的方法，其所采用的数学模型的惯性矩阵和阻尼矩阵是非对角矩阵，利用输出重定义、坐标变换和反步法设计控制器，其所设计的控制器能够全局跟踪参考轨迹。由于速度测量传感器易受噪声污染，文献[87]在文献[86]的基础上引入了观测器，通过测量艏摇角和横向位移来估计未知速度信息，进一步在文献[88]中考虑环境干扰的影响，采用坐标变换把非对角矩阵转换为对角矩阵，并采用文献[86]和文献[87]中的反步法提出了一种全局轨迹跟踪控制器。Fredriksen 和 Pettersen[89]采用 LOS 导航算法为欠驱动水面船舶路径点操纵提出了一种全局指数路径跟踪控制，考虑模型中非对角项影响，并且采用文献[24]中的方法进行了实验。Moreira 等[90]采用与 Fredriksen 和 Pettersen[89]相同的 LOS 导航算法设计了一个路径跟踪控制器，并且基于反馈线性化设计了速度控制器。这两个文献都没考虑环境干扰的影响，Burger 等[91]针对模型中非对角惯性矩阵和阻尼矩阵，在设计时考虑洋流对船舶运动的影响，设计了一种欠驱动水面船舶直线路径跟踪编队控制器。Peng 等[92]考虑了风、浪、流恒值干扰的轨迹跟踪控制，基于反步法和无损卡尔曼滤波器无损卡尔曼滤波器（unscented Kalman filter，UKF）进行设计。文献[93]把解析模型预测控制和 UKF 技术结合，提出了能够解决模型中带有时变参数和外界干扰的欠驱动水面船舶路径跟踪控制的方法。

2）欠驱动水面船舶动力学模型包含非线性阻尼项

在船舶模型中，非线性阻尼项是船舶在高速行驶时不可忽略的量。如果模型中考虑非线性阻尼项，就能够包含船舶高速、低速的情况，但在欠驱动水面船舶模型中存在非线性阻尼项会使控制系统面临很多困难。首先，非线性阻尼项很难通过半经验方法和流体动力学计算准确得到；其次，非线性阻尼项将非平滑项引入船舶模型中，使控制器的设计很难使用反步法；最后，横向动力学稳定性分析比较困难。文献[94]考虑了欠驱动水面船舶数学模型存在水动力阻尼系数不确定性的情况,设计了一种连续时变跟踪控制器。该文献的亮点是,在两个状态连接点设计了一种期望动态振荡器,可以渐近跟踪变换后的系统,同时能够适应参数的不确定性,采用 Lyapunov 方法保证了跟踪误差最终收敛到一个任意小的区域内。文献[95]和文献[96]分别与模糊控制及神经网络等方法结合,解决了非线性控制中存在的系统不确定性问题及控制设计复杂问题,仿真结果验证了此种控制方法的有效性,并考虑了输入及速度受限问题。

3)欠驱动水面船舶运行速度不可测

在通常情况下,船舶的速度不能直接通过测量获得,因此需要在反馈控制时进行速度估计。船舶的位置和航向通常采用 GPS 和罗经来测量,船舶位置测量易受传感器噪声污染,因此通过位置测量来获取船速的精度较差。全驱动水面船舶通过使用观测器估计船舶速度的输出反馈控制技术已经发展成熟,但是解决欠驱动水面船舶的这一方面问题还面临很多困难。

文献[97]采用全局非线性坐标变换将船舶的动力学系统转化为一种不需测量速度的线性系统,设计了一种欠驱动水面船舶轨迹跟踪全局输出反馈控制器。文献[98]对文献[97]中的控制方法进行了改进,通过选择合适的船舶附体坐标系坐标原点,避免船舶的艏摇力矩直接作用于横向运动,提出了一种全局控制器设计方法。当非线性阻尼系数不能精确得知时,其采用了一种"非传统"的自适应观测器和一个简化的控制器来处理。该方法以一艘船舶模型为对象进行实验,获得了很好的控制效果。

4)欠驱动水面船舶存在外界环境干扰

外界环境干扰是船舶在海上实际航行时不可避免的未知因素,并且对船舶实际的控制效果具有很大的影响,严重时会影响船舶的航行安全。在许多文献中都提到了外界环境干扰对控制器设计的影响,但都没有着重针对外界环境干扰去设计控制器,而是设计好控制器以后,在验证控制器的有效性时加以考虑,因此这方面还需要进行进一步的研究。

文献[99]考虑欠驱动水面船舶存在模型参数不确定和风、浪、流等外界干扰的影响,提出了一种非线性鲁棒自适应控制方法,在设计时,采用极坐标变换把路径跟踪误差转化成三角形式,因此可直接使用 Lyapunov 直接法、反步法等非线性方法。受文献[99]的启发,文献[100]假设欠驱动水面船舶的横向速度是无源有界的,提出了一种点到点航行的鲁棒自适应控制策略,仿真结果与文献[50]比较表明,该控制器结构简单、精度较高、物理意义也比较明显。在文献[99]和文献[100]的基础上,Li 等[101]提出了一种基于新颖反步法和反馈控制的简单控制,不仅考虑了模型参数不确定和测量噪声的影响,还在船舶模型水池实验中考虑了通信的延时。

3. 航迹与镇定控制的综合问题

由于欠驱动水面船舶固有的非线性和欠驱动特性，其镇定和航迹控制都十分困难，一种极富挑战性的工作是考虑欠驱动水面船舶镇定和跟踪控制的联合设计。文献[102]首次提出联合平均法和积分反步法解决欠驱动水面船舶的镇定和跟踪综合控制问题，仿真结果表明，船舶能够指数收敛到原点和参考轨迹任意小的邻域内。在文献[102]的基础上，文献[103]将 Lyapunov 直接法和反步法结合设计了一种通用控制器，能够同时解决欠驱动水面船舶的镇定和跟踪问题。其所提出的控制器能够全局渐近跟踪任何期望的参考轨迹，当参考角速度满足持续激励条件时，能够获得闭环系统的全局指数镇定。Ghommam 等[104]针对欠驱动水面船舶的一致全局渐近镇定和全局指数跟踪问题，用反步法设计了全局光滑时变动态反馈控制。该控制器的设计过程系统化，便于理论分析，并且在跟踪问题中考虑了外界环境干扰的影响。

1.3 欠驱动水面船舶编队控制研究进展

控制系统学者为大自然着迷并从中获取灵感，群体协调和编队控制就是其中很好的应用。群体行为在自然界很常见，如鱼群、鸟群、牧群等[105-115]。当鸟群以一定的"V"形编队飞行时，会减少能量消耗，如图 1.1 所示。Binetti 等[111]利用极值搜索解释了这一空气动力学现象。受自然群体行为的启发，机械系统的编队控制问题受到了广泛关注，成为群体运动控制领域的一个代表性研究课题。其相比较单一系统编队控制系统的优点是，能够完成一些复杂的任务和解决一些具有挑战性的问题，具有很好的经济性，结构灵活，对未知环境具有较强的自适应性和鲁棒性。近年来，船舶编队控制问题引起了国内外学者的重视。船舶编队控制，是指通过选择合适的控制方法控制一组船舶的位置和方向，从对每艘船舶的测量中优化目标函数，跟踪船舶到期望位置，以使它们完成某种特定的任务。

图 1.1 鸟群

船舶编队控制最早应用在军事领域，军舰以不同的战术队形编队行进，可以增加安全性和武装防御支持，具体应用如护卫舰编队航行和亚丁湾编队护航、海上编队巡逻等。船舶远洋航行补给也是船舶编队控制的典型应用，船舶远洋航行补给不仅在军事上可以保证舰船执行特定作战任务，而且在商业上可以减少油轮和集装箱等大型船舶靠岸的次数，提高效率和经济效益。船舶编队的另一个应用前景是协调操作，可以完成单一船舶无法完成的任务，例如，航空母舰进港需要多个拖船合作控制。

随着经济高速发展、能源日益消耗，人们逐渐把目光转向海洋，对海洋资源的探索不断加深，如石油和天然气的探测等。采用一艘母船舶带领几艘自主船舶编队对海洋资源进行探测，不仅能够大幅度提高自动化水平，节省人力、物力，还能大幅度提高工作效率。人们对海洋的关注也对其环境产生了一定的影响，为了可持续发展，也需要对海洋环境进行检测。中国海监船在海上执行任务和利用水下机器人对海底输油管道漏油和其他异常进行检测。

综上所述，船舶编队控制具有很高的实用价值和应用前景，因此许多专家和学者加入船舶编队控制的研究中。最常用的解决编队控制的思想是选取合适的编队控制策略，结合单一船舶的轨迹跟踪或路径跟踪控制算法设计船舶的编队控制器。虽然船舶编队控制获得了许多研究成果，但不管是在实际应用上还是在理论研究上都有许多问题亟待解决。

编队控制通常有集中控制方式、分散控制方式和分布式控制方式三种结构。集中控制方式采用统一的控制器对编队中各成员集中控制，因此需要掌握全部成员的信息，计算量比较大，并且灵活性差。分散控制方式则具有很好的灵活性和可靠性，但是存在局部最优解问题。分布式控制方式则是在分散控制方式的基础上考虑各成员之间存在的信息交换，其灵活性和鲁棒性更优。在国内外学者的研究中，通常编队控制主要有以下几种方法：人工势场（artificial potential fields）法、虚拟结构（virtual structure）法、基于行为（behavior based）法、领导者-跟随者（leader-following）方法。

1. 人工势场法

人工势场法基于虚拟力的概念提出[116]，最初应用在移动机器人领域。其主要思想是：将机器人的运动环境抽象为人工引力场，不同目标位置对机器人产生不同引力，不相关的点如障碍点则产生相应的排斥力，把这两种力进行组合产生一种合力推动机器人运动。文献[117]采用人工势场法和虚拟领导者方法结合，解决了群体的协调控制问题。文献[118]采用人工势场法和输出反馈结合，解决了传感器测量受限的机器人编队控制问题，并把这种设计方法分别用于解决传感器测量受限[119]和通信范围受限[120]的欠驱动水面船舶编队控制问题上。

人工势场法的优点是，能够建立统一的势能函数，数学表达上简洁美观，产生的路径也平滑，编队行进过程中也比较安全。但是其存在局部最优解的问题，即如果编队目标点处存在障碍物，则永远也到达不了目的地，因此如何设计势能函数是该方法应用的关键。

2. 虚拟结构法

Tan 和 Lewis[121]首次提出了虚拟结构的概念,并将其应用在移动机器人的编队控制上[122]。该方法的基本思想是：把整个编队视为一个单刚体的虚拟结构，每个编队成员把刚体上的结构点作为各自的跟踪参考点，当刚体按照设定的队形运动时，编队成员跟踪各自的参考点，从而实现期望的编队队形。虚拟结构法能够很好地保持编队队形，但是编队的灵活性和适应性比较差，潜在应用会受到限制。Beard 等[123]设计了基于虚拟结构法的航天器编队控制，文献[124]也在多智能体的控制中采用了该方法。文献[125]和文献[126]在文献[123]的基础上，把每个虚拟结构点作为领导者，编队中的各成员跟随虚拟结构点，并且对编队跟踪误差进行反馈，提高了编队的稳定性。以上文献采用的是集中控制方法，为了进一步提高编队的鲁棒性，在文献[127]和文献[128]中提出了分散编队控制结构下的虚拟结构法，能够更好地提高系统的稳定性。Ren 等[129]对智能体协调控制中的共识问题做了综述，对编队控制的发展做出了巨大贡献。2002 年，Skjetne 等[130]针对全驱动水面船舶，基于虚拟结构法研究了水面船舶的编队控制。Ihle 等[131-137]采用虚拟结构法针对欠驱动水面船舶的编队控制问题做了许多工作，在文献[131]和文献[132]中设计了一个限制力函数产生限制力，从而确定一个虚拟结构，该限制力函数的缺点是采用集中控制方式，如果有一个船舶掉队将会导致整个编队的失败。为解决这一问题，提高编队的稳定性能，文献[136]和文献[137]设计了采用分散控制方式的船舶编队控制，并在文献[133]中进行了船舶实验，实验结果表明，船舶编队能够获得很好的控制效果。为了进一步提高编队的鲁棒性，文献[135]基于无源法设计了采用双向通信结构的同步路径跟踪控制。为了处理编队中模型参数不确定问题，文献[138]基于虚拟结构法提出了一种自适应轨迹跟踪编队控制方法。文献[139]基于Lyapunov 直接法和反步法，并结合路径跟踪和虚拟结构法，提出了欠驱动水面船舶平面运动非线性编队控制。

3. 基于行为法

行为法是指根据避障、保持期望队形和驶向目标点等具体行为，通过对每个期望行为的加权平均获得整个群体的编队行为。Balch 和 Arkin[140]首次提出了基于行为的编队控制方法，文献[141]针对欠驱动水面船舶的编队控制，提出一种基于零空间（null space based，NSB）的行为控制方法。NSB 方法可视为一个集中指导系统，目的在于执行多任务（如避让障碍物或保持队形）的同时在复杂的环境中驱动一组船舶。

该方法允许分散控制方式，当群体有多个竞争目标时，能够得到简化的控制策略。但是基于行为法的控制性能难以使用数学方法进行理论分析和预测。如果想了解采用系统理论方法分析基于行为法的编队稳定性，可参考文献[142]和文献[143]。这种方法在结构上属于分散控制方式，并经常与人工势场法结合使用，详见文献[144]~文献[146]。

4. 领导者-跟随者方法

领导者-跟随者方法基本思想是：根据实际控制任务选取一个或几个个体作为领导者，其他个体作为跟随者以期望的相对距离和方向跟随领导者运动，从而可以获得期望的队形。领导者可以是编队中真实的个体，也可以是虚拟的个体，这种方法比较直观，并且被应用到船舶补给和航天特技表演中。

领导者-跟随者方法思想最早出现在移动机器人的编队控制中[147]，基于该方法文献[148]设计了分散控制来解决高速车辆拥挤问题。2001 年，Encarnacao 和 Pascoal[149, 150]最早把领导者-跟随者方法应用到欠驱动水面船舶的编队控制问题中，控制一艘水下自治船舶在水下以一定的深度跟踪水面船舶的运动，组成所需的编队。自此欠驱动水面船舶的编队控制取得了迅猛的发展。Desai 等[151]采用领导者-跟随者方法，假设每个机器人只能获取自身传感器的测量信息，设计了两种控制器。该控制器的目的是保持领导者和跟随者之间期望的相对角和相对距离，控制器则考虑了三个机器人的相对位置，即其中一个机器人作为跟随者跟踪其他两个领导机器人，从而获得期望的相对距离，该方法在文献[152]中得到了很好的应用。Fahimi 等[153-155]基于这种设计思想，针对欠驱动水面船舶的编队控制做了很多工作，在文献[155]中结合滑模控制方法分别设计了编队控制器，在设计中考虑了船舶动力学模型的模型参数不确定和波浪干扰，并将此研究成果在文献[156]中进行了船舶实验，取得了很好的控制效果，而且成功应用于无人直升机的编队控制中[157, 158]。为了解决文献[155]中跟随船舶航向可能在质点处振荡的问题，文献[154]采用了文献[159]中的控制点概念，结合 MPC 方法设计了不需要单独设计避障的领导者-跟随者欠驱动水面船舶编队控制。

由于基于行为法的控制性能很难预测和进行分析，虚拟结构法又不太适用于解决船舶的编队控制问题，所以领导者-跟随者方法因其结构简单、易于实现等优点而被广泛应用于欠驱动水面船舶的编队控制。在领导者-跟随者方法中，许多研究都是依赖预先设定的路径进行编队控制[131, 160-163]，也就是设计协调路径跟踪控制器。然而，如果任务改变或是不期望的情况出现，如某个编队成员失效，则必须对原路径进行重新设计。为解决这一问题，文献[164]提出了一种虚拟目标跟踪法的领导者-跟随者编队控制结构，虚拟目标与领导船之间保持一定的距离和方向，跟随船通过跟踪虚拟目标获得期望的编队，并且进行了实船实验。Kyrkjebø[165]提出了与虚拟目标法相似的编队控制结构，但其主要针对全驱动水面船舶在低速航行时的情况。文献[166]也基于虚拟目标法，提出了一种协调路径跟踪和轨迹跟踪的控制方法。彭周华[167]也采用类似的方法研究了包含不确定动态的舰船编队控制，采用神经网络逼近不确定动态，所设计的控制器不依赖领导船的速度信息。该方法的优点是，领导船的运动指引整个编队的运动，易于操作和实现，有很好的鲁棒性；其不足在于，船舶编队严重依赖领导船状态，这可能成为编队控制的不可控点。

5. 其他编队控制方法

文献[168]提出了一种基于广义坐标的编队控制方法。广义坐标以编队成员的位置（L）、方向（O）和形状（S）为特征表示在编队中的参考点。编队的轨迹可用 L、O、S 坐标详细表示，当保持一个期望的编队几何时，能够保证渐近跟踪期望轨迹。Kyrkjebø 和 Pettersen[169]提出了同步控制，尤其是将机器人同步控制方面的最新结果用于船舶补给控制，并在文献[170]中进行了实验验证。在领导者-跟随者船舶编队控制中，跟随船需要实时获取领导船的速度信息。然而在实际中，跟随船一般不装配速度传感器，即使有也会受到测量噪声的污染。为解决领导船速度未知的情况，文献[171]提出了一种虚拟船舶控制方法，使跟随船跟踪虚拟船舶，从而获得所需的编队。文献[172]提出了基于输出反馈的领导者-跟随者方法，不需要领导船的数学模型就可以获得期望的编队。

Borhaug 等[173,174]在此基础上考虑了通信受限的分散编队控制。为了进一步研究欠驱动水面船舶的编队控制问题，文献[175]基于上述方法，提出了一种直线路径编队控制方法。Dong 和 Farrell[176]在图论的帮助下，提出了一个使用相邻船舶之间相关信息的协作控制，假设通信有向图是固定的，对单艘船舶在合适的转换和图论结果的帮助下，使用相邻船舶之间的相关信息设计控制。由于在相邻船舶之间的通信延时不可避免，对于带有延时的闭环系统进行了稳定性分析，所提出的控制对小的通信延时具有鲁棒性。Ghommam 等[177]结合 Lyapunov 直接法、反步法和图论分两步设计了路径跟踪协调控制器，首先设计一个路径跟踪控制器，控制编队中的每艘欠驱动水面船舶跟踪一个受风、浪、流干扰影响的参考路径；其次调节船舶的速度以和相关的实际目标（即坐标状态）同步，在此意义上每条路径的微分作为一个自由输入同步船舶运动。当处理路径跟踪编队控制问题时，考虑到把每艘船舶的坐标状态传递到其他相邻船舶，并且在传递时使用一个由通信拓扑决定的可变延时，同时基于 Lyapunov-Krasovskii 函数获得了协调误差收敛。文献[178]仅利用相对位置信息和相对航向信息的船舶编队输出反馈控制问题，应用微分同胚变换将系统解耦成 3 个子系统，根据船舶低频运动的特点，在跟随船水动力学模型中黏性水动力和力矩未知及所有船舶速度都不可测量的假定下，设计了线性输出反馈控制器和输入饱和受限的输出反馈控制器。文献[179]使用高增益观测器估计船舶的速度信息，应用一阶低通滤波器来估计速度虚拟控制输入的微分，并采用神经网络方法估计干扰和不确定动态来研究船舶编队路径跟踪控制。文献[180]研究了具有输入饱和且存在横荡运动的欠驱动水面船舶在水面上运动的编队控制问题。将编队控制问题转化为镇定控制问题，给出了不同于反步法的编队控制器设计三步法，该方法有助于克服输入饱和的影响，将跟随船控制输入中的微分、虚拟领导船的加速度、跟随船动力学模型参数不确定和外扰统一视为干扰，应用干扰观测器估计并在控制器中给予补偿。

综上所述，大多数文献都是针对精确的欠驱动水面船舶数学模型设计编队控制器。在实际中，船舶运动控制是一类特殊的非线性系统，存在模型参数不确定情况。受外界风、浪、流环境干扰的影响，船舶的水动力参数很难确定，并且很多时候都是假设船舶是完全对称的，这种假设使船舶模型中不存在非对角因素的影响，但脱离了实际应用。在编队控制中，需要获取位置信息和速度信息，此时还应该考虑传感器的测量噪声污染。当两艘船舶之间进行信息传递时，由于受到网络带宽的限制，不可避免地存在丢包和延时。本书针对上述存在的问题，在现有编队控制方法研究的基础上，进一步对欠驱动水面船舶的编队控制问题进行研究，着重考虑模型参数不确定和未建模不确定项的影响、领导船速度未知情况和存在通信网络受限制情况下的编队控制问题。

第 2 章　非线性系统稳定性分析基础

欠驱动水面船舶运动控制是复杂的，需要应用具有 3 自由度 6 状态 2 输入的动力学模型和运动学模型的船舶模型，而这两个模型都是具有强非线性的。同线性系统理论，非线性系统理论建立在状态空间分析方法的基础上。非线性系统稳定性分析所使用的主要数学工具是微分几何和 Lyapunov 稳定性。稳定性是控制系统分析与设计理论中的一个基本问题。本章首先给出微分几何理论基础的基本定义，然后给出 Lyapunov 稳定性理论的基本概念和基本定理。

2.1　微分几何理论基础

定义 2.1　称向量函数 $f:D\to\mathbb{R}^n$，其中，域 $D\subset\mathbb{R}^n$ 是一个定义在 D 上的 n 维向量场。

定义 2.2　给定一个 X 的光滑标量函数 $h:D\to\mathbb{R}$。h 的微分是一个向量场，定义为

$$\mathrm{d}h = \frac{\partial h}{\partial X} = \left[\frac{\partial h}{\partial x_1}, \frac{\partial h}{\partial x_2}, \cdots, \frac{\partial h}{\partial x_n}\right] \tag{2.1}$$

定义 2.3　令 $h:D\to\mathbb{R}$ 为一个光滑标量函数，$f:D\to\mathbb{R}^n$ 为一个光滑向量场。以 $L_f h(X)$ 表示的 h 关于 f 的李导数被定义为

$$L_f h(X) = \frac{\partial h}{\partial X} f(X) = \sum_{i=1}^{n} \frac{\partial h(X)}{\partial x_i} f_i(X) \tag{2.2}$$

李导数是一个标量函数，它可再次对另一向量场重复做 L_f 运算及混合李导数运算：

$$L_f^k h = L_f(L_f^{k-1}h), \quad k=1,2,\cdots \tag{2.3}$$

$$L_g L_f^k h = L_g(L_f^k h) \tag{2.4}$$

约定：$L_f^0 h = h$，g 为域 $D\subset\mathbb{R}^n$ 上的向量场。

定义 2.4　令 f 和 g 为两个 $D\subset\mathbb{R}^n$ 上的向量场，以 $[f,g]$ 或 $ad_f g$ 表示，按以下运算

$$[f,g] = ad_f g = \frac{\partial g}{\partial X} f - \frac{\partial f}{\partial X} g \tag{2.5}$$

得出的一个新的向量场定义为 f 和 g 的李括号，其中，符号 $\partial f/\partial X$、$\partial g/\partial X$ 分别

表示向量场 f 和 g 的雅可比矩阵。

李导数和李括号是非线性系统几何方法的核心之一。下面给出用李导数表示的相对阶的定义。

定义 2.5　给出一个单输入单输出的非线性系统为

$$\dot{X} = f(X) + g(X)u \tag{2.6}$$

$$y = h(X) \tag{2.7}$$

其中，$f: D \to \mathbb{R}^n, g: D \to \mathbb{R}^n, h: D \to \mathbb{R}$ 是光滑的；域 $D \subset \mathbb{R}^n$，$X \in \mathbb{R}^n$ 为 n 维状态向量；$u, y \in \mathbb{R}^1$ 分别为系统的输入变量与输出变量；系统式（2.6）和式（2.7）在域 D 中的相对阶为 r，如果

$$L_g L_f^i h(X) = 0, \quad 0 \leqslant i \leqslant r - 2 \tag{2.8}$$

且

$$L_g L_f^{r-1} h(X) \neq 0, \quad \forall X \in D$$

相对阶具有明确的意义：线性系统的相对阶等于系统传递函数分母多项式的阶数和分子多项式的阶数之差；对于一般的非线性系统，相对阶正好等于为了明确出现控制量 u 需要对输出 y 求导的次数。

关于相对阶为 r 的系统式（2.6）和式（2.7）有下面的引理。

引理 2.1[181]　有 $X \in D$，使

（1）行向量 $\mathrm{d}h(X), \mathrm{d}L_f h(X), \cdots, \mathrm{d}L_f^{r-1} h(X)$ 线性独立；

（2）列向量 $g(X), ad_f g(X), \cdots, ad_f^{r-1} g(X)$ 线性独立。

定义 2.6　定义在 D 上的映射 $T: D \to \mathbb{R}^n$ 是微分同胚，如果它在 D 上是可逆的，即存在函数 $T^{-1}(X)$ 使得对所有的 $X \in D$，$T^{-1}[T(X)] = X$，则 $T(X)$ 和 $T^{-1}(X)$ 是连续可微的。

微分同胚实际上是一种坐标变换，一个合格的坐标变换一定是微分同胚的。若区域 D 是整个空间 $\mathbb{R}^n$，则 T 称为全局微分同胚，全局微分同胚很少见，在工程问题中，为解决问题所采用的坐标变换往往只要求是局部微分同胚。给定一个非线性函数 $T(X)$，要检验它是否为一个局部微分同胚，可以利用下面的引理。

引理 2.2[182]　设 $T(X)$ 是一个定义在 $\mathbb{R}^n$ 空间的域 D 中的光滑函数。如果在域 D 中的点 $X = X^0$ 处的雅可比矩阵

$$\left. \frac{\partial T(X)}{\partial X} \right|_{X=X^0} = \begin{bmatrix} \dfrac{\partial T_1}{\partial x_1} & \cdots & \dfrac{\partial T_1}{\partial x_n} \\ \vdots & & \vdots \\ \dfrac{\partial T_n}{\partial x_1} & \cdots & \dfrac{\partial T_n}{\partial x_n} \end{bmatrix}_{X=X^0} \tag{2.9}$$

是非奇异的，则在包括 X^0 点在内的域 D 的一个子域 D^0 中，$T(X)$ 是一个局部微分同胚。

定义 2.7　给定定义在 $D \subset \mathbb{R}^n$ 上的 k 个向量场 $g_1(X), g_2(X), \cdots, g_k(X)$，在几何学中把这样的向量场集合 $\{g_1(X), g_2(X), \cdots, g_k(X)\}$ 所张成的一个 $\mathbb{R}^n$ 子空间

$$\varDelta = \text{span}\{g_1, g_2, \cdots, g_k\}$$

称为分布。

定义 2.8　一个分布 $\varDelta$，如果属于 $\varDelta$ 的任意两个向量场 $g_i(X)$ 和 $g_j(X)(1 \leqslant i, j \leqslant k)$ 的李括号仍属于 $\varDelta$，则称分布 $\varDelta$ 是对合的或称它具有对合性，即向量场的集合 $\{g_1(X), g_2(X), \cdots, g_k(X)\}$ 是对合的。

2.2　Lyapunov 稳定性理论

Lyapunov 稳定性理论于 19 世纪 80 年代由俄国数学家 Lyapunov 创建，它在自动控制、航空技术、生态生物、生化反应等自然科学和工程技术方面有着广泛的应用，其概念和理念也发展得十分迅速。在控制原理中关于稳定性的定义有多种，Lyapunov 稳定性理论是一个应用非常广泛的理论，是分析和研究非线性控制系统稳定性的经典理论，近年来出现的一些新的控制方法也是建立在此理论基础之上的。本节首先讨论 Lyapunov 意义下的稳定性，即关于系统平衡点的一类稳定性问题，然后给出 Lyapunov 判断系统稳定性的基本定理。

1. Lyapunov 稳定性定义

考虑下列动态系统：

$$\dot{X} = f(X, t) \tag{2.10}$$

其中，$X \in \mathbb{R}^n$ 为系统的 n 维状态向量；函数向量 $f : D \times \mathbb{R}^+ \to \mathbb{R}^n$，$D = \mathbb{R}^n$ 或对某一 $h > 0$，$D = B_h$，这里 $B_h = \{X \in \mathbb{R}^n : \|X\| < h\}$ 是一个以原点为中心、h 为半径的球。如果 $D = \mathbb{R}^n$，则系统动态被定义为全局的，而如果 $D = B_h$，则它们仅被定义为局部的。如果式（2.10）中 $f(X, t)$ 不明显依赖 t，则称该系统为自治系统，否则称为非自治系统。如果 $f(X, t) = A(t)X$，其中，$A(\cdot) : \mathbb{R}^+ \to \mathbb{R}^{n \times n}$，则称系统为线性系统，否则称为非线性系统。这里，本书假定 $f(X, t)$ 对 t 是分段连续的，对 X 是利普希茨（Lipschitz）连续的，即有

$$\|f(X, t) - f(Y, t)\| \leqslant L\|X - Y\|, \quad \forall X, Y \tag{2.11}$$

其中，$L \geqslant 0$，为 Lipschitz 常数。于是，此方程对已知初值有唯一解 $X(t; X_0, t_0)$，此解代表了此系统自某初值 X_0 出发的运动轨迹。如果某性质对所有的 $t_0 \geqslant 0$ 都成立，则称它是一致的。

定义 2.9　称 $X_e \in \mathbb{R}^n$ 是系统式（2.10）的平衡点，如果下式成立：

$$f(X_e, t) = 0, \quad \forall t \geqslant 0 \tag{2.12}$$

则 Lyapunov 关于稳定性的研究均针对平衡点而言。对于线性定常系统 $\dot{X} = AX$，当 A 为非奇异矩阵时，系统只有唯一的平衡点；若 A 为奇异矩阵，则系统存在无穷多个平衡点。而对于非线性系统，可能有一个或无穷多个平衡点。为讨论方便，不失一般性地假定式（2.10）的平衡点为 $X_e = 0$。下面总结一些重要的定义。

定义 2.10　如果对于每一个 $\varepsilon > 0 (\forall t_0 > 0)$，总存在 $\delta = \delta(t_0, \varepsilon) > 0$，使得

$$\|X_0\| < \delta \Rightarrow \|X(t; X_0, t_0)\| < \varepsilon, \quad \forall t \geqslant t_0 \tag{2.13}$$

其中，$X(t; X_0, t_0)$ 是式（2.10）在初始状态 $X(t_0) = X_0$ 的解，则称系统式（2.10）在平衡点 $X_e = 0$ 是 Lyapunov 意义下稳定的，否则，称系统式（2.10）在平衡点 $X_e = 0$ 是 Lyapunov 意义下不稳定的。

定义 2.11　如果在定义 2.10 中，$\delta = \delta(\varepsilon)$ 不依赖 t_0，则称系统式（2.10）在平衡点 $X_e = 0$ 是一致稳定的。

定义 2.12　如果系统式（2.10）在平衡点 $X_e = 0$ 是 Lyapunov 意义下稳定的，且对于所有的 $t_0 \geqslant 0$，存在 $\delta = \delta(t_0) > 0$，使得当 $\|X_0\| < \delta$ 时，有

$$\lim_{t \to \infty} \|X(t; X_0, t_0)\| = 0 \tag{2.14}$$

则称系统式（2.10）在平衡点 $X_e = 0$ 是渐近稳定的。

定义 2.13　如果系统式（2.10）在平衡点 $X_e = 0$ 是渐近稳定的，且 δ 与 t_0 无关，式（2.5）的极限过程与 t_0 无关，则称系统式（2.10）在平衡点 $X_e = 0$ 是一致渐近稳定的。

定义 2.14　如果对 $\forall X_0 \in \mathbb{R}^n$，式（2.5）均成立，则称系统式（2.10）在平衡点 $X_e = 0$ 是全局渐近稳定性的。

定义 2.15　如果存在 $\lambda > 0$，且对于每一个 $\varepsilon > 0$，存在 $\delta = \delta(\varepsilon) > 0$，使得

$$\|X_0\| < \delta \Rightarrow \|X(t; X_0, t_0)\| < \varepsilon e^{-\lambda(t - t_0)}, \quad \forall t \geqslant t_0 \geqslant 0 \tag{2.15}$$

则称系统式（2.10）在平衡点 $X_e = 0$ 是指数稳定的，常数 λ 称为收敛率。

指数稳定性意味着系统轨迹按指数规律衰减到零，是较强的稳定形式。指数稳定性意味着渐近稳定性，但渐近稳定性并不能保证指数稳定性。

定义 2.16　如果存在一个 $\beta > 0$，使得对所有的 $t \geqslant t_0 > 0$，均有

$$\|X(t; X_0, t_0)\| < \beta \tag{2.16}$$

则称式（2.10）的解 $X(t; X_0, t_0)$ 是有界的。

定义 2.17　如果对任意的 $\alpha > 0$ 和 $t_0 \geqslant 0$，存在一个不依赖 t_0 的 $\beta(\alpha) > 0$，使得对所有的 $t \geqslant t_0 > 0$，当 $\|X_0\| < \alpha$ 时有

$$\|X(t; X_0, t_0)\| < \beta \tag{2.17}$$

则称式（2.10）的解 $X(t;X_0,t_0)$ 是一致有界的。

定义 2.18　如果存在某个 $\beta>0$，且对任意的 $\alpha>0$ 和 $t_0\geqslant0$，存在一个不依赖 t_0 的 $T(\alpha)>0$，使得对所有的 $t\geqslant t_0+T(\alpha)$，当 $\|X_0\|<\alpha$ 时有

$$\|X(t;X_0,t_0)\|<\beta \tag{2.18}$$

则称解 $X(t;X_0,t_0)$ 是一致最终有界的。

2. Lyapunov 稳定性定理

Lyapunov 提出了两种方法分析系统的稳定性。Lyapunov 第一法，又称间接法，是通过在平衡点附近对非线性系统进行线性化，从而根据线性化的系统特征值来判断系统的稳定性。Lyapunov 第二法，又称直接法，是借助于一个 Lyapunov 备选函数 V 直接对系统平衡点的稳定性做出判断，而不需要求解系统的运动方程，它是从能量的观点进行稳定性分析的。构造恰当的 Lyapunov 备选函数很困难，这或多或少限制了该方法的应用。但它的确避免了寻找非线性微分方程的显式解，因为通常无法获得非线性微分方程的解析解，所以 Lyapunov 直接法在确定非线性系统稳定性中起着重要作用，可应用于各类系统。

在介绍 Lyapunov 直接法之前，先给出一些函数特性的定义[183]。

定义 2.19　如果连续函数 $\gamma(r):[0,a)\to[0,\infty)$ 为单调增函数，且 $\gamma(0)=0$，则称 γ 属于 κ 类函数；如果 γ 属于 κ 类函数，且定义在 $[0,\infty)$ 上，当 $r\to\infty$ 时，$\gamma(r)\to\infty$，则称 γ 属于 κ_∞ 类函数。

定义 2.20　如果对 $t\geqslant0$，$V(0,t)=0$，且对某一个 $h>0$，存在一个定义在 $[0,h]$ 上的 κ 类函数 $\gamma(\cdot)$，使得对所有的 $t\geqslant0$ 及 $X\in B_h$ 有

$$V(X,t)\geqslant\gamma(\|X\|) \tag{2.19}$$

则称一个连续函数 $V(X,t):B_h\times\mathbb{R}^+\to\mathbb{R}$ 是局部正定的。

如果式（2.19）对某一 κ_∞ 类函数 $\gamma(\cdot)$ 及一切 $X\in\mathbb{R}^n$ 成立，则称 $V(X,t):\mathbb{R}^n\times\mathbb{R}^+\to\mathbb{R}$ 是正定函数。如果 $-V(X,t)$ 是正定的，则称 $V(X,t)$ 是负定的。

定义 2.21　如果对 $t\geqslant0$，$V(0,t)=0$，且对某一个 $h>0$，对于所有的 $t\geqslant0$ 及 $X\in B_h$ 有

$$V(X,t)\geqslant0 \tag{2.20}$$

则称一个连续函数 $V(X,t):B_h\times\mathbb{R}^+\to\mathbb{R}$ 是局部正半定的。

如果式（2.20）对一切 $X\in\mathbb{R}^n$ 成立，则称 $V(X,t):\mathbb{R}^n\times\mathbb{R}^+\to\mathbb{R}$ 是正半定函数。如果 $-V(X,t)$ 是正半定的，则称 $V(X,t)$ 是负半定的。

定义 2.22　如果存在一个定义在 $[0,r)(r>0)$ 上（定义在 $[0,\infty)$ 上）的 κ 类函数 $\gamma(\cdot)$，使得对所有的 $t\geqslant0$ 及 $X\in B_h$、$h>0(X\in\mathbb{R}^n)$ 有

$$V(X,t) \leqslant \gamma(\|X\|) \tag{2.21}$$

则称一个连续函数 $V(X,t): B_h \times \mathbb{R}^+ \to \mathbb{R}(V(X,t): \mathbb{R}^n \times \mathbb{R}^+ \to \mathbb{R})$ 是递减的。

定义 2.23　如果对 $t \geqslant 0$，$V(0,t)=0$，且存在一个 κ_∞ 类函数 $\gamma(\cdot)$，使得对所有的 $t \geqslant 0$ 及 $X \in \mathbb{R}^n$ 有

$$V(X,t) \geqslant \gamma(\|X\|) \tag{2.22}$$

则称一个连续函数 $V(X,t): \mathbb{R}^n \times \mathbb{R}^+ \to \mathbb{R}$ 是径向无界的。

假设系统式（2.10）的微分方程存在唯一解，其局部结果为 $X \in B_h(h>0)$，或全局结果为 $X \in \mathbb{R}^n$。令 $V: B_h \times \mathbb{R}^+ \to \mathbb{R}$（局部成立）或 $V: \mathbb{R}^n \times \mathbb{R}^+ \to \mathbb{R}$（全局成立）为一个连续可微函数，则其沿着系统式（2.10）的解对时间的导数为

$$\dot{V}(X,t) = \frac{\partial V}{\partial t} + \frac{\partial V}{\partial X} f(X,t) \tag{2.23}$$

令 $X_e = 0$ 为系统式（2.10）的孤立平衡点。

定义 2.24　如果存在连续可微函数 $V(X,t)$ 及 κ_∞ 类函数 γ_1、γ_2，使得对于所有的 $\|X\| \geqslant R$ 和 $t \geqslant 0$，有

$$\gamma_1(\|X\|) \leqslant V(X,t) \leqslant \gamma_2(\|X\|) \tag{2.24}$$

$$\dot{V}(X,t) \leqslant 0 \tag{2.25}$$

则微分方程的解是一致有界的。

定义 2.25　如果存在连续可微函数 $V(X,t)$，κ_∞ 类函数 γ_1、γ_2 及 κ 类函数 γ_3 定义在 $[0,\infty)$ 上，使得对于所有的 $\|X\| \geqslant R$ 和 $t \geqslant 0$，有

$$\gamma_1(\|X\|) \leqslant V(X,t) \leqslant \gamma_2(\|X\|) \tag{2.26}$$

$$\dot{V}(X,t) \leqslant \gamma_3(\|X\|) \tag{2.27}$$

则微分方程的解是一致最终有界的。

下面给出 Lyapunov 直接法判断系统稳定性的一些基本定理。

定理 2.1[183]　如果 $V(X,t)$ 是连续可微的、正定的，且 $\dot{V}(X,t)$ 是负半定的，则平衡点 $X_e = 0$ 是稳定的。

定理 2.2[183]　如果 $V(X,t)$ 是连续可微的、正定递减的，且 $\dot{V}(X,t)$ 是负半定的，则平衡点 $X_e = 0$ 是一致稳定的。

定理 2.3[183]　如果 $V(X,t)$ 是连续可微的、正定的，且 $\dot{V}(X,t)$ 是负定的，则平衡点 $X_e = 0$ 是渐近稳定的。如果所有的特性全局适用，则平衡点 $X_e = 0$ 是全局渐近稳定的。

定理 2.4[183]　如果 $V(X,t)$ 是连续可微的、正定递减的，且 $\dot{V}(X,t)$ 是负定的，则平衡点 $X_e = 0$ 是一致渐近稳定的。如果所有的特性全局适用，且 $V(X,t)$ 是径向无界的，则平衡点 $X_e = 0$ 是全局一致渐近稳定的。

定理 2.5[183]　　如果存在连续可微函数 $V(X,t)$ 及常数 $c,c_1,c_2,c_3>0$，使得对 $\forall t \geqslant 0$ 及 $\forall X \in B_h$ 有

$$c_1\|X\|^c \leqslant V(X,t) \leqslant c_2\|X\|^c \tag{2.28}$$

$$\dot{V}(X,t) \leqslant -c_3\|X\|^c \tag{2.29}$$

则平衡点 $X_e=0$ 是局部指数稳定的。如果式（2.28）和式（2.29）对所有的 $X \in \mathbb{R}^n$ 均适用，则平衡点 $X_e=0$ 是全局指数稳定的。

此外，LaSalle-Yoshizawa 定理是系统分析与设计的有力工具。

定理 2.6[183]　　（LaSalle-Yoshizawa）令 $X_e=0$ 是系统式（2.10）的平衡点。假设 $f(X,t)$ 关于 X 是局部 Lipschitz 连续的且关于 t 是一致的。令 $V:\mathbb{R}^n \times \mathbb{R}^+ \to \mathbb{R}^+$ 是一个连续可微、正定、径向无界的函数 $V(X,t)$，使得

$$\dot{V}(X,t) = \frac{\partial V}{\partial t} + \frac{\partial V}{\partial X}f(X,t) \leqslant -W(X) \leqslant 0, \forall t \geqslant 0, \forall X \in \mathbb{R}^n \tag{2.30}$$

其中，W 是连续函数。则式（2.10）的所有解是全局一致有界的，且满足

$$\lim_{t \to \infty} W[X(t)] = 0 \tag{2.31}$$

此外，如果 $W(X)$ 是正定的，则平衡点 $X_e=0$ 是全局一致渐近稳定的。

下面的 Barbalat 引理的数学结果，可方便地用于解决渐近稳定性问题。

引理 2.3[183]　　（Barbalat）令 $\phi:\mathbb{R}^+ \to \mathbb{R}$ 是一个一致连续函数，假设 $\lim_{t \to \infty}\int_0^t \phi(\tau)\mathrm{d}\tau$ 存在且是有限的，则有

$$\lim_{t \to \infty} \phi(t) = 0 \tag{2.32}$$

此外，对于自治系统有下面的引理，文献[184]中有该引理的证明。

引理 2.4[183]　　设 X_e 是 $\dot{X}=f(X)$ 的平衡点，假设 $f(X)$ 是 X 的局部 Lipschitz 函数，$V(X):\mathbb{R}^n \to \mathbb{R}^+$ 是连续可微的径向无界函数，且满足

$$V(X) = \frac{1}{2}X^\mathrm{T}PX \tag{2.33}$$

$$\dot{V}(X) \leqslant -X^\mathrm{T}QX \tag{2.34}$$

其中，常数阵 $P=P^\mathrm{T}>0$，$Q=Q^\mathrm{T}>0$，则平衡点 X_e 是全局指数稳定的，且状态向量满足

$$\|X(t)\| \leqslant \sqrt{\frac{\lambda_{\max}(P)}{\lambda_{\min}(P)}}\mathrm{e}^{-\frac{1}{2}\alpha(t-t_0)}\|X(t_0)\| \tag{2.35}$$

其中，

$$\alpha = \frac{\lambda_{\min}(Q)}{\lambda_{\max}(P)} > 0 \tag{2.36}$$

为收敛率。

假设存在定义在 $\|X\| \geqslant \mathbb{R}$ 和 $t \geqslant 0$ 上的指定函数 $V(X,t)$，则微分方程式（2.1）有唯一解。

第 3 章　欠驱动水面船舶运动数学模型

船舶运动数学模型是船舶运动控制问题研究的基础。通过仿真研究对船舶的运动控制器进行设计是当前比较经济和有效的方法。船舶运动数学模型不仅能够建立船舶模拟仿真器并为船舶闭环系统的研究搭建一个仿真研究平台，而且能为船舶运动控制器的设计服务。在实际应用中，船舶的运动异常复杂，建立复杂程度适中和满足控制性能要求的数学模型是国内外船舶运动控制专家的追求。他们中很多人在船舶运动数学建模方面做出了巨大的贡献[1, 185, 186]，提出了许多行之有效的建模方法。Fossen[2, 185]把船舶运动数学模型用矩阵和向量的形式表示，把船舶动力学模型转化成机器人系统模型的形式，因此方便了其他控制方法在船舶上的应用，开辟了一条前景光明的道路。

本章首先介绍船舶运动的参考坐标系，把欠驱动水面船舶数学模型分为运动学模型和动力学模型两部分，运动学模型用于描述船舶运动的几何特征，而动力学模型对引起船舶运动的力和力矩进行分析，然后建立风、浪、流引起的环境干扰数学模型，通过综合分析建立欠驱动水面船舶标准数学模型，为欠驱动水面船舶非线性控制算法的研究奠定基础。

3.1　参考坐标系

船舶运动在一般情况下具有 6 个自由度，非常复杂，因此需要 6 个独立坐标表示船舶的位置和方向，前三个坐标 (x, y, z) 和它们的一阶微分表示沿 x、y 和 z 轴的船舶的位置和平移运动，而后三个坐标 (ϕ, θ, ψ) 和它们的一阶微分表示船舶的方向和旋转运动。如表 3.1 所示，船舶的 6 个自由度分别定义为纵荡、横荡、垂荡、横摇、纵摇和艏摇。

表 3.1　船舶运动中用到的符号

自由度	力或力矩	线速度或角速度	位置或欧拉角
1 纵荡（surging）	X	u	x_b
2 横荡（swaying）	Y	v	y_b
3 垂荡（heaving）	Z	w	z_b
4 横摇（rolling）	K	p	ϕ
5 纵摇（pitching）	M	q	θ
6 艏摇（yawing）	N	r	ψ

　　为了能够定量地研究船舶的运动，一般采用以下两种坐标系来描述船舶运动方程[185]：固定于地球的参考坐标系（earth-fixed frame）和固定于船舶的参考坐标系（body-fixed frame）。由于地球的运动直接影响船舶运动，固定于地球的参考坐标系 $Oxyz$ 可认为是大地坐标系，坐标原点 O 是任意的，通常选为 0 时刻船舶重心的位置；Ox 轴与水平面平行，指向东方，在船舶运动中选择为纵向方向；Oy 轴是 Ox 轴在水平面内沿顺时针方向旋转 90°的方向，指向北方；Oz 轴与水平面垂直，指向地心。

　　通常用船舶附体坐标系 $o_b x_b y_b z_b$ 来描述船舶运动的线速度和角速度，其坐标原点通常取在船舶的重心（或船中心），其中，沿着 x_b 轴的平动称为纵荡（surging），纵荡线速度用 u 表示；沿着 y_b 轴的平动称为横荡（swaying），横荡线速度用 v 表示；沿着 z_b 轴的平动称为垂荡（heaving），垂荡线速度用 w 表示；绕 x_b 轴的转动称为横摇（rolling），横摇角速度用 p 表示；绕 y_b 轴的转动称为纵摇（pitching），纵摇角速度用 q 表示；绕 z_b 轴的转动称为艏摇（yawing），艏摇角速度用 r 表示；o_b 为船体的几何中心，G 为船体的重心，如图 3.1 所示。

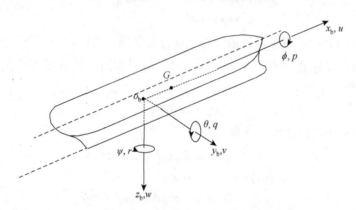

图 3.1　船舶附体坐标系下 6 自由度运动分量

　　基于表 3.1 中各符号的定义，船舶的 6 自由度运动可以用以下向量表示：

$$\eta = [\eta_1, \eta_2]^T, \quad \eta_1 = [x, y, z]^T, \quad \eta_2 = [\phi, \theta, \psi]^T$$
$$\upsilon = [\upsilon_1, \upsilon_2]^T, \quad \upsilon_1 = [u, v, w]^T, \quad \upsilon_2 = [p, q, r]^T$$
$$\tau = [\tau_1, \tau_2]^T, \quad \tau_1 = [X, Y, Z]^T, \quad \tau_2 = [K, M, N]^T$$

其中，η 为船舶在惯性坐标系下的位置或方向；υ 为在船舶附体坐标系下船舶的线速度或角速度；τ 为在船舶附体坐标系下作用在船舶上的力或力矩。在船舶运动控制中，经常需要对船舶的两个坐标系进行变换，从而能够满足船舶运动学和动力学特性，以下分别对船舶的运动学模型和动力学模型进行分析。

3.2 运动学模型

位置向量的一阶导数与线速度向量的关系可以用式（3.1）进行转换：

$$\dot{\eta}_1 = J_1(\eta_2)\upsilon_1 \tag{3.1}$$

其中，$J_1(\eta_2)$ 为转换矩阵，是关于欧拉角的方程：横摇（ϕ）、纵摇（θ）和艏摇（ψ）。

线速度的逆转换可写为

$$\upsilon_1 = J_1^{-1}(\eta_2)\dot{\eta}_1 \tag{3.2}$$

转换矩阵 $J_1(\eta_2)$ 由式（3.3）给出：

$$J_1(\eta_2) = \begin{bmatrix} \cos\psi\cos\theta & -\sin\psi\cos\phi + \sin\phi\sin\theta\cos\psi \\ \sin\psi\cos\theta & \cos\psi\cos\phi + \sin\phi\sin\theta\sin\psi \\ -\sin\theta & \sin\phi\cos\theta \end{bmatrix}$$

$$\begin{matrix} \sin\psi\sin\phi + \sin\theta\cos\psi\cos\phi \\ -\cos\psi\sin\phi + \sin\theta\sin\psi\cos\phi \\ \cos\phi\cos\theta \end{matrix} \Bigg] \tag{3.3}$$

由式（3.3）可以看出，转换矩阵 $J_1(\eta_2)$ 是全局可逆的，即 $J_1^{-1}(\eta_2) = J_1^{\mathrm{T}}(\eta_2)$。

欧拉角向量 η_2 的一阶导数 $\dot{\eta}_2 = [\dot{\phi}, \dot{\theta}, \dot{\psi}]^{\mathrm{T}}$ 与船舶附体坐标系下的角速度 υ_2 转换关系为

$$\dot{\eta}_2 = J_2(\eta_2)\upsilon_2 \tag{3.4}$$

其中，转换矩阵 $J_1(\eta_2)$ 可表示为

$$J_1(\eta_2) = \begin{bmatrix} 1 & \sin\phi\tan\theta & \cos\phi\tan\theta \\ 0 & \cos\phi & -\sin\phi \\ 0 & \sin\phi/\cos\theta & \cos\phi/\cos\theta \end{bmatrix} \tag{3.5}$$

因为角速度的积分 $\int_0^t \upsilon_2(\tau)\mathrm{d}\tau$ 没有任何实际的物理意义，不能通过对角速度向量 $\upsilon_2 = [p, q, r]^{\mathrm{T}}$ 进行积分来直接获得船舶实际的角度，所以通过坐标变换采用欧拉角向量 η_2 表示。

由式（3.5）可以看出，转换矩阵 $J_1(\eta_2)$ 在 $\theta = \pm\dfrac{\pi}{2}$ 点是奇异的，即 $J_2^{-1}(\eta_2) \neq J_2^{\mathrm{T}}(\eta_2)$。然而对于水面船舶，由于静回复力的存在，在船舶的实际操纵中不可能使 $\theta = \pm\dfrac{\pi}{2}$。如果是水下船舶或是航天器则详见文献[2]，本书没有涉及，这里不再赘述。

结合式（3.1）和式（3.4）可得到船舶的运动学模型为

$$\begin{bmatrix} \dot{\eta}_1 \\ \dot{\eta}_2 \end{bmatrix} = \begin{bmatrix} J_2(\eta_2) & 0_{3\times3} \\ 0_{3\times3} & J_2(\eta_2) \end{bmatrix} \begin{bmatrix} \upsilon_1 \\ \upsilon_2 \end{bmatrix} \tag{3.6}$$

式（3.6）可简写为

$$\dot{\eta} = J(\eta)\upsilon \tag{3.7}$$

3.3　动力学模型

3.3.1　刚体运动方程

在建立船舶运动数学模型时，通常把船舶看作一个刚体。为方便描述，首先定义在船舶附体坐标系原点的刚体转动惯量的张量 I_0 为

$$I_0 = \begin{bmatrix} I_x & -I_{xy} & -I_{xz} \\ -I_{yx} & I_y & -I_{yz} \\ -I_{zx} & -I_{zy} & I_z \end{bmatrix}, \quad I_0 = I_2^{\mathrm{T}} > 0 \tag{3.8}$$

其中，I_x、I_y 和 I_z 分别为转动惯量在 o_0x_0 轴、o_0y_0 轴和 o_0z_0 轴方向上的分量，并且 $I_{xy} = I_{yx}$、$I_{xz} = I_{zx}$ 和 $I_{yz} = I_{zy}$ 为转动惯量的乘积，分别定义为

$$\begin{cases} I_x = \int_V (y^2 + z^2)\rho_A \mathrm{d}V, & I_{xy} = \int_V xy\rho_A \mathrm{d}V = \int_V yx\rho_A \mathrm{d}V = I_{yx} \\ I_y = \int_V (x^2 + z^2)\rho_A \mathrm{d}V, & I_{xz} = \int_V xz\rho_A \mathrm{d}V = \int_V zx\rho_A \mathrm{d}V = I_{zx} \\ I_z = \int_V (x^2 + y^2)\rho_A \mathrm{d}V, & I_{yz} = \int_V yz\rho_A \mathrm{d}V = \int_V zy\rho_A \mathrm{d}V = I_{zy} \end{cases} \tag{3.9}$$

其中，ρ_A 表示刚体的质量密度；V 是刚体的体积，并且刚体的质量 $m = \int_V \rho_A \mathrm{d}V$。

由 New-Euler 方程可推导出刚体的平衡力和力矩方程分别为

$$\begin{cases} m[\dot{\upsilon}_0 + w \times \upsilon_0 + \dot{w} \times r_G + \dot{w} \times (\dot{w} \times r_G)] = f_0 \\ I_0 \dot{w} + w \times I_0 w + m r_G \times (\dot{\upsilon}_0 + w \times \upsilon_0) = m_0 \end{cases} \tag{3.10}$$

其中，$f_0 = \tau_1 = [X, Y, Z]^{\mathrm{T}}$ 为船舶在船舶附体坐标系各方向上分解的力；$m_0 = \tau_2 = [K, M, N]^{\mathrm{T}}$ 为船舶在船舶附体坐标系各方向上分解的力矩；$\upsilon_0 = \upsilon_1 = [u, v, w]^{\mathrm{T}}$ 为船舶在船舶附体坐标系的线速度分量；$w = \upsilon_2 = [p, q, r]^{\mathrm{T}}$ 为船舶在船舶附体坐标系相对于惯性坐标系的角速度；$r_G = [x_g, y_g, z_g]^{\mathrm{T}}$ 为船舶在船舶附体坐标系原点 o_0 到 r_G 的向量，并且定义 $r_G = \dfrac{1}{m}\int_V r\rho_A \mathrm{d}V$。

把各变量代入式（3.10）可得船舶的平移运动方程和旋转运动方程分别如下：

$$\begin{cases} m[\dot{u} - vr + wq - x_g(q^2 + r^2) + y_g(pq - \dot{r}) + z_g(pr + \dot{q})] = X \\ m[\dot{v} - wp + ur - y_g(r^2 + p^2) + z_g(qr - \dot{p}) + x_g(qp + \dot{r})] = Y \\ m[\dot{w} - up + vp - z_g(p^2 + q^2) + x_g(rp - \dot{q}) + y_g(rq + \dot{p})] = Z \end{cases} \quad (3.11)$$

$$\begin{cases} I_x\dot{p} + (I_z - I_y)qr - (\dot{r} + pq)I_{xz} + (r^2 - q^2)I_{yz} + (pr - \dot{q})I_{xy} \\ \quad + m[y_g(\dot{w} - uq + vp) - z_g(\dot{v} - wp + ur)] = K \\ I_y\dot{q} + (I_x - I_z)rp - (\dot{p} + qr)I_{xy} + (p^2 - r^2)I_{zx} + (qp - \dot{r})I_{yz} \\ \quad + m[z_g(\dot{u} - vr + wq) - x_g(\dot{w} - up + vp)] = M \\ I_z\dot{r} + (I_y - I_x)pq - (\dot{q} + qr)I_{yz} + (q^2 - p^2)I_{xy} + (rq - \dot{p})I_{zx} \\ \quad + m[x_g(\dot{v} - wp + ur) - y_g(\dot{u} - vr + wq)] = N \end{cases} \quad (3.12)$$

为了更加方便地表示上述两个方程，本书采用向量形式表示，如下所示：

$$M_{\mathrm{RB}}\dot{\upsilon} + C_{\mathrm{RB}}(\upsilon)\upsilon = \tau_{\mathrm{RB}} \quad (3.13)$$

其中，$\upsilon = [u, v, w, p, q, r]^{\mathrm{T}}$ 为船舶附体坐标系下的线速度和角速度向量；$\tau_{\mathrm{RB}} = [X, Y, Z, K, M, N]^{\mathrm{T}}$ 为船舶所受外部力和力矩的广义向量。

刚体惯性矩阵 M_{RB} 是唯一的，并且满足

$$M_{\mathrm{RB}} = M_{\mathrm{RB}}^{\mathrm{T}} > 0 , \quad \dot{M}_{\mathrm{RB}} = 0 \quad (3.14)$$

刚体惯性矩阵 M_{RB} 如式（3.15）所示：

$$M_{\mathrm{RB}} = \begin{bmatrix} m & 0 & 0 & 0 & mz_g & -my_g \\ 0 & m & 0 & -mz_g & 0 & mx_g \\ 0 & 0 & m & my_g & -mx_g & 0 \\ 0 & -mz_g & my_g & I_x & -I_{xy} & -I_{xz} \\ mz_g & 0 & -mx_g & -I_{yx} & I_y & -I_{yz} \\ -my_g & mx_g & 0 & -I_{zx} & -I_{zy} & I_z \end{bmatrix} \quad (3.15)$$

刚体的科里奥利和向心力矩阵 $C_{\mathrm{RB}}(\upsilon)$ 是斜对称的，如式（3.16）所示：

$$C_{\mathrm{RB}}(\upsilon) = -C_{\mathrm{RB}}^{\mathrm{T}}(\upsilon) , \quad \forall \upsilon \in \mathbb{R}^6 \quad (3.16)$$

且满足

$$C_{\mathrm{RB}}(\upsilon) = \begin{bmatrix} 0 & 0 & 0 \\ 0 & 0 & 0 \\ 0 & 0 & 0 \\ -m(y_g q + z_g r) & m(y_g p + w) & m(z_g p - v) \\ m(x_g q - w) & -m(z_g r + x_g p) & m(z_g q + u) \\ m(x_g r + v) & m(y_g r - u) & -m(x_g p + y_g q) \end{bmatrix}$$

$$\begin{bmatrix} m(y_g q + z_g r) & -m(x_g q - w) & -m(x_g r + v) \\ -m(y_g p + w) & m(z_g r + x_g p) & -m(y_g r - u) \\ -m(z_g p - v) & -m(z_g q + u) & m(x_g p + y_g q) \\ 0 & -I_{yz}q - I_{xz}p + I_z r & I_{yz}r + I_{xy}p - I_y q \\ I_{yz}q + I_{xz}p - I_z r & 0 & -I_{xz}r - I_{xy}q + I_x p \\ -I_{yz}r - I_{xy}p + I_y q & I_{xz}r + I_{xy}q - I_x p & 0 \end{bmatrix} \quad (3.17)$$

外部力和力矩组成的广义向量 τ_{RB} 包括以下几部分：流体动力和力矩向量 τ_H、回复力和力矩向量 $g(\eta)$ 外部干扰力和力矩向量 τ_E 及推进力和力矩向量 τ。下面对这几种向量进行详细分析。

3.3.2　流体动力和力矩

在流体力学中，通常假设作用于刚体上的流体动力和力矩是能够线性叠加的，详见参考文献[186]。这些力和力矩可认为是以下三部分的和，具体如下：

（1）由周围流体惯性引起的附加质量；

（2）由产生的表面波带走的能量引起的辐射-诱导势能（水动力）阻尼；

（3）由阿基米德力引起的回复力（重力和浮力）。

综上所述，流体动力和力矩向量 τ_H 可写为

$$\tau_H = -M_A \dot{\upsilon} - C_A(\upsilon)\upsilon - D(\upsilon)\upsilon - g(\eta) \quad (3.18)$$

其中，M_A 为附加质量矩阵；$C_A(\upsilon)$ 为流体动力学科里奥利和向心力矩阵；$D(\upsilon)$ 为阻尼矩阵；$g(\eta)$ 为由位置和方向决定的回复力和力矩向量。

附加质量矩阵 M_A 定义为

$$M_A = \begin{bmatrix} X_{\dot{u}} & X_{\dot{v}} & X_{\dot{w}} & X_{\dot{p}} & X_{\dot{q}} & X_{\dot{r}} \\ Y_{\dot{u}} & Y_{\dot{v}} & Y_{\dot{w}} & Y_{\dot{p}} & Y_{\dot{q}} & Y_{\dot{r}} \\ Z_{\dot{u}} & Z_{\dot{v}} & Z_{\dot{w}} & Z_{\dot{p}} & Z_{\dot{q}} & Z_{\dot{r}} \\ K_{\dot{u}} & K_{\dot{v}} & K_{\dot{w}} & K_{\dot{p}} & K_{\dot{q}} & K_{\dot{r}} \\ M_{\dot{u}} & M_{\dot{v}} & M_{\dot{w}} & M_{\dot{p}} & M_{\dot{q}} & M_{\dot{r}} \\ N_{\dot{u}} & N_{\dot{v}} & N_{\dot{w}} & N_{\dot{p}} & N_{\dot{q}} & N_{\dot{r}} \end{bmatrix} \quad (3.19)$$

并且满足以下特性：

$$M_A = M_A^{\mathrm{T}} > 0 \quad (3.20)$$

其中，各符号由美国造船与轮机工程师协会于 1950 年提出。例如，当船舶在 x 轴方向进行加速度 $\dot{u}$ 运动时，所受到的沿 y 轴方向的水动力附加惯性力 Y_A 可表示为

$$Y_A = Y_{\dot{u}}\dot{u}, \quad Y_{\dot{u}} = \frac{\partial Y_A}{\partial \dot{u}} \tag{3.21}$$

水动力附加惯性力和力矩可由以下方程进行表示:

$$
\begin{cases}
\begin{aligned}
X_A &= X_{\dot{u}}\dot{u} + X_{\dot{w}}(\dot{w} + uq) + X_{\dot{q}}\dot{q} + Z_{\dot{w}}wq^2 + Z_{\dot{q}}q^2 + X_{\dot{v}}\dot{v} \\
&\quad + X_{\dot{p}}\dot{p} + X_{\dot{r}}\dot{r} - Y_{\dot{v}}vr - Y_{\dot{p}}rp - X_{\dot{r}}r^2 \\
&\quad - X_{\dot{v}}ur - Y_{\dot{w}}wr + Y_{\dot{w}}vq + Z_{\dot{p}}pq - (Y_{\dot{q}} - Z_{\dot{r}})qr \\
Y_A &= X_{\dot{v}}\dot{u} + Y_{\dot{w}}\dot{w} + Y_{\dot{q}}\dot{q} + Y_{\dot{v}}\dot{v} + Y_{\dot{p}}\dot{p} + Y_{\dot{r}}\dot{r} + X_{\dot{v}}vr - Y_{\dot{w}}vp + X_{\dot{r}}r^2 + (X_{\dot{p}} - Z_{\dot{r}})rp - Z_{\dot{p}}p \\
&\quad - X_{\dot{w}}(up - wr) + X_{\dot{u}}ur - Z_{\dot{w}}wp - Z_{\dot{q}}pp + X_{\dot{q}}qr \\
Z_A &= X_{\dot{w}}(\dot{u} - wq) + Z_{\dot{w}}\dot{w} + Z_{\dot{q}}\dot{q} - X_{\dot{u}}uq - X_{\dot{q}}q^2 + Y_{\dot{w}}\dot{v} + Z_{\dot{p}}\dot{p} + Z_{\dot{r}}\dot{r} + Y_{\dot{v}}vp + Y_{\dot{r}}rp + Y_{\dot{p}}p \\
&\quad + X_{\dot{v}}up + Y_{\dot{w}}wp - X_{\dot{v}}vq - (X_{\dot{p}} - Y_{\dot{q}})pq - X_{\dot{r}}qr \\
K_A &= X_{\dot{p}}\dot{u} + Z_{\dot{p}}\dot{w} + K_{\dot{q}}\dot{q} - X_{\dot{v}}wu + X_{\dot{r}}uq - Y_{\dot{w}}w^2 - (Y_{\dot{q}} - Z_{\dot{r}})wq + M_{\dot{r}}q^2 + Y_{\dot{p}}\dot{v} + K_{\dot{p}}\dot{p} \\
&\quad + K_{\dot{r}}\dot{r} + Y_{\dot{w}}v^2 - (Y_{\dot{q}} - Z_{\dot{r}})vr + Z_{\dot{p}}vp - M_{\dot{r}}r^2 - K_{\dot{q}}rp + X_{\dot{w}}uv - (Y_{\dot{v}} - Z_{\dot{w}})vw \\
&\quad - (Y_{\dot{r}} + Z_{\dot{q}})wr - Y_{\dot{p}}wpX_{\dot{q}}ur + (Y_{\dot{r}} + Z_{\dot{q}})vq + K_{\dot{r}}pq - (M_{\dot{q}} - N_{\dot{r}})qr \\
M_A &= X_{\dot{q}}(\dot{u} + wq) + Z_{\dot{q}}(\dot{w} - uq) + M_{\dot{q}}\dot{q} - X_{\dot{w}}(u^2 - w^2) - (Z_{\dot{w}} - X_{\dot{u}})wu + Y_{\dot{q}}\dot{v} + K_{\dot{q}}\dot{p} \\
&\quad + Y_{\dot{p}}vr - Y_{\dot{r}}vp - K_{\dot{r}}(p^2 - r^2) + (K_{\dot{p}} - N_{\dot{r}})rp - Y_{\dot{w}}uv + X_{\dot{v}}vw - (X_{\dot{r}} + Z_{\dot{p}})(up - wr) \\
&\quad + M_{\dot{r}}\dot{r} + (X_{\dot{p}} - Z_{\dot{r}})(wp + ur) - M_{\dot{r}}pq + K_{\dot{q}}qr \\
N_A &= X_{\dot{r}}\dot{u} + Z_{\dot{r}}\dot{w} + M_{\dot{r}}\dot{q} + X_{\dot{v}}u^2 + Y_{\dot{w}}wu - (X_{\dot{p}} - Y_{\dot{q}})uq - Z_{\dot{p}}wq - K_{\dot{q}}q^2 + Y_{\dot{r}}\dot{v} + K_{\dot{r}}\dot{p} \\
&\quad + N_{\dot{r}}\dot{r} - X_{\dot{v}}v^2 - X_{\dot{r}}vr - (X_{\dot{p}} - Y_{\dot{q}})vp + M_{\dot{r}}rp + K_{\dot{q}}p^2 - (X_{\dot{u}} - Y_{\dot{v}})uv - X_{\dot{w}}vw \\
&\quad + (X_{\dot{q}} + Y_{\dot{p}})up + Y_{\dot{r}}ur + Z_{\dot{q}}wp - (X_{\dot{q}} + Y_{\dot{p}})vp - (K_{\dot{p}} - M_{\dot{q}})pq - K_{\dot{r}}qr
\end{aligned}
\end{cases}
\tag{3.22}
$$

流体动力学科里奥利和向心力矩阵 $C_A(\upsilon)$ 由式(3.22)表示为

$$
C_A(\upsilon) =
\begin{bmatrix}
0 & 0 & 0 & 0 & -a_3 & a_2 \\
0 & 0 & 0 & a_3 & 0 & -a_1 \\
0 & 0 & 0 & -a_2 & a_1 & 0 \\
0 & -a_3 & a_2 & 0 & -b_3 & b_2 \\
a_3 & 0 & -a_1 & b_3 & 0 & -b_1 \\
-a_2 & a_1 & 0 & -b_2 & b_1 & 0
\end{bmatrix}
\tag{3.23}
$$

且满足

$$C_A(\upsilon) = -C_A^{T}(\upsilon), \quad \forall \upsilon \in \mathbb{R}^6 \tag{3.24}$$

其中，

$$
\begin{cases}
a_1 = X_{\dot{u}}u + X_{\dot{v}}v + X_{\dot{w}}w + X_{\dot{p}}p + X_{\dot{q}}q + X_{\dot{r}}r \\
a_2 = Y_{\dot{u}}u + Y_{\dot{v}}v + Y_{\dot{w}}w + Y_{\dot{p}}p + Y_{\dot{q}}q + Y_{\dot{r}}r \\
a_3 = Z_{\dot{u}}u + Z_{\dot{v}}v + Z_{\dot{w}}w + Z_{\dot{p}}p + Z_{\dot{q}}q + Z_{\dot{r}}r \\
b_1 = K_{\dot{u}}u + K_{\dot{v}}v + K_{\dot{w}}w + K_{\dot{p}}p + K_{\dot{q}}q + K_{\dot{r}}r \\
b_2 = M_{\dot{u}}u + M_{\dot{v}}v + M_{\dot{w}}w + M_{\dot{p}}p + M_{\dot{q}}q + M_{\dot{r}}r \\
b_3 = N_{\dot{u}}u + N_{\dot{v}}v + N_{\dot{w}}w + N_{\dot{p}}p + N_{\dot{q}}q + N_{\dot{r}}r
\end{cases}
\tag{3.25}
$$

通常情况下，海洋船舶水动力阻尼的产生主要有以下几种因素：势能阻尼、表面摩擦阻尼、浪漂移阻尼和涡流发散引起的阻尼。因此，水动力阻尼矩阵 $D(\upsilon)$ 可写为

$$
D(\upsilon) = D + D_n(\upsilon)
\tag{3.26}
$$

其中，线性阻尼矩阵 D 为

$$
D =
\begin{bmatrix}
X_u & X_v & X_w & X_p & X_q & X_r \\
Y_u & Y_v & Y_w & Y_p & Y_q & Y_r \\
Z_u & Z_v & Z_w & Z_p & Z_q & Z_r \\
K_u & K_v & K_w & K_p & K_q & K_r \\
M_u & M_v & M_w & M_p & M_q & M_r \\
N_u & N_v & N_w & N_p & N_q & N_r
\end{bmatrix}
\tag{3.27}
$$

非线性阻尼矩阵 $D_n(\upsilon)$ 通常采用一个三阶的泰勒级数展开或由二次拖动系数方程表示。如果船舶左右对称，则奇数泰勒级数展开包括船舶速度的一阶导数项和三阶导数项，能够满足大多数船舶操纵控制的需要。在后续章节中，将根据具体的船舶得到非线性阻尼矩阵的表达形式。

3.3.3　回复力和力矩

在流体动力学术语中，重力和浮力称为回复力。本小节将对 $g(\eta)$ 进行详细描述。首先定义船舶在水下的重力为

$$
W = mg
\tag{3.28}
$$

其中，g 为重力加速度，并且定义 z 轴方向为正。

浮力可用式（3.29）进行计算：

$$
B = \rho g \nabla
\tag{3.29}
$$

其中，ρ 是海水密度；∇ 为排水体积。

式（3.28）和式（3.29）在船舶附体坐标系下可表示为

$$f_g(\eta_2) = J_1^{-1}(\eta_2) \begin{bmatrix} 0 \\ 0 \\ W \end{bmatrix}, \quad f_b(\eta_2) = J_1^{-1}(\eta_2) \begin{bmatrix} 0 \\ 0 \\ B \end{bmatrix} \tag{3.30}$$

因此，回复力和力矩向量 $g(\eta)$ 在船舶附体坐标系下为

$$g(\eta) = -\begin{bmatrix} f_g(\eta) + f_f(\eta) \\ r_g \times f_g(\eta) + r_f \times f_f(\eta) \end{bmatrix} \tag{3.31}$$

其中，$r_f = (x_f, y_f, z_f)$ 为浮力的中心坐标。

把式（3.31）进行扩展，可得

$$g(\eta) = \begin{bmatrix} (W-B)\sin\theta \\ -(W-B)\cos\theta\sin\phi \\ -(W-B)\cos\theta\cos\phi \\ -(y_gW - y_fB)\cos\theta\cos\phi + (z_gW - z_fB)\cos\theta\sin\phi \\ (z_gW - z_fB)\sin\theta + (x_gW - x_fB)\cos\theta\cos\phi \\ -(x_gW - x_fB)\cos\theta\sin\phi - (y_gW - y_fB)\sin\theta \end{bmatrix} \tag{3.32}$$

3.3.4　外部干扰力和力矩

船舶在海洋中航行不可避免地要受到外界环境的影响，如海况、气象等因素造成的作用于船体上的外部干扰力和力矩。因此，针对风、浪、流干扰的随机性，需要对它们进行建模分析，从而能够更加准确地研究船舶的运动控制。本小节定义船舶受风、浪、流环境的外部干扰力和力矩向量为

$$\tau_E = \tau_{\text{wind}} + \tau_{\text{wave}} + \tau_{\text{current}} \tag{3.33}$$

其中，τ_{wind}、τ_{wave} 和 τ_{current} 分别表示由风、浪、流引起的力和力矩向量。

1）风干扰建模

船舶在静止时，风在船体上产生的力和力矩向量 τ_{wind} 可用式（3.34）进行计算：

$$\tau_{\text{wind}} = \frac{1}{2}\rho_a V_w^2 \begin{bmatrix} C_X(\gamma_w)A_{\text{Fw}} \\ C_Y(\gamma_w)A_{\text{Lw}} \\ C_Z(\gamma_w)A_{\text{Fw}} \\ C_K(\gamma_w)A_{\text{Lw}}H_{\text{Lw}} \\ C_M(\gamma_w)A_{\text{Fw}}H_{\text{Fw}} \\ C_N(\gamma_w)A_{\text{Lw}}L_{\text{oa}} \end{bmatrix} \tag{3.34}$$

其中，V_w 为相对平均风速；ρ_a 为空气密度；A_{Lw} 为船舶侧面受风面积；A_{Fw} 为

船舶正面受风面积；H_{Fw} 为水线以上船舶正面受风面积的质心；H_{Lw} 为水线以上船舶侧面受风面积的质心；L_{oa} 为船舶的总长；γ_{w} 为遭遇风向角（图 3.2），定义为

$$\gamma_{\mathrm{w}} = \psi - \beta_{\mathrm{w}} - \pi \tag{3.35}$$

其中，β_{w} 为风的方向。$C_X(\gamma_{\mathrm{w}})$、$C_Y(\gamma_{\mathrm{w}})$、$C_Z(\gamma_{\mathrm{w}})$、$C_K(\gamma_{\mathrm{w}})$、$C_M(\gamma_{\mathrm{w}})$ 和 $C_N(\gamma_{\mathrm{w}})$ 为风的力和力矩计算系数，一般由船舶模型实验获得[186]。

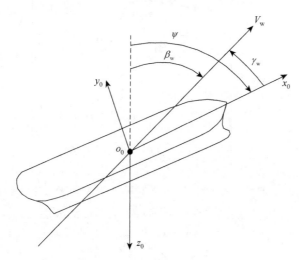

图 3.2　风速和风向的定义

船舶在运动时，风在船体上产生的力和力矩向量 τ_{wind} 为

$$\tau_{\mathrm{wind}} = \frac{1}{2} \rho_{\mathrm{a}} V_{\mathrm{rw}}^2 \begin{bmatrix} C_X(\gamma_{\mathrm{rw}}) A_{\mathrm{Fw}} \\ C_Y(\gamma_{\mathrm{rw}}) A_{\mathrm{Lw}} \\ C_Z(\gamma_{\mathrm{rw}}) A_{\mathrm{Fw}} \\ C_K(\gamma_{\mathrm{rw}}) A_{\mathrm{Lw}} H_{\mathrm{Lw}} \\ C_M(\gamma_{\mathrm{rw}}) A_{\mathrm{Fw}} H_{\mathrm{Fw}} \\ C_N(\gamma_{\mathrm{rw}}) A_{\mathrm{Lw}} L_{\mathrm{oa}} \end{bmatrix} \tag{3.36}$$

其中，

$$\begin{cases} V_{\mathrm{rw}} = \sqrt{u_{\mathrm{rw}}^2 + v_{\mathrm{rw}}^2} \\ \gamma_{\mathrm{rw}} = -\arctan\left(\dfrac{v_{\mathrm{rw}}}{u_{\mathrm{rw}}}\right) \end{cases} \tag{3.37}$$

并且，

$$\begin{cases} u_{\mathrm{rw}} = u - V_{\mathrm{w}} \cos(\beta_{\mathrm{w}} - \psi) \\ v_{\mathrm{rw}} = v - V_{\mathrm{w}} \sin(\beta_{\mathrm{w}} - \psi) \end{cases} \tag{3.38}$$

2）浪干扰建模

海浪一般是由风作用于水面上形成的不规则波，海浪作用于船体上会引起船舶的摇摆运动，这是一个随机过程，与其他干扰相比最复杂。由海浪产生的力和力矩向量 τ_{wave} 可用式（3.39）计算：

$$\tau_{\text{wave}} = \begin{bmatrix} \sum_{i=1}^{N} \rho g BLT \cos \beta s_i(t) \\ \sum_{i=1}^{N} -\rho g BLT \sin \beta s_i(t) \\ 0 \\ 0 \\ 0 \\ \sum_{i=1}^{N} \frac{1}{24} \rho g BL(L^2 - B^2) \sin(2\beta) s_i^2(t) \end{bmatrix} \tag{3.39}$$

其中，β 为船舶与海浪的遭遇角，如图 3.3 所示；ρ 为海水密度；L 为船长；B 为船宽；T 为吃水。忽略海浪高阶项的影响，定义海浪的波能谱为

$$s_i(t) = A_i \frac{2\pi}{\lambda_i} \sin(\omega_{ei} t + \phi_i) \tag{3.40}$$

其中，A_i 为波幅；λ_i 为波长；ω_{ei} 为遭遇频率；ϕ_i 为 $(0, 2\pi]$ 上均匀分布的随机相位。

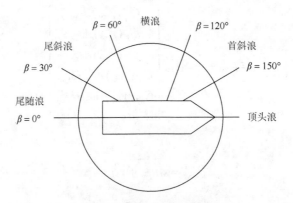

图 3.3　船舶与海浪的遭遇角

3）流干扰建模

洋流主要是由潮汐、风和海水密度的不同引起的，具有变化缓慢的特点，通常认为是定常干扰。首先定义相对速度为

$$v_r = v - v_c \tag{3.41}$$

其中，$v_c = [u_c, v_c, w_c, 0, 0, 0]^T$ 为船舶附体坐标系下无漩涡洋流速度向量。定义惯性坐标系下洋流速度向量为 $[u_c^E, v_c^E, w_c^E]^T$，因此船舶附体坐标系下速度分量 $[u_c, v_c, w_c]^T$ 可用式（3.42）进行计算：

$$\begin{bmatrix} u_c \\ v_c \\ w_c \end{bmatrix} = J_1^T(\eta_2) \begin{bmatrix} u_c^E \\ v_c^E \\ w_c^E \end{bmatrix} \tag{3.42}$$

洋流作用在船体上产生的力和力矩向量 τ_{current} 为

$$\tau_{\text{current}} = (M_{\text{RB}} + M_A)\dot{v}_c + C(v_r)v_r - C(v)v + D(v_r)v_r - D(v)v \tag{3.43}$$

3.3.5　推进力和力矩

船舶的推进力和力矩的计算与分析是基于具体船舶的配置情况而定的，如船舶装配螺旋桨、舵、喷水推进装置。大部分船舶仅装配螺旋桨和舵装置，或是双螺旋桨等装置，船舶在横向上没有驱动。即使装配了侧推器，在船舶高速行驶时也不起作用，此时的船舶是欠驱动的。具体计算中涉及螺旋桨及主机特性模型和舵特性模型[185]。

3.3.6　模型总结

前面讨论了船舶运动在不同情况下的模型和特性，本小节将对以上内容进行概括总结。船舶运动方程有两种表述形式，分别在船舶附体坐标系和惯性坐标系下进行表述。以下分别对这两种表述进行详细描述。

1）船舶附体坐标系下船舶运动模型

由运动学模型式（3.7）和动力学模型式（3.13），并把 $\tau_{\text{RB}} = \tau_H + \tau_E + \tau$ 代入可得 6 自由度船舶运动方程为

$$\begin{cases} \dot{\eta} = J(\eta)v \\ M\dot{v} = -C(v)v - D(v)v - g(\eta) + \tau + \tau_E \end{cases} \tag{3.44}$$

其中，

$$\begin{cases} M = M_{\text{RB}} + M_A \\ C(v) = C_{\text{RB}}(v) + C_A(v) \end{cases} \tag{3.45}$$

并且满足以下特性：

$$\begin{cases} M = M^{\mathrm{T}} > 0 \\ C(\upsilon) = -C^{\mathrm{T}}(\upsilon), \quad \forall \upsilon \in \mathbb{R}^6 \end{cases} \tag{3.46}$$

水动力阻尼矩阵 $D(\upsilon)$ 是非对称和严格正定的，即

$$D(\upsilon) > 0, \quad \forall \upsilon \in \mathbb{R}^6 \tag{3.47}$$

2）惯性坐标系下船舶运动模型

在船舶附体坐标系下的船舶运动方程式（3.44）通过转换也可在惯性坐标系下进行表示：

$$\begin{cases} \upsilon = J^{-1}(\eta)\dot{\eta} \\ \dot{\upsilon} = J^{-1}(\eta)\dot{\eta}[\ddot{\eta} - \dot{J}(\eta)J^{-1}(\eta)\dot{\eta}] \end{cases} \tag{3.48}$$

把式（3.48）代入式（3.44）中的第二个方程可得

$$M^*(\eta)\ddot{\eta} = -C^*(\upsilon,\eta)\dot{\eta} - D^*(\upsilon,\eta)\dot{\eta} - g^*(\eta) + J^{\mathrm{T}}(\eta)(\tau + \tau_{\mathrm{E}}) \tag{3.49}$$

其中，

$$\begin{cases} M^*(\eta) = J^{-\mathrm{T}}(\eta)MJ^{-1}(\eta) \\ C^*(\upsilon,\eta) = J^{-\mathrm{T}}(\eta)[C(\upsilon) - MJ^{-1}(\eta)\dot{J}(\eta)]J^{-1}(\eta) \\ D^*(\upsilon,\eta) = J^{-\mathrm{T}}(\eta)D(\upsilon)J^{-1}(\eta) \\ g^*(\eta) = J^{-\mathrm{T}}(\eta)g(\eta) \end{cases} \tag{3.50}$$

惯性坐标系下船舶运动模型式（3.49）具有以下特性：

$$\begin{cases} M^*(\eta) = M^*(\eta)^{\mathrm{T}}, \quad \forall \eta \in \mathbb{R}^6 \\ s^{\mathrm{T}}[\dot{M}^*(\eta) - 2C^*(\upsilon,\eta)]s = 0, \quad \forall \eta \in \mathbb{R}^6, \upsilon \in \mathbb{R}^6, s \in \mathbb{R}^6 \\ D^*(\upsilon,\eta) > 0, \quad \forall \eta \in \mathbb{R}^6, \upsilon \in \mathbb{R}^6 \end{cases} \tag{3.51}$$

3.4　欠驱动水面船舶 3 自由度数学模型

本节对船舶运动 3 自由度数学模型进行建立和分析，并且考虑外界环境干扰力和力矩对船舶运动的影响。本节对上述模型进行综合分析，忽略船舶在垂荡、横摇、纵摇方向上的运动。

3.4.1　标准的 3 自由度水面船舶平面运动数学模型

船舶平面运动用纵荡、横荡和艏摇 3 个自由度进行表示，如图 3.4 所示，选取运动学和动力学变量分别为 $\eta = [x, y, \psi]^{\mathrm{T}}$ 和 $\upsilon = [u, v, r]^{\mathrm{T}}$。船舶平面运动数学模型由式（3.44）在以下假设下得到：

（1）忽略船舶横摇、纵摇和垂荡 3 个自由度的运动，即 $z=0$，$w=0$，$\phi=0$，$p=0$，$\theta=0$ 和 $q=0$。

（2）船舶质量均匀分布，并且船舶关于 xz 轴对称，即

$$I_{xy}=I_{yz}=0 \qquad (3.52)$$

（3）重心和浮力中心位于与 z 轴垂直的方向上。

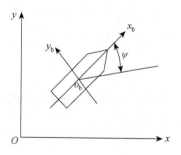

图 3.4　船舶平面运动

3 自由度水面船舶平面运动数学模型可用式（3.53）进行表示：

$$\begin{cases} \dot{\eta}=J(\eta)\upsilon \\ M\dot{\upsilon}=-C(\upsilon)\upsilon-[D+D_n(\upsilon)]\upsilon+\tau+\tau_E \end{cases} \qquad (3.53)$$

其中，矩阵 $J(\eta)$、M、$C(\upsilon)$、D 和 $D_n(\upsilon)$ 分别为

$$J(\eta)=\begin{bmatrix} \cos\psi & -\sin\psi & 0 \\ \sin\psi & \cos\psi & 0 \\ 0 & 0 & 1 \end{bmatrix}$$

$$M=\begin{bmatrix} m-X_{\dot{u}} & 0 & 0 \\ 0 & m-Y_{\dot{v}} & mx_g-Y_{\dot{r}} \\ 0 & mx_g-Y_{\dot{r}} & I_z-N_{\dot{r}} \end{bmatrix}$$

$$C(\upsilon)=\begin{bmatrix} 0 & 0 & -m(x_g r+v)+Y_{\dot{v}}v+Y_{\dot{r}}r \\ 0 & 0 & mu-X_{\dot{u}}u \\ m(x_g r+v)-Y_{\dot{v}}v-Y_{\dot{r}}r & -mu+X_{\dot{u}}u & 0 \end{bmatrix}$$

$$D=-\begin{bmatrix} X_u & 0 & 0 \\ 0 & Y_v & Y_r \\ 0 & N_v & N_r \end{bmatrix}$$

$$D_n(\upsilon)=\begin{bmatrix} X_{|u|u}|u| & 0 & 0 \\ 0 & Y_{|v|v}|v|+Y_{|r|v}|r| & Y_{|v|r}|v| \\ 0 & N_{|v|v}|v|+N_{|r|v}|r| & N_{|v|r}|v|+N_{|r|r}|r| \end{bmatrix}$$

考虑一艘欠驱动水面船舶，船舶在横向上没有直接驱动，即船舶没有装配侧推器，或是船舶在高速行驶过程中侧推器几乎不起作用，此时，船舶推进力和力矩向量 τ 为

$$\tau=\begin{bmatrix} \tau_u \\ 0 \\ \tau_r \end{bmatrix} \qquad (3.54)$$

外部干扰力和力矩向量 τ_E 为

$$\tau_E = \begin{bmatrix} \tau_{uE} \\ \tau_{vE} \\ \tau_{rE} \end{bmatrix} \tag{3.55}$$

其中，τ_{uE} 和 τ_{vE} 分别为作用在横向和纵向上的干扰力；τ_{rE} 为作用在艏摇方向上的力矩。

3.4.2　简化的 3 自由度水面船舶平面运动数学模型

对式（3.53）进行简化，忽略惯性矩阵 M 和阻尼矩阵 D 非对角元素的影响，不考虑非线性阻尼项 $D_n(\upsilon)$，以上条件成立需要满足船舶在三个轴平面对称。实际中，多数船舶都是左右舷对称的，并且在平面运动中不需要考虑船舶上下对称。如果船舶前后非对称，意味着惯性矩阵和阻尼矩阵的非对角元素是非零的。同时忽略风、浪、流引起的外界环境干扰，则可得到简化的 3 自由度水面船舶平面运动数学模型为

$$\begin{cases} \dot{\eta} = J(\eta)\upsilon \\ M\dot{\upsilon} = -C(\upsilon)\upsilon - D\upsilon + \tau \end{cases} \tag{3.56}$$

其中，矩阵 $J(\eta)$、M、$C(\upsilon)$ 和 D 分别为

$$J(\eta) = \begin{bmatrix} \cos\psi & -\sin\psi & 0 \\ \sin\psi & \cos\psi & 0 \\ 0 & 0 & 1 \end{bmatrix}$$

$$M = \begin{bmatrix} m_{11} & 0 & 0 \\ 0 & m_{22} & 0 \\ 0 & 0 & m_{33} \end{bmatrix}$$

$$C(\upsilon) = \begin{bmatrix} 0 & 0 & -m_{22}v \\ 0 & 0 & m_{11}u \\ m_{22}v & -m_{11}u & 0 \end{bmatrix}$$

$$D = \begin{bmatrix} d_{11} & 0 & 0 \\ 0 & d_{22} & 0 \\ 0 & 0 & d_{33} \end{bmatrix} \tag{3.57}$$

矩阵 M、$C(\upsilon)$、D 和 $D_n(\upsilon)$ 中各变量也可表示为[2] $m_{11} = m + m_x$，$m_{22} = m + m_y$，$m_{23} = mx_g - Y_{\dot{r}}$，$m_{32} = mx_g - N_{\dot{v}}$，$m_{33} = I_{zz} + J_{zz}$，$m_{22s} = 0.5(m_{23} + m_{32})$，$m_x = -X_{\dot{u}}$，$m_y = -Y_{\dot{v}}$；$C_{13} = -C_{31} = -m_{22}v$，$C_{23} = -C_{32} = m_{11}u$；$d_{11} = -(X_u + X_{|u|u}|u|)$，

$d_{22} = -(Y_v + Y_{|v|v}|v| + Y_{|r|v}|r|)$，$d_{23} = -(Y_r + Y_{|v|r}|v|)$，$d_{32} = -(N_v + N_{|v|v}|v| + N_{|r|v}|r|)$，
$d_{33} = -(N_r + N_{|v|r}|v| + N_{|r|r}|r|)$。其中，$(x_g, 0)$ 为船舶中心。为了保证在低速和高速模型的通用性，矩阵 $D(v)$ 中 v 的各元素是非线性的，因此模型式（3.53）为非线性模型。

推进力和力矩向量 τ 为

$$\tau = \begin{bmatrix} \tau_u \\ 0 \\ \tau_r \end{bmatrix} \tag{3.58}$$

式（3.56）中的船舶运动学和动力学方程也可分别写为

$$\begin{cases} \dot{x} = u\cos\psi - v\sin\psi \\ \dot{y} = u\sin\psi + v\cos\psi \\ \dot{\psi} = r \end{cases} \tag{3.59}$$

$$\begin{cases} \dot{u} = \dfrac{m_{22}}{m_{11}}vr - \dfrac{d_{11}}{m_{11}}u + \dfrac{1}{m_{11}}\tau_u \\[2mm] \dot{v} = -\dfrac{m_{11}}{m_{22}}ur - \dfrac{d_{22}}{m_{22}}v \\[2mm] \dot{r} = \dfrac{m_{11} - m_{22}}{m_{33}}uv - \dfrac{d_{33}}{m_{33}}r + \dfrac{1}{m_{33}}\tau_r \end{cases} \tag{3.60}$$

3.5 欠驱动水面船舶的可控性分析

系统的可控性是反映控制输入驾驭状态运动能力的重要概念，是对其进行有效控制的关键问题。全驱动水面船舶的每个输出都有相应的输入驱动，系统在全工作空间是状态可控的，然而，欠驱动水面船舶却不拥有这一特性。欠驱动水面船舶属于非完整约束系统，在控制过程中首先涉及的就是状态可控性分析问题。

欠驱动水面船舶式（3.56）可用下面非线性仿射系统表示：

$$\dot{x} = f(x) + \sum_{i=1}^{m} g_i(x)u_i \tag{3.61}$$

其中，$x = (x_1, \cdots, x_n)$ 为光滑流形 M 的局部坐标；f、g 分别为漂移向量场和输入向量场。

为了把系统式（3.56）转化为式（3.61）形式，定义

$$f(\eta, \upsilon) = \begin{bmatrix} J(\eta) \\ -M^{-1}[C(\upsilon) + D]\upsilon \end{bmatrix} \tag{3.62}$$

$$g_1 = \left[0, 0, 0, \frac{1}{m_{11}}, 0, 0\right]^T, \quad g_2 = \left[0, 0, 0, 0, 0, \frac{1}{m_{33}}\right]^T \tag{3.63}$$

则欠驱动水面船舶系统可写为

$$[\dot{\eta}, \dot{v}]^T = f(\eta, v) + g_1 \tau_1 + g_2 \tau_3 \tag{3.64}$$

由式（3.56）可得

$$f(\eta, \upsilon) = \begin{bmatrix} u\cos\psi - v\sin\psi \\ u\sin\psi + v\cos\psi \\ r \\ \dfrac{m_{22}}{m_{11}}vr - \dfrac{d_{11}}{m_{11}}u \\ \dfrac{m_{11}}{m_{22}}ur - \dfrac{d_{22}}{m_{22}}v \\ \dfrac{m_{11} - m_{22}}{m_{33}}uv - \dfrac{d_{33}}{m_{33}}r \end{bmatrix} \tag{3.65}$$

定理 3.1 欠驱动水面船舶式（3.64）对 $\forall(\eta, v) \in \mathbb{R}^6$ 是局部强可达的（locally strongly accessible）。

证明 可控性分析中要使用李括号的概念，对于任意两个向量场 f 和 g，李括号计算如下：

$$[f, g] = \frac{\partial g}{\partial x}f - \frac{\partial f}{\partial x}g \tag{3.66}$$

由式（3.64）可知，向量 f、g_1、g_2 扩展的向量场中李括号计算如下：

$$[g_1, g_2] = 0$$

$$[f, g_1] = -\frac{1}{m_{11}}\left[\cos\psi, \sin\psi, 0, -\frac{d_{11}}{m_{11}}, -\frac{m_{11}r}{m_{22}}, \frac{(m_{11} - m_{22})v}{m_{33}}\right]^T$$

$$[f, g_2] = -\frac{1}{m_{33}}\left[0, 0, 1, \frac{m_{22}}{m_{11}}v, -\frac{m_{11}}{m_{22}}u, -\frac{d_{33}}{m_{33}}\right]^T$$

$$[g_2, [f, g_1]] = \frac{1}{m_{33}}\left[0, 0, 0, 0, \frac{1}{m_{22}}, 0\right]^T$$

$$[g_2, [[g_1, f], f]] = -\frac{1}{m_{22}m_{33}}\left[-\sin\psi, \cos\psi, 0, \frac{m_{22}}{m_{11}}v, -\frac{d_{22}}{m_{22}}, \frac{m_{11} - m_{22}}{m_{33}}v\right]^T$$

对于任意的 $(\eta,v)\in\mathbb{R}^6$，可以验证上述向量 f、g_1、g_2 扩展的空间满足李代数秩条件（Lie algebra rank condition，LARC），即 $\dim\{g_1,g_2,[f,g_1],[f,g_2],[g_2,[f,g_1]],[g_2,[[g_1,f],f]]\}=6$，所以欠驱动水面船舶是局部强可达的。证毕。

定理 3.2 欠驱动水面船舶系统在任何平衡点处是短时间局部可控的（small time locally controllable，STLC）。

证明 由上述定理可知欠驱动水面船舶对于任意 $(\eta,v)\in\mathbb{R}^6$ 是局部强可达的，即系统在平衡点满足 STLC 的必要条件。令 $Br(X)$ 表示包含 f、g_1、g_2 矢量场的最小李代数，B 表示 $Br(X)$ 中的任意括号，令 $\delta^0(B)$、$\delta^1(B)$、$\delta^2(B)$ 分别表示 f、g_1、g_2 各自出现在括号 B 中的次数，B 的度数等于 $\sum_{i=0}^{2}\delta^i(B)$ 的值。满足 $\sum_{i=0}^{2}\delta^i(B)-\delta^0(B)=0$ 的括号为好括号（good bracket）；满足 $\sum_{i=0}^{2}\delta^i(B)-\delta^0(B)=1$，且 $\delta^0(B)$ 是奇数、$\delta^1(B)$ 和 $\delta^2(B)$ 是偶数的括号为坏括号（bad bracket）。在平衡点处，所有的坏括号可表示成所包含的低度数的好括号的线性组合。当坏括号的度数是 $\sum_{i=0}^{2}\delta^i(B)=1$ 时，$f(0,0)=0$；当坏括号的度数是 $\sum_{i=0}^{2}\delta^i(B)=3$，即 $\delta^0(B)=1$ 和 $\delta^i(B)=2$（$i=1$ 或 2）时，$[g_1,[f,g_1]]=0$，$[g_2,[f,g_2]]=0$。因此，系统满足 Sussmann 定理的条件，即系统在任意平衡点处是 STLC。证毕。

3.6 本章小结

本章首先系统地介绍了船舶运动数学模型，然后讨论了环境干扰数学模型及其对船舶运动控制的影响。在此基础上，本章提出了欠驱动水面船舶运动标准的数学模型，并对其进行简化，推导出了欠驱动水面船舶的 3 自由度数学模型。公式一般采用矩阵形式，其优点在于物理意义明确、组合关系清楚、便于应用。由于船舶是欠驱动的，所以对其进行了可控性分析，为后续章节研究欠驱动水面船舶的镇定控制、路径跟踪控制、轨迹跟踪控制和多艘欠驱动水面船舶的编队控制问题奠定了基础。

第4章　欠驱动水面船舶镇定控制

欠驱动水面船舶镇定控制的研究具有明确的实际意义和理论意义。在实际航行中，当不需要考虑船舶航迹时，欠驱动水面船舶的直线航迹控制、动态定位和自动靠泊控制问题都可以直接归结为镇定控制的设计问题。理论上镇定控制是跟踪控制的基础。

欠驱动水面船舶的直线航迹控制问题要求控制船舶的推进系统，使船舶航行并维持在设定航线和航向角。针对一般只装备螺旋桨、主推进器和舵装置的船舶，在开阔水域中定航速（或定主机转速）航行时仅通过舵来控制船首方向及航迹偏差，用螺旋桨推动船舶航行，并不作为控制输入进行设计。此时的系统为一个输入同时控制两个输出的欠驱动系统。此时，镇定控制的实质是寻求反馈控制律将船舶的横向位置和航向角镇定到二维平衡点。

动态定位和自动靠泊控制问题要求通过控制船舶的推进系统，使船舶在水平面达到并维持在设定的位置和航向角，此时镇定控制的实质是寻求反馈控制律将船舶的横向位置、纵向位置和航向角镇定到三维平衡点。由于欠驱动水面船舶存在二阶非完整约束，不满足 Brockett 定理的必要条件，所以对于欠驱动水面船舶的动态定位问题，不存在任何能够使得系统渐近稳定的光滑时不变反馈控制方法。又由于船舶在船舶附体坐标系下存在横向速度，即当控制输入为零时，系统的状态变量有可能不为零，所以针对非完整系统发展起来的一些非线性控制方法，如精确线性化、部分反馈线性化、级联系统稳定性分析理论、滑模控制方法等，也难以直接应用于欠驱动水面船舶的镇定控制问题。

本章将先介绍基于一般精确模型的 2 自由度欠驱动水面船舶直线航迹的镇定控制，模型中包括非线性水动力阻尼项和船舶附体坐标系下的横向速度项，因此涵盖船舶低速和高速的航行，以及由转向和外界风、流干扰引起的漂角等不可忽略的情况，进而设计 3 自由度的欠驱动水面船舶动态定位和自动靠泊镇定控制。

4.1　直线航迹镇定控制

4.1.1　问题描述

根据第 3 章所述，数学模型为

$$\begin{cases} \dot{x} = u\cos\psi - v\sin\psi \\ \dot{y} = u\sin\psi + v\cos\psi \\ \dot{\psi} = r \\ \dot{u} = \dfrac{m_{22}}{m_{11}}vr - \dfrac{d_{11}}{m_{11}}u + \dfrac{1}{m_{11}}\tau_u \\ \dot{v} = -\dfrac{m_{11}}{m_{22}}ur - \dfrac{d_{22}}{m_{22}}v \\ \dot{r} = \dfrac{m_{11} - m_{22}}{m_{33}}uv - \dfrac{d_{33}}{m_{33}}r + \dfrac{1}{m_{33}}\tau_r \end{cases} \tag{4.1}$$

针对系统式（4.1）直接航迹镇定控制器的设计目标是：通过设计控制律 τ_r 使船舶航行到指定直线 y_d 和指定航向 ψ_d，不失一般性地，通过坐标变换可得 $y_d = 0$、$\psi_d = 0$。由于控制目标中不包括对系统状态 (x,u) 的控制，所以此时的系统状态方程可变为

$$\begin{cases} \dot{y} = u\sin\psi + v\cos\psi \\ \dot{\psi} = r \\ \dot{v} = -\dfrac{m_{11}}{m_{22}}ur - \dfrac{d_{22}}{m_{22}}v \\ \dot{r} = \dfrac{m_{11} - m_{22}}{m_{33}}uv - \dfrac{d_{33}}{m_{33}}r + \dfrac{1}{m_{33}}\tau_r \end{cases} \tag{4.2}$$

对式（4.2）中第一个等式整理得

$$\begin{aligned} \dot{y} &= u\sin\psi + v\cos\psi \\ &= \sqrt{u^2 + v^2}\left(\frac{u}{\sqrt{u^2 + v^2}}\sin\psi + \frac{v}{\sqrt{u^2 + v^2}}\cos\psi \right) \\ &= \sqrt{u^2 + v^2}\sin(\psi + \beta) \end{aligned} \tag{4.3}$$

其中，$\beta = \arctan\dfrac{v}{u}$ 为船舶附体坐标系下前进方向和大地坐标系下前进方向的夹角。

令 $[\xi_1, \xi_2, \xi_3, \xi_4]^T = [y, \psi + \beta, r, v]^T$，则系统式（4.2）可转为

$$\begin{cases} \dot{\xi}_1 = \sqrt{u^2 + \xi_4^2}\sin\xi_2 \\ \dot{\xi}_2 = \xi_3 + \dot{\beta} \\ \dot{\xi}_3 = f_r(\xi_1, \xi_2, \xi_3, \xi_4) + g_r\tau_r \\ \dot{\xi}_4 = f_v(\xi_1, \xi_2, \xi_3, \xi_4) \end{cases} \tag{4.4}$$

其中,

$$
\begin{cases}
\dot{\beta} = \dfrac{\dot{\xi}_4 u - \xi_4 \dot{u}}{u^2 + \xi_4^2} \\[3mm]
f_r(\xi_1, \xi_2, \xi_3, \xi_4) = \dfrac{m_{11} - m_{22}}{m_{33}} u\xi_4 - \dfrac{d_{33}}{m_{33}} \xi_3 + \dfrac{1}{m_{33}} \tau_r \\[3mm]
g_r = \dfrac{1}{m_{33}} \\[3mm]
f_v(\xi_1, \xi_2, \xi_3, \xi_4) = -\dfrac{m_{11}}{m_{22}} u\xi_3 - \dfrac{d_{22}}{m_{22}} \xi_4
\end{cases}
$$

4.1.2　控制器设计及稳定性分析

把系统式(4.4)分为子系统式(4.5)和子系统式(4.6)两个子系统:

$$\dot{\xi}_1 = \sqrt{u^2 + \xi_4^2}\, \sin \xi_2 \tag{4.5}$$

$$\dot{\xi}_2 = \xi_3 + \dot{\beta} \tag{4.6a}$$

$$\dot{\xi}_4 = f_v(\xi_1, \xi_2, \xi_3, \xi_4) \tag{4.6b}$$

$$\dot{\xi}_3 = f_r(\xi_1, \xi_2, \xi_3, \xi_4) + g_r \tau_r \tag{4.6c}$$

首先设计子系统式(4.5),把 ξ_2 看作系统输入进行设计。

选取

$$\xi_2 = -\arcsin(k_1 \xi_1), \quad k_1 > 0 \tag{4.7}$$

把式(4.7)代入式(4.5)有

$$\dot{\xi}_1 = -k_1 \sqrt{u^2 + \xi_4^2}\, \xi_1 \tag{4.8}$$

选取 Lyapunov 备选函数 $V_{1a} = \dfrac{1}{2}\xi_1^2$, 对 V_{1a} 求时间导数有

$$
\begin{aligned}
\dot{V}_{1a} &= -k_1 \sqrt{u^2 + \xi_4^2}\, \xi_1^2 \\
&\leqslant -k_1 |u_{\min} + \xi_{4\min}| \xi_1^2 \\
&= -\rho_{1a} V_{1a}
\end{aligned} \tag{4.9}
$$

其中, $u_{\min} = \min(u)$; $\xi_{4\min} = \min(\xi_4)$; $\rho_{1a} = 2|u_{\min} + \xi_{4\min}|$。因此,当 u 与 ξ_4 同时为零时,控制器就不起作用了。

根据式(4.9),有

$$0 \leqslant V_{1a}(t) \leqslant V_{1a}(0)\mathrm{e}^{-\rho_{1a}t} \tag{4.10}$$

因此, ξ_1 是一致最终有界的。

适当选取 k_1, 可使得 $\arcsin(k_1\xi_1)$ 为 κ 类函数, 也就是要求

$$-1 \leqslant k_1 \xi_1 \leqslant 1, \quad \forall \xi_1 \tag{4.11}$$

因此，有如下定理：

定理 4.1　针对系统式（4.5），控制律式（4.7）使闭环控制系统式（4.8）局部指数渐近稳定。

证明　根据式（4.10）可知，针对系统式（4.5），在控制律式（4.6）下的闭环系统是指数渐近稳定的。但是，因为 k_1 的选择受到 ξ_1 的限制，所以闭环系统在平衡点 $\xi_1 = 0$ 是局部指数渐近稳定的。证毕。

接下来设计控制律 τ_r 使得子系统式（4.6）的输出 ξ_2 能够满足子系统式（4.5）的输入要求，为了便于区分，把子系统式（4.5）的输入表示为 $\overline{\xi}_2$。

把子系统式（4.6）写成如下形式：

$$\dot{\eta} = f(\eta) + g(\eta)\tau \tag{4.12}$$

$$z = h(\eta) \tag{4.13}$$

其中，$h(\eta) = \xi_5$；$\eta = [\xi_5, \xi_4, \xi_3]^{\mathrm{T}}$，$\xi_5 = \xi_2 - \beta$；$f = [f_1, f_2, f_3]^{\mathrm{T}}$，$f_1 = \xi_3$，$f_2 = f_v$，$f_3 = f_r$；$g = [g_1, g_2, g_3]^{\mathrm{T}}$，$g_1 = 0$，$g_2 = 0$，$g_3 = g_r$。

$$L_g h(\eta) = [1,0,0] \begin{bmatrix} 0 \\ 0 \\ g_r \end{bmatrix} = 0$$

$$L_f h(\eta) = [1,0,0] \begin{bmatrix} f_1 \\ f_2 \\ f_3 \end{bmatrix} = \xi_3$$

$$L_g L_f h(\eta) = [0,0,1] \begin{bmatrix} 0 \\ 0 \\ g_r \end{bmatrix} = g_r$$

$$L_f^2 h(\eta) = [0,0,1] \begin{bmatrix} f_1 \\ f_2 \\ f_3 \end{bmatrix} = f_3$$

由此，系统式（4.6）相对阶 $r = 2$，系统式（4.6）状态空间维数 $n = 3$，有 $r < n$，则系统存在一个内动态子系统式（4.6c），首先设计针对式（4.6a）和式（4.6b）的控制律，然后考虑内动态子系统的稳定性问题。因为系统式（4.6a）的输出定为 ξ_5，所以设计目标为设计控制律 τ_r 使得子系统式（4.6）的输出 ξ_5 能够满足子系统式（4.5）的输入要求，为了便于区分，把子系统式（4.5）的输入表示为 $\overline{\xi}_5 = \overline{\xi}_2 - \beta$。

令

$$\eta_d = [\overline{\xi}_5, \dot{\overline{\xi}}_5] \tag{4.14}$$

并定义跟踪误差向量为

$$e = \eta - \eta_d = [e_1, e_2]^T \tag{4.15}$$

其中，$e_1 = \xi_5 - \bar{\xi}_5$；$e_2 = \dot{e}_1 = \dot{\xi}_5 - \dot{\bar{\xi}}_5$。则控制目标可描述为使跟踪误差 e 为零。

根据输入输出反馈线性化设计步骤，首先要找到输入输出关系，对 e_1 求微分：

$$\dot{e}_1 = \dot{z} - \dot{\bar{\xi}}_5 = L_f h(\eta) + L_g h(\eta)\tau - \dot{\bar{\xi}}_5 = \xi_3 - \dot{\bar{\xi}}_5 \tag{4.16}$$

没有出现输入，继续对式（4.16）求微分得

$$\ddot{e}_1 = \ddot{z} - \ddot{\bar{\xi}}_5 = L_f^2 h(\eta) + L_g L_f h(\eta)\tau - \ddot{\bar{\xi}}_5 \tag{4.17}$$

取控制律为

$$\tau_r = \frac{1}{L_g L_f h}(-L_f^2 h + \ddot{\bar{\xi}}_5 + \upsilon)$$

$$= \frac{1}{g_r}\left(\frac{m_{22} - m_{11}}{m_{33}} u\xi_4 + \frac{d_{33}}{m_{33}}\xi_3 + \ddot{\bar{\xi}}_5 + \upsilon \right) \tag{4.18}$$

把控制律式（4.18）代入式（4.17）得到线性二阶微分方程为

$$\ddot{e}_1 = \upsilon \tag{4.19}$$

设计

$$\upsilon = -k_3 e_2 - k_2 e_1 \tag{4.20}$$

把式（4.20）代入式（4.19）得

$$\ddot{e}_1 + k_3 \dot{e}_1 + k_2 e_1 = 0 \tag{4.21}$$

其中，k_2、k_3 的选择能够使式 $K(p) = p^2 + k_3 p + k_2$ 是赫尔维茨多项式。将式（4.20）代入式（4.18）得

$$\tau_r = \frac{1}{g_r}\left(\frac{m_{22} - m_{11}}{m_{33}} u\xi_4 + \frac{d_{33}}{m_{33}}\xi_3 + \ddot{\bar{\xi}}_5 - k_3 e_2 - k_2 e_1 \right) \tag{4.22}$$

式（4.22）为所求的控制律。

接下来分析内动态子系统的稳定性问题，此时内动态子系统为

$$\dot{\xi}_4 = -\frac{m_{11}}{m_{22}} u\left(e_2 + \dot{\bar{\xi}}_5 \right) - \frac{d_{22}}{m_{22}}\xi_4$$

$$= -\frac{m_{11}}{m_{22}} u\left(e_1 + \dot{\bar{\xi}}_2 - \dot{\beta} \right) - \frac{d_{22}}{m_{22}}\xi_4$$

$$= -\frac{m_{11}}{m_{22}} u\left[e_1 + \dot{\bar{\xi}}_2 - \frac{\xi_4 / u}{1 + (\xi_4 / u)^2} \right] - \frac{d_{22}}{m_{22}}\xi_4$$

$$= \left\{ 1 - \frac{m_{11}}{m_{22}[1 + (\xi_4 / u)^2]} \right\}^{-1}\left[-\frac{m_{11} u}{m_{22}}\left(\dot{\bar{\xi}}_2 + e_1 \right) - \frac{d_{22}}{m_{22}}\xi_4 \right] \tag{4.23}$$

选取 Lyapunov 备选函数 $V_{\xi_4} = \dfrac{1}{2}\xi_4^2$，沿式（4.23）对 V_{ξ_4} 求时间导数得

$$\dot{V}_{\xi_4} = -\left\{1 - \frac{m_{11}}{m_{22}[1+(\xi_4/u)^2]}\right\}^{-1}\left[\frac{d_{22}}{m_{22}}\xi_4^2 - \frac{m_{11}}{m_{22}}u\left(\dot{\bar{\xi}}_2 + e_1\right)\xi_4\right]$$

$$\leqslant -\lambda_{\xi_4}V_{\xi_4} + \rho_{\xi_4} \tag{4.24}$$

其中，

$$\lambda_{\xi_4} = \min\left\{\left\{1 - \frac{m_{11}}{m_{22}[1+(\xi_4/u)^2]}\right\}^{-1}\frac{dv}{m_{22}}\right\}$$

$$\rho_{\xi_4} = p_{\xi_4}\xi_4$$

$$p_{\xi_4} = -\left\{1 - \frac{m_{11}}{m_{22}[1+(\xi_4/u)^2]}\right\}^{-1}\frac{m_{11}}{m_{22}}u\left(\dot{\bar{\xi}}_2 + e_1\right)$$

对于一般船舶都有 $m_{11} < m_{22}$，因此有 $\left\{1 - \dfrac{m_{11}}{m_{22}[1+(\xi_4/u)^2]}\right\}^{-1} > 1$，则有 $0 < \lambda <$

$\dfrac{d_{22}}{m_{22}}$；因为 $\dot{\bar{\xi}}_2 = -\arcsin(k_1\xi_1) = \dfrac{k_1\sqrt{u^2+\xi_4^2}\sin[e_1 - \arcsin(k_1\xi_1)]}{\sqrt{1-(k_1\xi_1)^2}}$，且 $|k_1\xi_1| < 1-\varepsilon$，$0 < \varepsilon < 1$，

有界，则 $\dot{\bar{\xi}}_2$ 有界；鉴于式（3.20）确保 e 有界，则 p_{ξ_4} 有界。接下来分析式（4.24）。

令 $\mu_{\xi_4} = \rho_{\xi_4}/\lambda_{\xi_4}$，则式（4.24）可以写成

$$0 \leqslant V_{\xi_4}(t) \leqslant \mu_{\xi_4} + [V_{\xi_4}(0) - \mu_{\xi_4}]\mathrm{e}^{-\lambda_{\xi_4}t} \tag{4.25}$$

因此，内动态子系统是稳定的，且 ξ_4 满足一致最终有界，控制律式（4.22）是有效的，整个误差闭环系统式（4.21）是稳定的。

也可以通过零动态子系统的稳定性来分析判断整个系统的稳定性。根据零动态子系统的定义，系统式（4.12）的零动态子系统为

$$\dot{\zeta}_4 = -\frac{d_{22}}{m_{22}}\xi_4 \tag{4.26}$$

定义 $\bar{V}_{\xi_4} = \dfrac{1}{2}\xi_4^2$，对 $\bar{V}_{\xi_4}$ 求时间导数得

$$\dot{\bar{V}}_{\xi_4} = -\frac{d_{22}}{m_{22}}\xi_4^2$$

$$\leqslant -\frac{d_{22}}{m_{22}}\xi_4^2$$

$$= -\bar{\rho}_{\xi_4}\bar{V}_{\xi_4} \tag{4.27}$$

$$0 \leqslant \bar{V}_{\xi_4}(t) \leqslant \bar{V}_{\xi_4}(0) \mathrm{e}^{-\bar{\rho}_{\xi_4} t} \tag{4.28}$$

因此，由式（4.28）可知，$\bar{V}_{\xi_4}$ 是指数渐近稳定的。因为对任意 $\xi_4(0)$ 平衡点 $\xi_4 = 0$ 都是指数渐近稳定的，所以系统式（4.21）在平衡点 $\xi_4 = 0$ 为全局指数渐近稳定的，根据定义有系统式（4.12）为全局指数最小相位的。

由此可以看出，虽然零动态子系统是全局指数渐近稳定的，但是直接求取的内动态子系统只是一致最终有界的。由定理 4.1 可知，控制律式（4.18）产生的闭环系统是局部渐近稳定的。

定理 4.2 针对系统式（4.12），由控制律式（4.18）产生的闭环系统式（4.21）在平衡点 $e = 0$ 局部渐近稳定，并且跟踪误差 e 渐近收敛于零。

证明 根据式（4.21）可知

$$\dot{e} = Ae \tag{4.29}$$

其中，$A = \begin{bmatrix} 0 & 1 \\ -k_2 & -k_3 \end{bmatrix}$。因为 k_2、k_3 满足赫尔维茨多项式系数，所以必存在一个正定矩阵 P 使方程 $A^{\mathrm{T}}P + PA = -Q$ 成立。其中，$Q = Q^{\mathrm{T}} \in \mathbb{R}^{n \times n}$，且 $Q \geqslant 0$ 为给定的正定矩阵。取 Lyapunov 备选函数 $V_e = \frac{1}{2} e^{\mathrm{T}} P e$，并对 V_e 求时间导数，有

$$\dot{V}_e = \xi^{\mathrm{T}}(A^{\mathrm{T}}P + PA)\xi = -\xi^{\mathrm{T}} Q \xi \leqslant -\lambda_{\min}(Q) \|\xi\|^2 \leqslant -\frac{\lambda_{\min}(Q)}{\lambda_{\max}(P)} V \tag{4.30}$$

根据式（4.30）可以写成

$$0 \leqslant V_e[e(t)] \leqslant V_e[e(0)] \mathrm{e}^{-2\alpha t} \tag{4.31}$$

其中，$\alpha = \dfrac{\lambda_{\min}(Q)}{2\lambda_{\max}(P)} > 0$，$\lambda_{\min}(Q)$ 为矩阵 Q 的最小特征值；$e(t) \leqslant \sqrt{\dfrac{\lambda_{\max}(P)}{\lambda_{\min}(P)}} \mathrm{e}^{-\alpha t} |e(0)|$。因此，$e$ 是一致最终有界的。

根据 Lyapunov 稳定性理论可知，系统式（4.28），即系统式（4.21）是全局渐近稳定的，即变量 e 可以全局渐近收敛到平衡点。

因为零动态的全局指数渐近稳定并没有使内动态子系统式（4.23）全局渐近稳定，所以由控制律式（4.22）产生的闭环系统只能是局部渐近稳定的。证毕。

根据直线航迹控制的要求，希望系统状态镇定到零，因为系统的平衡点不是误差 e 而是系统的状态，所以接下来还要分析系统式（4.2）的稳定性。首先给出如下定理。

定理 4.3 针对系统式（4.9），控制律式（4.22）产生的闭环系统在平衡点 $(\xi_1, \xi_2, \xi_3, \xi_4) = (0, 0, 0, 0)$ 是局部渐近稳定的。

证明　根据定理 4.2 可知，e 是局部渐近稳定的，则有 $\lim e = 0$。对 $\forall t > t_1$，系统式（4.12）能够保持准确跟踪，即对 $\forall t > t_1$ 有 $\overline{\xi}_2 = \xi_2$。因此根据定理 4.1，控制律式（4.22）能够使系统式（4.5）局部渐近收敛至平衡点 $\xi_1 = 0$，并且 $\xi_1 \equiv 0$。

因为 $\overline{\xi}_2 = -\arcsin(k_1 \xi_1)$，$\dot{\overline{\xi}}_2 = -\arcsin(k_1 \xi_1) = -\dfrac{k_1 \sqrt{u^2 + \xi_4^2}\,\sin\xi_1}{\sqrt{1 - (k_1 \xi_1)^2}}$，则对 $\forall t > t_1$ 有

$\lim\limits_{t \to t_2} \overline{\xi}_2 = 0$，$\lim\limits_{t \to t_2} \dot{\overline{\xi}}_2 = 0$，其中，$0 < t_1 < t_2$。因此，针对系统式（4.12），对 $\forall t > t_2$

有 $e_1 = \xi_5 - \overline{\xi}_5 = \xi_2 - \overline{\xi}_2 = \xi_2$，$e_2 = \dot{\xi}_5 - \dot{\overline{\xi}}_5 = \dot{\xi}_2 - \dot{\overline{\xi}}_2 = \dot{\xi}_2$。因为 $\lim\limits_{t \to t_1} e = 0$，所以当

$\lim\limits_{t \to t_2} \overline{\xi}_2 = 0$，$\lim\limits_{t \to t_2} \dot{\overline{\xi}}_2 = 0$ 时，有 $\lim\limits_{t \to t_2} \xi_2 = 0$，$\lim\limits_{t \to t_2} \dot{\xi}_2 = 0$。根据对式（4.12）零动态子系统的分析有系统式（4.21）是全局渐近稳定的，因此有 $\lim\limits_{t \to \infty} \xi_4 = 0$。根据以前的分析，系统式（4.3）所有状态 $\xi_i (i = 1, 2, 3, 4)$ 是有界的，即在 $(\xi_1, \xi_2, \xi_3, \xi_4) = (0, 0, 0, 0)$ 时为 Lyapunov 稳定的，又因为有 $\lim\limits_{t \to \infty}(\xi_1, \xi_2, \xi_3, \xi_4) = (0, 0, 0, 0)$，则系统在平衡点 $(\xi_1, \xi_2, \xi_3, \xi_4) = (0, 0, 0, 0)$ 是局部渐近稳定的。证毕。

由前面的定义可知，系统式（4.4）是原系统式（4.2）经过变形得到的，系统式（4.4）的稳定能否得到系统式（4.2）的稳定是接下来需要解决的问题，先给出如下定理。

定理 4.4　针对系统式（4.2），控制律式（4.22）产生的闭环系统在平衡点 $(y, \psi, r, v) = (0, 0, 0, 0)$ 是局部渐近稳定的。

证明　如果存在控制律能够使系统式（4.4）渐近稳定，则定有 $\lim\limits_{t \to \infty}(\xi_1, \xi_2, \xi_3, \xi_4) \equiv 0 \Rightarrow \lim\limits_{t \to \infty}(\xi^T, \dot{\xi}^T) = 0 \Rightarrow \lim\limits_{t \to \infty}(\xi_4, \dot{\xi}_4) = 0$。在船舶航行中有 $u \neq 0$，因为 $\beta = \arctan\dfrac{\xi_4}{u}$，$\dot{\beta} = \dfrac{\dot{\xi}_4 u - \xi_4 \dot{u}}{u^2 + \xi_4^2}$，所以有 $\lim\limits_{t \to \infty}(\beta, \dot{\beta}) = 0 \Rightarrow \lim\limits_{t \to \infty} \beta \equiv 0$。

系统式（4.4）与系统式（4.2）的主要区别为系统的第二个方程，如果存在控制律能够使系统式（4.3）渐近稳定，则 $\lim\limits_{t \to \infty}(y, \psi + \beta, r, v) \equiv 0$。因为 $\lim\limits_{t \to \infty} \beta \equiv 0$，所以显然有 $\lim\limits_{t \to \infty}(y, \psi, r, v) \equiv 0$。根据前面分析有系统状态 ξ_1、ξ_2、ξ_3、ξ_4 有界，则定有 y、ψ、r、v 有界。根据局部渐近稳定的定义，系统式（4.2）在平衡点 $(y, \psi, r, v) = (0, 0, 0, 0)$ 是局部渐近稳定的。证毕。

注意：系统式（4.2）到系统式（4.4）的变换也可以看成微分同胚变换，令 $Z_1 = [z_1, z_2, z_3, z_4]^T$，其中，$[z_1, z_2, z_3, z_4] = [y, \psi, r, v]$，考虑非线性向量函数

$$\begin{bmatrix} \xi_1 \\ \xi_2 \\ \xi_3 \\ \xi_4 \end{bmatrix} = \phi(Z_1) = \begin{bmatrix} z_1 \\ z_2 + \arctan\dfrac{z_4}{u} \\ z_3 \\ z_4 \end{bmatrix} \qquad (4.32)$$

它对所有的 $z_i(i=1,2,3,4)$ 都有定义，其雅可比矩阵为

$$\frac{\partial \phi}{\partial Z_1} = \begin{bmatrix} 1 & 0 & 0 & 0 \\ 0 & 1 & 0 & \dfrac{1}{u+\dfrac{z_4^2}{u}} \\ 0 & 0 & 1 & 0 \\ 0 & 0 & 0 & 1 \end{bmatrix}$$

它在 $Z_1 = [0,0,0,0]^{\mathrm{T}}$ 的秩为 4，因此 $\phi(Z_1)$ 的逆存在且关于 z 光滑，因此 $\phi(Z_1)$ 定义了 $Z_1 \rightarrow [\xi_1,\xi_2,\xi_3,\xi_4]^{\mathrm{T}}$ 的微分同胚。由此也可以直接说明系统式（4.4）的局部渐近稳定等价于系统式（4.2）的局部渐近稳定。证毕。

4.1.3 仿真研究

为了验证算法的有效性，应用文献[15]的船舶运动数学模型进行仿真研究，船长为 38m，质量为 $118 \times 10^3\,\mathrm{kg}$。其他参数为 $m_{11} = 120 \times 10^3\,\mathrm{kg}$，$m_{22} = 177.9 \times 10^3\,\mathrm{kg}$，$m_{33} = 636 \times 10^5\,\mathrm{kg \cdot m^2}$，$d_{11} = 215 \times 10^2\,\mathrm{kg/s}$，$d_{22} = 147 \times 10^3\,\mathrm{kg/s}$，$d_{33} = 802 \times 10^4\,\mathrm{kg \cdot m^2/s}$。

初始条件为 $[y(0),\psi(0),v(0),r(0)] = [100,57.3,0,0]$；控制参数为 $k_1 = 0.007$，$k_2 = 0.3$，$k_3 = 0.02$。应用 MATLAB 仿真软件进行仿真，结果如图 4.1～图 4.4 所示。

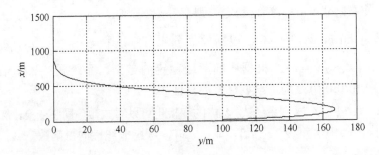

图 4.1 船舶实际航迹曲线

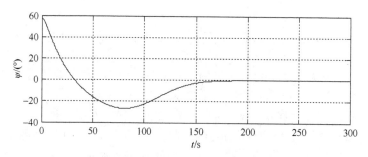

图 4.2 航向角 ψ 的时间响应曲线

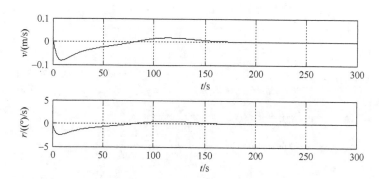

图 4.3 横向速度变量 v、艏摇角速度 r 的时间响应曲线

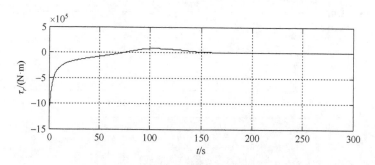

图 4.4 控制输入的时间响应曲线

从图 4.1 和图 4.2 可知，船舶系统式（4.2）输出变量都渐近收敛到平衡点 $(y,\psi)=(0,0)$。从图 4.3 可以看出，艏摇角速度小于 3°/s，且船舶附体坐标系下横向速度不为零，因为此时并没有外界干扰且艏摇角速度并不是很大，所以横向速度并不大，甚至可以忽略。但是船舶在航行时是不可能没有外界干扰的，因此在设计控制器时考虑此横向速度是很有必要的，其特殊性在以后的章节中将进一步论述。图 4.4 表示的是控制输入。

图 4.5 表示 (y, ψ, v, r) 的 norm 范数的对数, 其中, $\text{norm}(z) = \sqrt{\sum\limits_{i=1}^{4} z_i^2}$ 。从 $\lg[\text{norm}(z)]$ 值可以看出, 此对数有上界, 且上界为一条直线, 即所有信号是接近指数收敛的, 当然也符合渐近稳定。图 4.6 和图 4.7 分别是系统式 (4.20) 中路径跟踪误差 e_1 和航向角跟踪误差 e_2 的时间响应曲线。从图 4.6 和图 4.7 中可看出, 曲线渐近收敛, 验证了定理 4.2 的正确性。图 4.8 为偏航角 β 的时间响应曲线。比较图 4.1～图 4.3 与图 4.7、图 4.8 中各变量的收敛时间可知, e 的收敛速度快于系统式 (4.1) 各变量的收敛速度, 验证了上面的分析结果, 即存在 $t_1 < t_2$ 的关系。

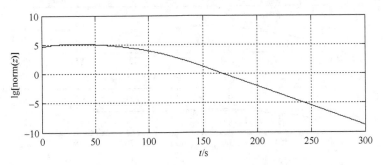

图 4.5　变量 (y, ψ, v, r) 的 norm 范数对数的时间响应曲线

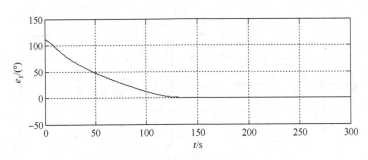

图 4.6　e_1 的时间响应曲线

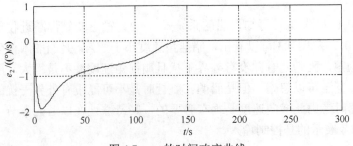

图 4.7　e_2 的时间响应曲线

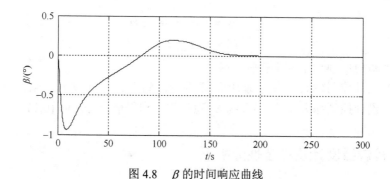

图 4.8 β 的时间响应曲线

4.2 欠驱动水面船舶动力定位和靠泊镇定控制

4.2.1 问题描述

相对于直线航迹的 2 自由度 3 状态模型,动力定位要求 3 自由度 6 状态模型,结合 4.1 节的模型式(4.1)和模型式(4.3),得到如下模型:

$$
\begin{cases}
\dot{x} = u\cos\psi - v\sin\psi \\
\dot{u} = f_u + g_u\tau_u \\
\dot{y} = \sqrt{u^2 + v^2}\,\sin(\psi + \beta) \\
\dot{\psi} = r \\
\dot{v} = f_v \\
\dot{r} = f_r + g_r\tau_r
\end{cases}
\tag{4.33}
$$

其中,$f_u = \dfrac{m_{22}}{m_{11}}vr - \dfrac{d_{11}}{m_{11}}u$;$g_u = \dfrac{1}{m_{11}}$。

动态定位和靠泊镇定控制的要求是:控制船舶输入使其稳定地维持到期望的位置和转向角。与直线航迹控制相似,可以将空间固定坐标系中的期望位置变换为新坐标系的原点,并转动坐标系使得期望的转向角为零,即设定的参考点为原点 $(x_d, y_d, \psi_d, u_d, v_d, r_d) = (0,0,0,0,0,0)$。结合直线航迹的控制方法,本小节给出两种控制方法。

结合直线航迹的控制方法,一个直观的方法是把系统式(4.33)转化为如下两个子系统:

$$
\Sigma_1 :
\begin{cases}
\dot{y} = \sqrt{u^2 + v^2}\,\sin(\psi + \beta) \\
\dot{\psi} = r \\
\dot{v} = f_v \\
\dot{r} = f_r + g_r\tau_r
\end{cases}
$$

$$\Sigma_2 : \begin{cases} \dot{x} = u\cos\psi - v\sin\psi \\ \dot{u} = f_u + g_u\tau_u \end{cases}$$

并相应地希望达到如下两个设计要求:

(1) 设计控制律 τ_r, 使子系统 Σ_1 渐近稳定到平衡点 $(y,\psi,r,v) = (0,0,0,0)$。

(2) 设计控制律 τ_u, 使子系统 Σ_2 稳定收敛到平衡点 $(x,u) = (0,0)$。

4.2.2　控制器设计及稳定性分析

本小节把设计分为两个过程: 过程一要求子系统 Σ_1 渐近稳定, 并使子系统 Σ_2 保持一定的速度前进; 过程二使整个系统渐近稳定。

1. 过程一的控制器设计

如果单纯要求子系统 Σ_1 渐近稳定, 已经由直线航迹给出, 根据定理 4.3 和仿真研究结果的图 4.1～图 4.3 都可以得到在有限的时间内有子系统收敛到平衡点 $(y,\psi,r,v) = (0,0,0,0)$ 的结论。式 (4.22) 为此过程中子系统 Σ_1 的控制律。在此过程中要求船舶以一定的参考前进速度航行, 设此参考前进速度为常量 u_d, 则此过程的目标为设计控制律 τ_u, 使船舶的前进速度 u 跟踪 u_d。

针对子系统 Σ_2 的第二个等式

$$\dot{u} = f_u + g_u\tau_u \tag{4.34}$$

进行设计, 令

$$e_u = u - u_d \tag{4.35}$$

设系统式 (4.34) 的输出为 $h(u) = u$, 则 $L_f h(u) = f_u$, $L_{g_u} h(u) = g_u$ 沿式 (4.35) 对 e_u 求微分得

$$\dot{e}_u = \dot{u} - \dot{u}_d = L_f h(u) + L_{g_u} h(u)\tau_u - \dot{u}_d$$

取控制律为

$$\begin{aligned} \tau_u &= \frac{1}{L_g h}(-L_f h + \dot{u}_d + \upsilon_u) \\ &= \frac{1}{g_u}\left(-\frac{m_{22}}{m_{11}}vr + \frac{d_{11}}{m_{11}}u + \dot{u}_d + \upsilon_u\right) \end{aligned} \tag{4.36}$$

把控制律式 (4.36) 代入式 (4.34) 得到线性二阶微分方程为

$$\dot{e}_u = \upsilon_u \tag{4.37}$$

设计

$$\upsilon_u = -k_4 e_u \tag{4.38}$$

把式 (4.38) 代入式 (4.37) 得

$$\dot{e}_u + k_4 e_u = 0 \tag{4.39}$$

其中，$k_4 > 0$。将式（4.38）代入式（4.36）得

$$\tau_u = \frac{1}{g_u}\left(-\frac{m_{22}}{m_{11}}vr + \frac{d_{11}}{m_{11}}u + \dot{u}_d - k_4 e_u\right) \tag{4.40}$$

式（4.40）为过程一子系统 Σ_2 的控制律。

因此针对系统式（4.34），由控制律式（4.40）产生的闭环系统指数渐近稳定收敛到平衡点 $u = u_d$。

注意：在此过程中，根据式（4.9）直线航迹控制器的设计要求前进速度 u 与 ξ_4 是不能同时为零的，否则控制律不起作用，如何选择 u_d 值得说明一下。对于船舶系统的驱动装置，当只含有螺旋桨主推进器和舵装置，在没有外界干扰时，如果螺旋桨主推进器不起作用，即没有前进速度，舵装置也是不起作用的，特别地，当船速很小时舵装置的作用也很小。也就是说，当 $u = 0$ 时，即使输入命令 τ_r 很大，船舶各状态响应也为零；当 u 很小时，即使输入命令 τ_r 很大，船舶各状态响应也很小。根据以上的分析可知，对于实际船舶只有速度 u 大于某个值时，舵装置才能正常执行控制律 τ_r 的命令。观察图 4.3 可知没有外界干扰时 v 的值很小，根据式（4.9）可知，y 的收敛速度主要取决于 u 的大小，因此当船舶距离平衡点很远时 u 不能太小，否则 y 的收敛速度很慢。因为船舶的外形设计结构，倒航时阻力远大于正航时阻力，所以一般要求 $u > 0$。综上，在此过程中的 $u_d \neq 0$，且 $u_d > 0$；而且当 y 很大时，u_d 不能太小。

还应该注意的是，虽然可以设定 $u_d \neq 0$，但是有可能出现 $u = 0$，若此时有 $v = 0$，则 $\beta = \arctan\dfrac{v}{u}$ 是没有意义的。由上段的分析得知，$u = 0$ 时舵装置是不能执行 τ_r 命令的，基于这种现象可以应用"伪逆"来模拟。MATLAB 里的命令 pinv(u)表示 u 的逆，当 $u = 0$ 时 pinv(u) $= 0$。若 $u = 0$，有 $\beta = \arctan[v\text{pinv}(u)] = \arctan[v\text{pinv}(0)] = 0$，因为一般情况下有 $v \leqslant u$，所以可以采用这个表达式代替 $\beta = \arctan\dfrac{v}{u}$，当然如果从全局的角度考虑，也可以采用 if $u = v = 0$ then $\beta = 0$ 的语句来避免 $u = 0$，而 $v \neq 0$ 时也有 $\beta = 0$ 的情况。至此完成了过程一的设计。

2. 过程二的控制器设计

这个过程需设计控制律 τ_u，使得子系统 Σ_2 在平衡点 $(x,u) = (0,0)$ 稳定，并且设计控制律 τ_r 使得子系统 Σ_1 维持在平衡点 $(y,\psi,v,r) = (0,0,0,0)$。在过程一中子系统 Σ_1 已经收敛到平衡点 $(y,\psi,v,r) = (0,0,0,0)$，如果仍然沿用过程一的控制器会出现一个问题，即 $u < 0$ 的情况。在前面的分析中有 $\beta = \arctan\dfrac{v}{u}$，当 $u < 0$ 时，

应有 $\beta \in \left(-\pi, -\dfrac{\pi}{2}\right)$ 或 $\beta \in \left(\dfrac{\pi}{2}, \pi\right)$，而函数 $\arctan u$ 的值域为 $\left(-\dfrac{\pi}{2}, \dfrac{\pi}{2}\right)$，为了仍然沿用 $u > 0$ 时的控制器参数，可以通过赋予速度矢量方向来解决这个问题。令

$$
\begin{aligned}
\dot{y} &= u\sin\psi + v\cos\psi \\
&= |U|\,\mathrm{sgn}(u)\left[\frac{|u|}{|U|}\sin\psi + \frac{v}{|U|\,\mathrm{sgn}(u)}\cos\psi\right] \\
&= \begin{cases} U\sin(\psi + \beta), & \mathrm{sgn}(u) = 1 \\ U\sin(\psi - \beta), & \mathrm{sgn}(u) = -1 \end{cases}
\end{aligned}
\tag{4.41}
$$

其中，$U = \sqrt{u^2 + v^2}\,\mathrm{sgn}(u)$，表示矢量合速度；$\mathrm{sgn}(u) = \begin{cases} +1, & u \geqslant 0 \\ -1, & u < 0 \end{cases}$，是符号函数；

$\mathrm{sgn}(U) = \mathrm{sgn}(u)$；$\beta = \arctan\dfrac{v}{|u|}$。

定义 $\bar{\beta} = \begin{cases} \beta, & \mathrm{sgn}(u) = 1 \\ -\beta, & \mathrm{sgn}(u) = -1 \end{cases}$，则有

$$
\dot{y} = U\sin(\psi + \bar{\beta})
\tag{4.42}
$$

由此重新定义的 $[\xi_1, \xi_2, \xi_3, \xi_4]^{\mathrm{T}} = [y, \psi + \bar{\beta}, r, v]^{\mathrm{T}}$ 涵盖了矢量 u 正负值的情况。针对子系统 Σ_1 和子系统 Σ_2，要求 (y, ψ) 稳定的同时 x 也实现稳定。

因为控制律 τ_r 可令子系统 Σ_1 稳定在平衡点 $(y, \psi, r, v) = (0, 0, 0, 0)$，所以在设计控制律 τ_u 时可以把子系统 Σ_1 看成原系统的内动态子系统，并用零动态子系统稳定分析方法分析子系统 Σ_2 的稳定性，则子系统 Σ_2 可写成如下形式：

$$
\begin{cases} \dot{x} = u \\ \dot{u} = f_u + g_u\tau_u \end{cases}
\tag{4.43}
$$

针对系统式（4.43）应用输入输出反馈线性化设计控制器，则系统式（4.43）可写成

$$
\dot{\eta}_x = f(\eta_x) + g(\eta_x)\tau_u
\tag{4.44a}
$$

$$
z = h(\eta_x)
\tag{4.44b}
$$

其中，$h(\eta_x) = x$；$\eta_x = [x, u]^{\mathrm{T}}$；$f = [f_1, f_2]^{\mathrm{T}}$，$f_1 = u$，$f_2 = f_u$；$g = [g_1, g_2]^{\mathrm{T}}$，$g_1 = 0$，$g_2 = g_u$。

$$
L_g h(\eta_x) = (1 \;\; 0)\begin{pmatrix} 0 \\ g_r \end{pmatrix} = 0
$$

$$
L_f h(\eta_x) = (1 \;\; 0)\begin{pmatrix} f_1 \\ f_2 \end{pmatrix} = u
$$

$$L_g L_f h(\eta_x) = (0\ 1)\begin{pmatrix} 0 \\ g_u \end{pmatrix} = g_u \neq 0$$

$$L_f^2 h(\eta_x) = (0\ 1)\begin{pmatrix} f_1 \\ f_2 \end{pmatrix} = f_2$$

由此，系统式（4.34）相对阶 $r=2$，系统式（4.34）状态空间维数 $n=2$，有 $r=n$，取控制律为

$$\tau_u = \frac{1}{L_g L_f h_x}(-L_f^2 h_x + \upsilon_x)$$

$$= \frac{1}{g_u}\left(-\frac{m_{22}}{m_{11}}vr + \frac{d_{11}}{m_{11}}u + \upsilon_x\right) \tag{4.45}$$

把式（4.34）代入式（4.43）得

$$\ddot{x} = \upsilon_x \tag{4.46}$$

设计

$$\upsilon_x = -k_5 \dot{x} - k_6 x \tag{4.47}$$

把式（4.47）代入式（4.46）得

$$\ddot{x} + k_5 \dot{x} + k_6 x = 0 \tag{4.48}$$

其中，k_5、k_6 的选择能够使式 $K(p) = p^2 + k_5 p + k_6$ 是赫尔维茨多项式。将式（4.47）代入式（4.45）得

$$\tau_u = \frac{1}{g_u}\left(-\frac{m_{22}}{m_{11}}vr + \frac{d_{11}}{m_{11}}u - k_5 \dot{x} - k_6 x\right) \tag{4.49}$$

基于此给出如下定理：

定理 4.5　针对系统式（4.33），由控制律式（4.50）、式（4.51）产生的闭环系统是渐近稳定的。

$$\tau_u = \begin{cases} \dfrac{1}{g_u}\left(-\dfrac{m_{22}}{m_{11}}vr + \dfrac{d_{11}}{m_{11}}u + \dot{u}_d - k_4 e_u\right), & t \leqslant t_y \\[3mm] \dfrac{1}{g_u}\left(-\dfrac{m_{22}}{m_{11}}vr + \dfrac{d_{11}}{m_{11}}u - k_5 \dot{x} - k_6 x\right), & \text{其他} \end{cases} \tag{4.50}$$

$$\tau_r = \frac{1}{g_r}\left(\frac{m_{22}-m_{11}}{m_{33}}u\xi_4 + \frac{d_{33}}{m_{33}}\xi_3 + \dddot{\xi}_5 - k_3 e_2 - k_2 e_1\right) \tag{4.51}$$

其中，t 为船舶运行的时间变量；t_y 为过程一结束时刻。

证明　首先给出过程一的稳定性分析。

对于子系统 Σ_2 定义 Lyapunov 备选函数 $V_{1u} = \dfrac{1}{2}e_u^2$ ，对 V_{1u} 求时间导数得

$$\dot{V}_{1u} = e_u(-k_4 e_u) = -k_4 e_u^2 \tag{4.52}$$

由式（4.43）可得闭环系统 $(e_u, \dot{e}_u)$ 是全局渐近稳定的，也就是说速度 u 渐近稳定到参考前进速度 u_d 。

与直线航迹控制器设计不同的是，此时子系统 Σ_1 重新定义了 $[\xi_1, \xi_2, \xi_3, \xi_4]^{\mathrm{T}} = [y, \psi + \bar{\beta}, r, v]^{\mathrm{T}}$ 。

选取 Lyapunov 备选函数 $V_{1r} = \dfrac{1}{2}\xi_1^2$ ，对 V_{1r} 求时间导数得

$$\begin{aligned}
\dot{V}_{1r} &= -k_1 |U| \xi_1^2 \\
&= -\rho_{1r} V_{1r}
\end{aligned} \tag{4.53}$$

其中，$\rho_{1r} = k_1|U|$ 。若 $|U| \neq 0$ ，继续参照直线航迹镇定稳定性分析可知，由控制律式（4.50）得到的子系统 Σ_1 的闭环系统是局部渐近稳定的。

其次给出过程二的稳定性分析。

需要说明的是，在分析内动态子系统式（4.33）时，把 u 当作恒值，但在本小节的镇定过程中，u 是变量，因此当 $t > t_y$ 时，有

$$\begin{aligned}
\dot{\xi}_4 &= -\frac{m_{11}}{m_{22}} u \xi_3 - \frac{d_{22}}{m_{22}} \xi_4 \\
&= -\frac{m_{11}}{m_{22}} u \left[e_1 + \dot{\bar{\xi}}_2 - \frac{(\dot{\xi}_4 u - \xi_4 \dot{u})/u^2}{1 + (\xi_4/u)^2} \right] - \frac{d_{22}}{m_{22}} \xi_4 \\
&= \left\{ 1 - \frac{m_{11}}{m_{22}[1 + (\xi_4/u)^2]} \right\}^{-1} \left[-\frac{m_{11}u}{m_{22}} \left(\dot{\bar{\xi}}_2 + e_1 \right) - \frac{m_{11}\dot{u}u}{m_{22}(u^2 + \xi_4^2)} \xi_4 - \frac{d_{22}}{m_{22}} \xi_4 \right] \\
&= \left\{ 1 - \frac{m_{11}}{m_{22}[1 + (\xi_4/u)^2]} \right\}^{-1} \left[-\frac{m_{11}u}{m_{22}} \left(\dot{\bar{\xi}}_2 + e_1 \right) - \frac{m_{11}\dot{u}u}{m_{22}(u^2 + \xi_4^2)} \xi_4 - \frac{d_{22}}{m_{22}} \xi_4 \right]
\end{aligned} \tag{4.54}$$

仍可得

$$\begin{aligned}
\dot{V}_{\xi_4} &= -\left\{ 1 - \frac{m_{11}}{m_{22}[1 + (\xi_4/u)^2]} \right\}^{-1} \left[\frac{d_{22}}{m_{22}} \xi_4^2 - \frac{m_{11}}{m_{22}} u \left(\dot{\bar{\xi}}_2 + e_1 \right) \xi_4 - \frac{m_{11}\dot{u}u\xi_4^2}{m_{22}(u^2 + \xi_4^2)} \right] \\
&\leqslant -\lambda_{\xi_4} V_{\xi_4} + \rho_{\xi_4}
\end{aligned} \tag{4.55}$$

其中，$\lambda_{\xi_4} = \min\left(\left\{1 - \dfrac{m_{11}}{m_{22}[1+(\xi_4/u)^2]}\right\}^{-1} \dfrac{d_{22}}{m_{22}}\right)$；$\rho_{\xi_4} = p_{\xi_4}\xi_4$，$p_{\xi_4} =$

$-\left\{1 - \dfrac{m_{11}}{m_{22}[1+(\xi_4/u)^2]}\right\}^{-1} \dfrac{m_{11}}{m_{22}}u\left(\dot{\bar{\xi}}_2 + e_1\right) + \dfrac{m_{11}\dot{u}u\xi_4}{m_{22}(u^2+\xi_4^2)}$。

因此有，u、$\dot{u}$ 有界 $\Rightarrow p_{\xi_4}$ 有界 $\Rightarrow \xi_4$ 有界 $\Rightarrow$ 控制律式（4.51）有效 $\Rightarrow$ 在此过程中，子系统 Σ_1 各变量渐近收敛到平衡点 $(y, \psi, r, v) = (0,0,0,0)$。

因为看作零动态子系统的 Σ_1 是局部渐近稳定的，且子系统 Σ_2 在设计过程中是全局渐近稳定的（在控制器设计中已经给出），所以系统式（4.33）是局部渐近稳定的。证毕。

4.2.3　仿真研究

本小节给出 3 个不同初始条件仿真实例，从不同方面说明本方法的作用效果。

1. 仿真实例 1

初始位置为 $[x(0), y(0), \psi(0), u(0), v(0), r(0)] = [-150, -100, 57.3, 0, 0, 0]$；控制参数为 $u_d = 2$，$k_1 = 0.007$，$k_2 = 0.3$，$k_3 = 0.02$，$k_4 = 0.2$，$k_5 = 0.3$，$k_6 = 0.02$。

图 4.9 为实例 1 的各变量时间响应曲线。从纵向速度 u 的时间响应曲线可以看出，过程一与过程二是以 100s 左右为分界线的，也就是说 $t_y = 100$s。特别地，船舶航行初始阶段令速度变量都为零，突破了以往控制中要求初始速度不为零的

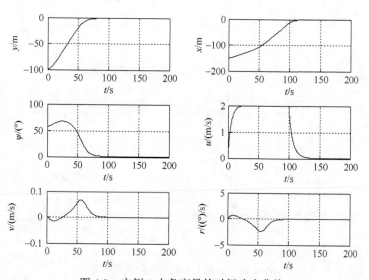

图 4.9　实例 1 中各变量的时间响应曲线

限制。需要注意的是，β 的表示方法应用伪逆语句或应用条件语句来完成。从 6 个状态的时间响应曲线不难看出各状态都是渐近稳定的。

　　图 4.10 为两个控制律的时间响应曲线。因为本节只是考察控制方法的有效性，所以在过程一（$t \leqslant t_y$）中，τ_u、τ_r 一起作用，τ_u 使船舶在船舶附体坐标系下的前进速度 u 跟踪上 u_d，τ_r 使状态 (y, ψ, r, v) 渐渐收敛到平衡点 $(y, \psi, r, v) = (0, 0, 0, 0)$。由图 4.10 可以看出，上述两个目标已实现，且有 $x_s = -20\text{m}$，其中，x_s 表示当 $y = 0$ 时的 x 值。因为控制参数的选取及此时的 x 值使得 $\tau_{u(t_y+)} < \tau_{u(t_y-)}$，其中，$\tau_{u(t_y+)}$ 表示 t_y 时刻刚切换控制器后控制律 τ_u 值，$\tau_{u(t_y-)}$ 表示 t_y 时刻没有切换控制器时的控制律 τ_u 值，一般情况下这两个值是不相等的，所以就会出现控制律的不连续现象。在实船应用中可以把这种情况看成阶跃现象，当船舶质量不是很大时，主机可以较快地跟踪上命令输入使得船舶在平衡点一致渐近稳定；但是当船舶质量较大时，如果 x_s 不是很大，可能造成 x 在平衡点倒退入平衡点，在实例 3 中将给出相近的情况。图 4.11 为船舶在 x-y 平面的航迹，可以看出 $y = 0$ 时，$x_s = -20\text{m}$，与上述结论相对应。

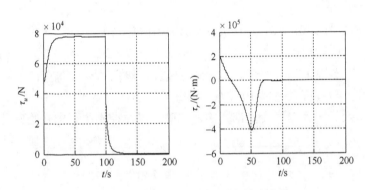

图 4.10　实例 1 中控制律的时间响应曲线

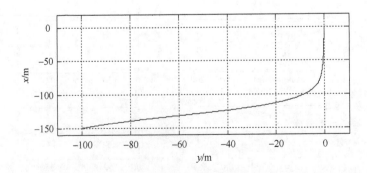

图 4.11　实例 1 中船舶实际航迹曲线

2. 仿真实例 2

初始位置为 $[x(0), y(0), \psi(0), u(0), v(0), r(0)] = [-230, 100, 0, 0, 0, 0]$；控制参数不变。

图 4.12 为实例 2 中各变量的时间响应曲线，在有些 6 自由度控制器的设计中会要求 $\psi(0)$ 或 $r(0)$ 不能为零，否则会出现奇异，也就是说如果在航行过程中船舶处于这种状态，就要进行切换控制，首先使船舶离开这种状态，然后应用设计控制器进行控制。本小节给出的控制方法不受这种限制。此实例中 $t_y = 120\text{s}$，$x_s = -45\text{m}$，此时 τ_u 做切换控制，通过控制参数得到 $\tau_{u(t_y+)} > \tau_{u(t_y-)}$。相应地，从 u 的时间响应曲线可以看出，在 $\tau_{u(t_y+)}$ 时 u 在做加速运动，即当 $t > t_y$ 时，有 $u > u_d$。值得说明的是，在实际应用中可以改变控制参数或是限制控制律使得速度不会增加，这里不做详述。

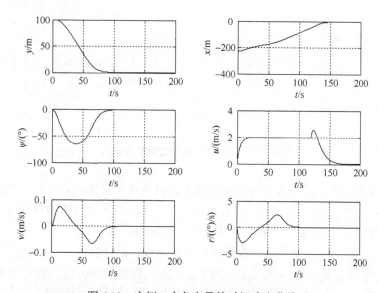

图 4.12　实例 2 中各变量的时间响应曲线

图 4.13 为实例 2 控制律的时间响应曲线，当 $t > t_y$ 时，因为控制律 τ_u 由 $7.74 \times 10^4\text{N}$ 直接增加到 $9.64 \times 10^4\text{N}$，与上述船舶前进速度相对应。图 4.14 为实例 2 中船舶实际航迹曲线，如图 4.14 所示的初始状态，得到的船舶航迹是符合通常的船舶航行习惯的。

3. 仿真实例 3

实例 3 主要研究可能出现倒退靠泊的情况。如果只考虑船舶的位置，可以说前两个实例船舶的初始位置分别在 x-y 平面的第三象限和第四象限，且都是正航到平

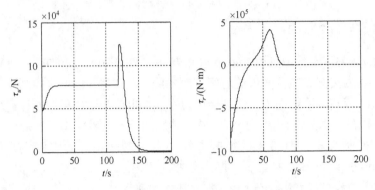

图 4.13　实例 2 中控制律的时间响应曲线

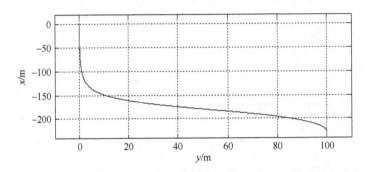

图 4.14　实例 2 中船舶实际航迹曲线

衡点。本实例首先给出在第三象限船舶倒航渐近收敛到平衡点的情况，初始条件为 $[x(0),y(0),\psi(0),u(0),v(0),r(0)]=[-100,-100,0,0,0,0]$，定义为初始条件 1，此时船舶初始位置处于第三象限，控制参数不变，仿真曲线如下。

图 4.15 为初始条件 1 的各变量时间响应曲线，此时的 $t_y=120$s。由图 4.15 可以看出，当 $t=t_y$ 时，$x_s=76.6$m。为了使 x 渐近收敛到平衡点，直观上要求船舶倒航到平衡点，从 u 的时间响应曲线可以看出，算法得到的仿真结果符合直观上的要求。

图 4.16 给出初始条件 1 的船舶实际航迹曲线，当 y 收敛到平衡点后，船舶倒航到零点。同理，在第三象限，当船舶的初始位置中 x 的绝对值不是很大时都会出现倒航的情况。也就是说船舶的初始位置在第三、四象限并不能保证船舶正航到平衡点，但是都能保证船舶各状态渐近收敛到平衡点。

接下来的仿真图中给出在相同初始条件、不同航向角范围情况下仿真曲线的对比。其中，每幅图的第一行的范围是 $[0,2\pi)$，第二行的范围是 $[-2\pi,0)$。

定义初始条件 2（初始位置在第一象限）为 $[x(0),y(0),\psi(0),u(0),v(0),r(0)]=[100,100,0/-2\pi,0,0,0]$。

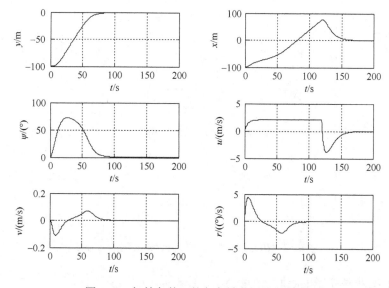

图 4.15 初始条件 1 的各变量时间响应曲线

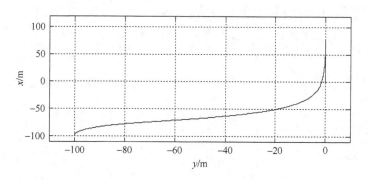

图 4.16 初始条件 1 的船舶实际航迹曲线

图 4.17 为初始条件 2 的船舶位置的时间响应曲线,其中,第一行是当 $\psi(0)=0$ 时的船舶位置时间响应曲线,控制参数同上,此时船舶主要以逆时针方向航行到平衡点。在直线航迹镇定控制中,本书考虑了当 ψ 处于不同范围时船舶的航行状态,这里可以运用这种航行方法,令 $\psi(0)=-2\pi$,过程一更改控制参数 $k_1=0.002$,$k_2=0.03$,$k_3=0.002$,其余不变;过程二参数值与前述一样。

可以发现船舶是正航到镇定点的,因此对于相同的初始状态,可以选择不同的船舶航行方向得到不同的平衡点收敛效果。从图 4.17 中看出,后者实际航行距离要长很多,如果以能耗多少来评价哪种方式更节能,直观地看应该采用逆时针航行方式,但本节并没有单独考虑船舶的后退模型,实际船舶倒航时阻力更大,需要更大的输入能量,因此采用哪种方式还需进一步研究。值得指出的是,对于靠泊

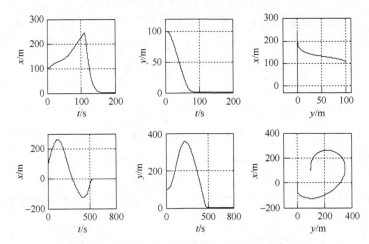

图 4.17　初始条件 2 的船舶位置的时间响应曲线

控制，由于外界环境的限制（如狭窄水道），不可能提供较大的水域，所以此例中的顺时针航行方式就不可应用。

　　图 4.18 为初始条件 2 的船舶变量 ψ、u、v 和 r 的时间响应曲线。从图 4.18 可以看出，各变量都渐近稳定到平衡点，第一行为 $\psi(0)=0$ 时的时间响应曲线，从纵向速度 u 的时间响应曲线可以看出，当 $t>t_y$ 时，纵向速度 u 减小，直至与 x 共同收敛到平衡点。

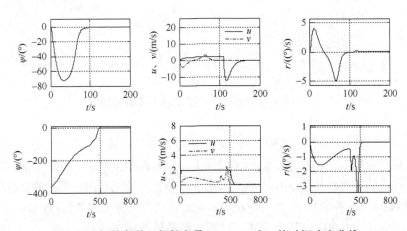

图 4.18　初始条件 2 船舶变量 ψ、u、v 和 r 的时间响应曲线

　　接下来给出船舶初始位置是第二象限时的船舶航行状态，定义初始条件 3 为 $[x(0),y(0),\psi(0),u(0),v(0),r(0)]=[100,-100,0/2\pi,0,0,0]$。

　　本实例的初始条件 3 与初始条件 2 的船舶位置关于 x 轴对称，当控制参数与初始条件 2 一致时，对比得到的船舶运动各变量历史曲线也有对应及对称关系。若

$\psi(0) = 0$，得到第一行的变量时间响应曲线；若令 $\overline{\psi}(0) = 2\pi\,[\overline{\psi}(0) = \psi(0) + 2\pi]$，得到第二行的变量时间响应曲线。由此仿真实例 3 给出船舶初始位置在 x-y 平面第一、二象限的仿真曲线，如图 4.19 和图 4.20 所示。

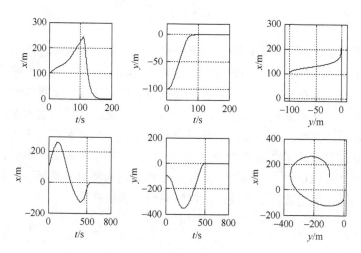

图 4.19 初始条件 3 的船舶位置时间响应曲线

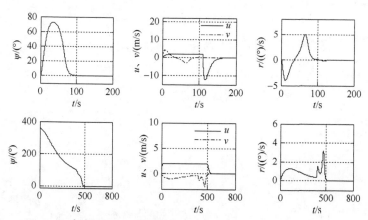

图 4.20 初始条件 3 的船舶变量 ψ、u、v 和 r 的时间响应曲线

当 $\psi(0) \in \left[-\dfrac{\pi}{2}, \dfrac{\pi}{2}\right]$ 时，定有船舶倒航到平衡点，此时如果想要正航到平衡点需要在宽广水域使船舶以大于 $x(0)$ 为半径的类圆轨迹航行到第三、四象限，然后正航到平衡点。结合直线航迹镇定控制器设计中的仿真结论，想要船舶逆时针航行，则令 $\overline{\psi}(0) = \psi(0) + 2\pi$；如果想要船舶顺时针航行，则令 $\overline{\psi}(0) = \psi(0) - 2\pi$。当初始位置的 $x(0)$ 远大于 $y(0)$ 时，需要宽广的水域，在实际应用中是不可用的，虽然也可以通过改变参数来实现路径优化，但需要更复杂的算法或是需要借助智能方法，

简单的做法是，根据初始位置事先设计可行的船舶航迹，让船舶沿着航迹正航到平衡点，这是接下来需要研究的问题。

4.3　本 章 小 结

本章研究了欠驱动水面船舶的镇定控制，分别对 1 输入 2 输出的直线航迹镇定控制和 2 输入 3 输出的动力定位与靠泊控制进行了研究。在直线航迹镇定控制器设计中把整个系统分为两个子系统，并把包含横向速度的变量作为第一个子系统的虚拟输入，从而解决横向速度对系统的影响问题，并应用输入输出反馈线性化技术设计反馈控制，Lyapunov 稳定性分析保证整个闭环系统的渐近稳定性。在此控制的基础上设计了 2 输入 3 输出的动力定位与靠泊控制器，不受初始条件不为零的限制，并保证了在不同初始条件下闭环系统的所有变量都可渐近收敛到平衡点。因为赋予前进速度以矢量，所以船舶可以倒航靠泊。

第5章　欠驱动水面船舶的路径跟踪控制

对欠驱动水面船舶跟踪控制的研究，在理论上有助于非线性问题的研究，在实际工程中能够解决特定的工作，如铺设管道、军舰机动航行等，备受国内外广大学者的关注。船舶的跟踪控制分为轨迹跟踪控制和路径跟踪控制两部分。欠驱动水面船舶运动模型具有3自由度6状态2输入，轨迹跟踪控制要求船舶跟踪上6个状态，即6个状态的跟踪误差满足控制要求。路径跟踪控制只要求船舶跟踪上参考路径，即只要求路径跟踪误差满足控制要求。一般情况下，轨迹跟踪控制对模型要求较高，控制器的设计也很复杂。本章先给出路径跟踪控制方法。

5.1　基于精确模型的欠驱动水面船舶滑模路径跟踪控制

本节针对精确模型的欠驱动水面船舶路径跟踪控制问题，从船舶的动力学角度出发，假设欠驱动水面船舶的横向速度是无源有界的。然后根据路径跟踪控制的要求，设计欠驱动水面船舶路径跟踪控制器。针对船舶的欠驱动特性，结合Lyapunov直接法和滑模控制技术，分别引入关于路径跟踪误差和关于航向跟踪误差的二阶滑动平面，提出一种非线性滑模路径跟踪控制器的设计方法。本节在设计时假定船舶模型参数是确定的，不涉及模型参数不确定和外界干扰的影响。

5.1.1　问题描述

考虑如下形式的欠驱动水面船舶路径跟踪控制数学模型：

$$\begin{cases} \dot{x} = u\cos\psi - v\sin\psi \\ \dot{y} = u\sin\psi + v\cos\psi \\ \dot{\psi} = r \\ \dot{u} = f_u^{\mathrm{T}}\chi_u(\upsilon) + g_u\tau_u \\ \dot{v} = f_v^{\mathrm{T}}\chi_v(\upsilon) \\ \dot{r} = f_r^{\mathrm{T}}\chi_r(\upsilon) + g_r\tau_r \end{cases} \tag{5.1}$$

其中，

$$f_u = \left[\frac{m_{22}}{m_{11}}, \frac{d_u}{m_{11}}, \frac{d_{u2}}{m_{11}}, \frac{d_{u3}}{m_{11}}\right]^{\mathrm{T}}$$

$$f_v = \left[\frac{m_{11}}{m_{22}}, \frac{d_v}{m_{22}}, \frac{d_{v2}}{m_{22}}, \frac{d_{v3}}{m_{22}}\right]^{\mathrm{T}}$$

$$f_r = \left[\frac{m_{11}-m_{33}}{m_{33}}, \frac{d_r}{m_{33}}, \frac{d_{r2}}{m_{33}}, \frac{d_{r3}}{m_{33}}\right]^{\mathrm{T}}$$

$$\upsilon = (u, v, r)$$

$$\chi_u(\upsilon) = [vr, -u, -|u|u, -|u|^2 u]^{\mathrm{T}}$$

$$\chi_v(\upsilon) = [-ur, -v, -|v|v, -|v|^2 v]^{\mathrm{T}}$$

$$\chi_r(\upsilon) = [uv, -r, -|r|r, -|r|^2 r]^{\mathrm{T}}$$

$$g_u = \frac{1}{m_{11}}$$

$$g_r = \frac{1}{m_{33}}$$

其中，x、y 和 ψ 分别为船舶在大地坐标系下的位置和艏摇角；u、v 和 r 分别为船舶在船舶附体坐标系下的横向速度、纵向速度和艏摇角速度；$m_{jj} > 0(1 \leqslant j \leqslant 3)$ 表示船舶的惯性和附加质量；d_u 和 d_{ui} 为船舶在纵向的水动力阻尼系数；d_v 和 d_{vi} 为船舶在纵向的水动力阻尼系数；d_r 和 d_{ri} 为船舶在艏摇方向上的水动力阻尼系数，$i = 2, 3$；τ_u 和 τ_r 分别为船舶在纵向和艏摇方向的控制律，船舶在横向上直接驱动，因此船舶是欠驱动的。

　　定义欠驱动水面船舶路径跟踪误差为

$$x_e = x - x_d, \quad y_e = y - y_d, \quad \psi_e = \psi - \psi_d, \quad z_e = \sqrt{x_e^2 + y_e^2} \qquad (5.2)$$

其中，ψ_d 为船舶期望的艏摇角，$\psi_d = \arcsin(y_e / z_e)$，定义 x_d 和 y_d 表示船舶在路径 Ω 上的期望位置，如图 5.1 所示。

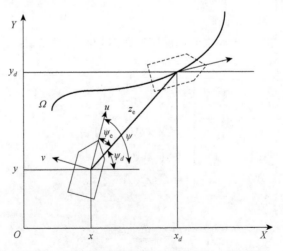

图 5.1　欠驱动水面船舶路径跟踪控制一般框架

在设计控制器之前，首先引入无源有界的定义。

定义 5.1　对于一个给定的系统

$$\dot{x}_i = f(x) + d \tag{5.3}$$

其中，$x = [x_1, \cdots, x_i, \cdots, x_n]^T$；函数 $f : \mathbb{R}^n \to \mathbb{R}$；$d$ 为外界干扰项。对于所有有界变量 $x_j (j \neq i)$ 和 d，如果存在一个标量函数 $V(x_i) \in \mathbb{C}^1$，使得

（1）$V(x_i)$ 是全局正定和径向无界的；

（2）如果 $|x_i| > d_{max}$，则存在 $V(x_i) < 0$，其中，d_{max} 是正定的，其幅值与 $x_j (j \neq i)$ 和 d 的上界有关。

则变量 x_i 是无源有界的。

假设 5.1　欠驱动水面船舶的横向速度 v 是无源有界的。

注 5.1　欠驱动水面船舶仅在纵向和艏摇方向有驱动，船舶的横向上没有直接驱动，在实际中船舶的横向运动满足无源有界的条件，也就是说如果横向速度动力学方程中的其他变量包括外界干扰都是有界的，则船舶的横向速度也是有界的。考虑船舶在实际航向中的情况，此假设是合理的，具体分析详见 5.3.3 节。

假设 5.2　参考路径 Ω 是光滑的，并且 x_d、$\dot{x}_d$、$\ddot{x}_d$、y_d、$\dot{y}_d$、$\ddot{y}_d$、ψ_d 和 $\dot{\psi}_d$ 是有界的。

注 5.2　考虑实际应用因素，船舶参考轨迹密切圆的最小半径应该大于或等于船舶的最小回转半径。

本小节控制目标：针对欠驱动水面船舶式（5.1），在假设 5.1 和假设 5.2 下，设计控制律 τ_u 和 τ_r，使船舶能够由初始位置和方向跟踪上设定的参考路径。

5.1.2　控制器设计

本小节在满足假设 5.1 和假设 5.2 的情况下进行控制器的设计。船舶数学模型式（5.1）满足严格反馈系统的定义，本书采用滑模控制进行路径跟踪控制器的设计。设计过程分两部分，即控制律 τ_u 和控制律 τ_r。

1. 控制律 τ_u

由式（5.2）定义的路径跟踪误差可得

$$x_e = z_e \cos\psi_d, \quad y_e = z_e \sin\psi_d \tag{5.4}$$

定义 Lyapunov 备选函数为

$$V_z = \frac{1}{2} z_e^2 \tag{5.5}$$

对式（5.5）进行时间微分，并把式（5.1）、式（5.2）和式（5.4）代入式（5.5），可得

$$\begin{aligned}
\dot{V}_z &= z_e \dot{z}_e = x_e \dot{x}_e + y_e \dot{y}_e \\
&= z_e [\cos\psi_d(\dot{x} - \dot{x}_d) + \sin\psi_d(\dot{y} - \dot{y}_d)] \\
&= z_e [u_e \cos\psi_e - v\sin\psi_e + \alpha_u \cos\psi_d - \dot{x}_d \cos\psi_d - \dot{y}_d \sin\psi_d]
\end{aligned} \tag{5.6}$$

引入纵向速度和艏摇角速度控制误差，为

$$u_e = u - \alpha_u, \quad r_e = r - \alpha_r \tag{5.7}$$

其中，α_u 和 α_r 分别为 u 和 r 的虚拟控制量。选取虚拟控制量 α_u 为

$$\alpha_u = \frac{1}{\cos\psi_e}(-k_{z_e}z_e + \dot{x}_d \cos\psi_d + \dot{y}_d \sin\psi_d + v\sin\psi_e) \tag{5.8}$$

其中，$k_{z_e} \geqslant 0$。把式（5.8）代入式（5.6）可得

$$\dot{V}_z = -k_{z_e}z_e^2 + z_e u_e \cos\psi_e \tag{5.9}$$

由式（5.7）和式（5.8）可把纵向误差动力学系统表示为

$$\dot{u}_e = \frac{m_{22}}{m_{11}}vr - \frac{d_u}{m_{11}}u - \sum_{i=2}^{3}\frac{d_{ui}}{m_{11}}|u|^{i-1}u + \frac{1}{m_{11}}\tau_u - \dot{\alpha}_u \tag{5.10}$$

定义如下滑动平面：

$$s_1 = \dot{z}_e + 2k_1 z_e + k_1^2 \int_0^t z_e(\tau)\mathrm{d}\tau, \quad k_1 > 0 \tag{5.11}$$

对式（5.11）两边进行微分，并把式（5.10）代入可得

$$\begin{aligned}
\dot{s}_1 &= \ddot{z}_e + 2k_1 \dot{z}_e + k_1^2 z_e \\
&= -k_{z_e}\dot{z}_e + \dot{u}_e \cos\psi_e - u_e \dot{\psi}_e \sin\psi_e + 2k_1 \dot{z}_e + k_1^2 z_e \\
&= \cos\psi_e \left(\frac{m_{22}}{m_{11}}vr - \frac{d_u}{m_{11}}u - \sum_{i=2}^{3}\frac{d_{ui}}{m_{11}}|u|^{i-1}u + \frac{1}{m_{11}}\tau_u - \dot{\alpha}_u \right) \\
&\quad + (2k_1 - k_{z_e})\dot{z}_e - u_e \dot{\psi}_e \sin\psi_e + k_1^2 z_e
\end{aligned} \tag{5.12}$$

选取

$$\tau_u = -(\cos\psi_e)^{-1}m_{11}P - (m_{22}vr - d_u u - d_{u2}|u|u - d_{u3}u^3 - m_{11}\dot{\alpha}_u) \tag{5.13}$$

其中，$P = (2k_1 - k_{z_e})\dot{z}_e - u_e \dot{\psi}_e \sin\psi_e + k_1^2 z_e$。则控制律为

$$\begin{aligned}
\tau_u &= -(\cos\psi_e)^{-1}m_{11}P - (m_{22}vr - d_u u - d_{u2}|u|u - d_{u3}u^3 \\
&\quad - m_{11}\dot{\alpha}_u) - \eta_1 \,\mathrm{sgn}(s_1)
\end{aligned} \tag{5.14}$$

然而，式（5.14）中的符号函数是非连续的，这会引起抖振的出现。本书采用饱和函数代替符号函数，即

$$\mathrm{sat}(s_i/\varepsilon_i) = \begin{cases} s_i/\varepsilon_i, & |s_i/\varepsilon_i| \leqslant 1 \\ \mathrm{sgn}(s_i), & |s_i/\varepsilon_i| > 1 \end{cases}, \quad i = 1,2 \tag{5.15}$$

其中，$\varepsilon_i > 0 \in \mathbb{R}$，在滑模面 s_i 周围定义了一个小的边界层。

因此，τ_u 选取为

$$\tau_u = -(\cos\psi_e)^{-1} m_{11}P - (m_{22}vr - d_u u - d_{u2}|u|u - d_{u3}u^3 - m_{11}\dot{\alpha}_u) - \eta_1\text{sat}(s_1/\varepsilon_1)$$

$$(5.16)$$

定义 Lyapunov 备选函数为式（5.17），确保系统在有限时间内到达集合 $\{|s_1/\varepsilon_1| \leqslant 1\}$ 并存在式中：

$$V_1 = \frac{1}{2}m_{11}s_1^2 \qquad (5.17)$$

要保证系统的稳定性就必须满足 $\dot{V}_1 < 0$，对式（5.17）两边进行时间微分，并把式（5.12）和式（5.16）代入其中，可得

$$\dot{V}_1 = m_{11}s_1\left(\frac{m_{22}}{m_{11}}vr - \frac{d_u}{m_{11}}u - \sum_{i=2}^{3}\frac{d_{ui}}{m_{11}}|u|^{i-1}u + \frac{1}{m_{11}}\tau_u - \dot{\alpha}_u + k_{ue}u_e\right)$$
$$= s_1[-\eta_1\text{sat}(s_1/\varepsilon_1)] \qquad (5.18)$$

由式（5.15）可以看出，在集合 $\{|s_1/\varepsilon_1| > 1\}$ 上，饱和函数等价于符号函数。如果取 $\eta_1 = m_{11}\gamma_1(\gamma_1 > 0)$，则可得

$$\dot{V}_1 = m_{11}s_1\dot{s}_1 \leqslant -m_{11}\gamma_1|s_1| \qquad (5.19)$$

很显然，$\dot{V}_1$ 是负定的，且闭环系统全局稳定。如果 η_1 增大，则系统的鲁棒性增强，但是滑动面 s_1 的边界层也增加。

2. 控制律 τ_r

下面设计船舶的控制律 τ_r，从而镇定船舶的航向跟踪误差 ψ_e。与式（5.10）相似，把式（5.2）代入式（5.1），则船舶的艏摇运动误差动力学方程可改写为

$$\begin{cases} \dot{\psi}_e = r - \dot{\psi}_d \\ \dot{r} = \frac{m_{11}-m_{22}}{m_{33}}uv - \frac{d_r}{m_{33}}r - \sum_{i=2}^{3}\frac{d_{ri}}{m_{33}}|r|^{i-1}r + \frac{1}{m_{33}}\tau_r \end{cases} \qquad (5.20)$$

定义 Lyapunov 备选函数为

$$V_\psi = \frac{1}{2}\psi_e^2 \qquad (5.21)$$

对式（5.21）两边进行微分，并把式（5.2）和式（5.7）代入其中，可得

$$\dot{V}_\psi = \psi_e(r - \dot{\psi}_d) = \psi_e(r_e + \alpha_r - \dot{\psi}_d) \qquad (5.22)$$

由式（5.22）可得

$$\alpha_r = -k_{\psi_e}\psi_e + \dot{\psi}_d, \quad k_{\psi_e} \geqslant 0 \qquad (5.23)$$

定义滑动平面 s_2 为

$$s_2 = \dot{\psi}_e + 2k_2 \psi_e + k_2^2 \int_0^t \psi_e(\tau) \mathrm{d}\tau, \quad k_2 > 0 \tag{5.24}$$

对式（5.24）微分可得

$$
\begin{aligned}
\dot{s}_2 &= \ddot{\psi}_e + 2k_2 \dot{\psi}_e + k_2^2 \psi_e \\
&= \frac{m_{11} - m_{22}}{m_{33}} uv - \frac{d_r}{m_{33}} r - \sum_{i=2}^3 \frac{d_{ri}}{m_{33}} |r|^{i-1} r + \frac{1}{m_{33}} \tau_r - \ddot{\psi}_d + 2k_2 \dot{\psi}_e + k_2^2 \psi_e
\end{aligned}
\tag{5.25}
$$

则选取控制律为

$$
\begin{aligned}
\tau_r &= -(m_{11} - m_{22})uv + d_r r + d_{r2} |r| r + d_{r2} r^3 + m_{33} \ddot{\psi}_d \\
&\quad - 2k_2 m_{33} \dot{\psi}_e - k_2^2 m_{33} \psi_e - \eta_2 \mathrm{sat}(s_2 / \varepsilon_2)
\end{aligned}
\tag{5.26}
$$

定义 Lyapunov 备选函数为

$$V_2 = \frac{1}{2} m_{33} s_2^2 \tag{5.27}$$

则有

$$
\begin{aligned}
\dot{V}_2 &= m_{33} s_2 \left(\frac{m_{11} - m_{22}}{m_{33}} uv - \frac{d_r}{m_{33}} r - \sum_{i=2}^3 \frac{d_{ri}}{m_{33}} |r|^{i-1} r + \frac{1}{m_{33}} \tau_r - \ddot{\psi}_d + 2k_2 \dot{\psi}_e + k_2^2 \psi_e \right) \\
&= s_2 [-\eta_2 \mathrm{sat}(s_2 / \varepsilon_2)]
\end{aligned}
\tag{5.28}
$$

选取 $\eta_2 = m_{33}\gamma_2$，$\gamma_2 > 0$，则

$$\dot{V}_2 = m_{33} s_2 \dot{s}_2 \leqslant -m_{33}\gamma_2 |s_2| \tag{5.29}$$

5.1.3　稳定性分析

定理 5.1　考虑欠驱动水面船舶系统式（5.1），选取控制律式（5.16）和控制律式（5.26），在满足假设 5.1 和假设 5.2 时，通过选择合适的控制参数能够使船舶跟踪上设定的路径，闭环系统的所有误差信号 z_e、ψ_e、u_e 和 r_e 有界。

证明　(u_e, r_e, z_e, ψ_e)-动力学稳定性分析

定义 Lyapunov 备选函数为

$$V_3 = \frac{1}{2} (m_{11} s_1^2 + m_{33} s_2^2 + z_e^2 + \psi_e^2) \tag{5.30}$$

则有

$$
\begin{aligned}
\dot{V}_3 &= -k_{z_e} z_e^2 - k_{\psi_e} \psi_e^2 + z_e u_e \cos\psi_e + \psi_e r_e + s_1 [-\eta_1 \mathrm{sat}(s_1 / \varepsilon_1)] + s_2 [-\eta_2 \mathrm{sat}(s_2 / \varepsilon_2)] \\
&\leqslant -k_{z_e} z_e^2 - k_{\psi_e} \psi_e^2 + u_e z_e \cos\psi_e + r_e \psi_e - \gamma_1 |s_1| - \gamma_2 |s_2| \\
&\leqslant -\rho_1 V_3 + \mu_1
\end{aligned}
\tag{5.31}
$$

其中，$\mu_1 = u_e z_e \cos\psi_e + r_e \psi_e - \gamma_1|s_1| - \gamma_2|s_2|$；$\rho_1 = \min\{2k_{z_e}, 2k_{\psi_e}\}$。

令 $\lambda_1 = \dfrac{\mu_1}{\rho_1}$，则 $\dot{V}_3$ 可进一步表示为

$$\dot{V}_3 \leqslant \lambda_1 + [V_3(0) - \lambda_1]e^{-\rho_1 t} \tag{5.32}$$

因此，当 $t \to \infty$ 时，有 $V_3 \to \mu_1/\rho_1$。因此，误差信号 z_e、ψ_e、u_e 和 r_e 是有界的。

本书假设欠驱动水面船舶的横向速度 v 是无源有界的，下面给出详细证明。

由式（5.1）可知

$$\dot{v} = -\frac{m_{11}}{m_{22}}ur - \frac{d_v}{m_{22}}v - \frac{d_{v2}}{m_{22}}|v|v - \frac{d_{v3}}{m_{22}}v^3 \tag{5.33}$$

为了证明 v 是无源有界的，首先定义 Lyapunov 备选函数为

$$V_v = \frac{1}{2}v^2 \tag{5.34}$$

对 V_v 求导，可得

$$\dot{V}_v = -\frac{m_{11}}{m_{22}}urv - \frac{d_v}{m_{22}}v^2 - \frac{d_{v2}}{m_{22}}|v|v^2 - \frac{d_{v3}}{m_{22}}v^4 \tag{5.35a}$$

定义

$$\rho_2 := \left\{ \frac{2d_v}{m_{22}}, \frac{2d_{v3}}{m_{22}} \right\}$$

$$\mu_2 := -\frac{m_{11}}{m_{22}}urv - \frac{d_{v2}}{m_{22}}|v|v^2$$

则有

$$V_v \leqslant -\rho_2 V_v + \mu_2 \tag{5.35b}$$

令 $\Theta = \dfrac{\mu_2}{\rho_2}$，则式（5.35b）可以写为

$$V_v \leqslant \Theta + [V_v(0) - \Theta]e^{-\rho_2 t} \tag{5.35c}$$

当 $t \to \infty$ 时，$V_v \to \mu_2/\rho_2$，因此横向速度 v 有界。证毕。

5.1.4　仿真研究

采用仿真实验来验证本小节所设计控制器的有效性。在仿真中，采用文献[184]中的长为 32m、质量为 118×10^3 kg 的船舶作为仿真对象。船舶其他参数为 $m_{11} = 120 \times 10^3$ kg，$m_{22} = 177.9 \times 10^3$ kg，$m_{33} = 636 \times 10^5$ kg·m²，$d_u = 215 \times 10^2$ kg/s，$d_v = 147 \times 10^3$ kg/s，$d_r = 802 \times 10^4$ (kg·m²)/s，$d_{u2} = 0.2d_u$，$d_{u3} = 0.1d_u$，$d_{v2} = 0.2d_v$，$d_{v3} = 0.1d_v$，$d_{r2} = 0.2d_r$，$d_{r3} = 0.1d_r$。

　　为了更加充分地验证控制效果，选取两种参考路径：虚拟船舶产生的参考路径和预先设定的路径。

1. 参考路径 1

虚拟船舶产生的参考路径为圆形路径：

$$
\begin{cases}
\dot{x}_d = u_d \cos\psi_d - v_d \sin\psi_d \\
\dot{y}_d = u_d \sin\psi_d + v_d \cos\psi_d \\
\dot{\psi}_d = r_d \\
\dot{v}_d = -\dfrac{m_{11}}{m_{22}} u_d r_d - \dfrac{d_{22}}{m_{22}} v_d - \sum_{i=2}^{3} \dfrac{d_{vi}}{m_{22}} |v_d|^{i-1} v_d
\end{cases}
$$

并且，$u_d = 5$，$r_d = 0.015$。

　　选取控制器参数为 $k_{z_e} = 0.2$，$k_{\psi_e} = 5$，$k_1 = 1.2$，$k_2 = 10$，$\varepsilon_1 = 0.01$，$\varepsilon_2 = 0.05$，$\gamma_1 = 0.1$，$\gamma_2 = 0.02$。

　　初始条件为 $[x(0), y(0), \psi(0), u(0), v(0), r(0)] = [-100, 0, 0, 0, 0, 0]$。

　　仿真结果如图 5.2～图 5.5 所示。图 5.2 表示船舶在 x-y 平面上的路径跟踪曲线。图 5.3 为船舶路径跟踪误差 (x_e, y_e) 和方向跟踪误差 ψ_e 的时间响应曲线。图 5.4 为船舶速度跟踪误差 (u_e, v_e, r_e) 的时间响应曲线。图 5.5 是船舶的控制律 τ_u 和 τ_r。从图中可以看出，闭环系统中所有的信号都是有界的。由图 5.3 和图 5.4 可知，船舶的路径跟踪误差和速度跟踪误差都能收敛到零，而船舶的横向速度跟踪误差 v_e 也能收敛到一个小的恒定值，这是由船舶跟踪一条虚拟船舶产生的参考轨迹。由于船舶的初始速度为零，由图 5.5 可以看出，控制律 τ_u 和 τ_r 在初始阶段幅值比

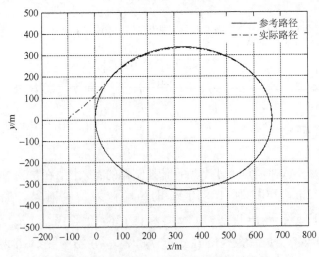

图 5.2　船舶在 x-y 平面上的路径跟踪曲线

较大,随着速度的增加,它们都能收敛到一个有界区域内。事实上,可以调整控制参数从而减小控制律的幅值,但是这又会导致初始跟踪误差很大,并且要经过更长的时间才能跟踪上参考路径。

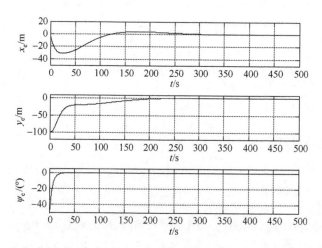

图 5.3　船舶路径跟踪误差和方向跟踪误差的时间响应曲线

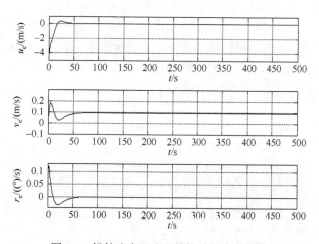

图 5.4　船舶速度跟踪误差的时间响应曲线

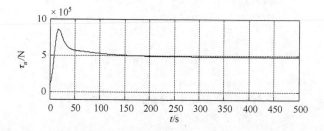

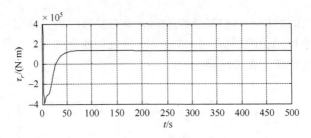

图 5.5　船舶的控制律

2. 参考路径 2

参考路径为预先设定的正弦路径：

$$\begin{cases} x_d = 60\sin(0.01t) \\ y_d = 0.5t \end{cases}$$

初始条件为 $[x(0), y(0), \psi(0), u(0), v(0), r(0)] = [100, 0, -0.4, 5, 0, 0]$。

控制器参数为 $k_{z_e} = 0.6$，$k_{\psi_e} = 8$，$k_1 = 3$，$k_2 = 20$，$\varepsilon_1 = \varepsilon_2 = 0.1$，$\gamma_1 = 0.3$，$\gamma_2 = 0.02$。

仿真结果如图 5.6～图 5.9 所示，由图可以看出，船舶能够很好地跟踪上设定的路径，所有的仿真结果的描述都和由虚拟船舶产生的参考路径相似，所有的路径跟踪误差和速度跟踪误差都能收敛到零。因为参考路径是正弦曲线，所以控制律 τ_r 对路径的变化也会有一定的幅值变化。

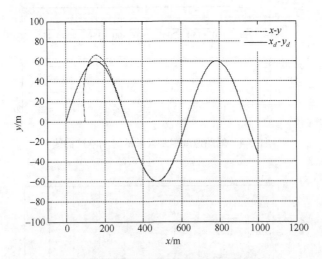

图 5.6　欠驱动水面船舶的路径跟踪曲线

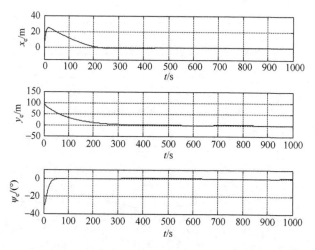

图 5.7　船舶路径跟踪误差和方向跟踪误差的时间响应曲线

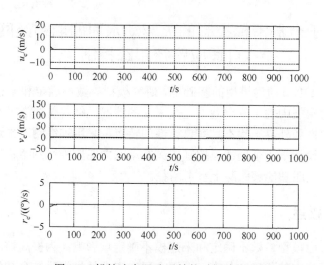

图 5.8　船舶速度跟踪误差的时间响应曲线

　　本小节研究了模型参数确定的欠驱动水面船舶的路径跟踪控制问题,并且考虑了阻尼矩阵中非对角因素的影响。将 Lyapunov 直接法和滑模控制技术结合,假设横向速度 v 是无源有界的,分别引入了关于路径跟踪误差和航向跟踪误差二阶滑动平面,设计了一种非线性滑模路径跟踪控制算法。稳定性分析表明,闭环系统所有的信号都是有界的,仿真结果表明,上述控制器既能跟踪设定的路径也能跟踪虚拟船舶产生的路径。针对这一设计思想,考虑模型中参数不确定和环境干扰影响将是后续的研究方向。

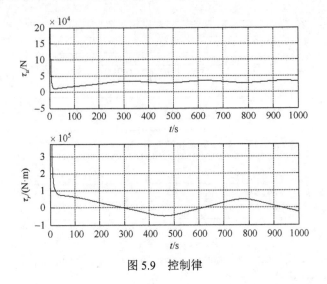

图 5.9　控制律

5.2　基于全局滑模控制的欠驱动水面船舶神经网络稳定自适应路径跟踪控制

本节是在 5.1 节精确模型的基础上，研究模型参数不确定和未建模不确定项的影响，考虑模型中的不确定动态完全未知的情况。针对传统滑模在趋近模态对系统的不确定性和外界干扰不具有鲁棒性的特点，采用神经网络去逼近模型中的不确定动态，设计基于全局滑模控制的欠驱动水面船舶神经网络稳定自适应路径跟踪控制器，使船舶能够跟踪上参考路径。

5.2.1　问题描述

本小节考虑模型参数不确定和未建模不确定项影响，为提高控制性能和能够更好地处理模型中的不确定动态，采用全局动态非线性滑模结合神经网络稳定自适应控制设计路径跟踪控制器。

欠驱动水面船舶的数学模型如式（5.1）所示，本小节考虑模型参数不确定和未建模不确定项的影响，因此模型可改写为

$$\begin{cases} \dot{x} = u\cos\psi - v\sin\psi \\ \dot{y} = u\sin\psi + v\cos\psi \\ \dot{\psi} = r \\ \dot{u} = f_u^{\mathrm{T}} \chi_u(\upsilon) + g_u \tau_u + d_u \\ \dot{v} = f_v^{\mathrm{T}} \chi_v(\upsilon) + d_v \\ \dot{r} = f_r^{\mathrm{T}} \chi_r(\upsilon) + g_r \tau_r + d_r \end{cases} \tag{5.36}$$

其中，$f_u \in \mathbb{R}^{n_u}$、$f_v \in \mathbb{R}^{n_v}$ 和 $f_r \in \mathbb{R}^{n_r}$ 是未知的恒定向量，n_u、n_v 和 n_r 是已知维数；$\chi_u(\cdot) \in \mathbb{R}^{n_u}$、$\chi_v(\cdot) \in \mathbb{R}^{n_v}$ 和 $\chi_r(\cdot) \in \mathbb{R}^{n_r}$ 表示已知光滑速度函数向量；g_u 和 g_r 为未知非零控制系数。船舶在横向上没有直接驱动，仅有两个控制输入为控制律 τ_u 和控制律 τ_r，因此模型是欠驱动的；d_u、d_v 和 d_r 表示未建模不确定项，包括外界环境干扰和测量噪声。

船舶的路径跟踪控制的一般框架如图 5.1 所示，欠驱动水面船舶路径跟踪误差定义为

$$\begin{cases} x_e = x - x_d \\ y_e = y - y_d \\ \psi_e = \psi - \psi_d \\ z_e = \sqrt{x_e^2 + y_e^2} \end{cases} \tag{5.37}$$

其中，$\psi_d = \arcsin(y_e/z_e)$ 表示期望的航向；z_e 表示路径跟踪距离误差；x_d 和 y_d 为期望的位置。

在设计控制器之前，先进行以下假设。

假设 5.3　未建模不确定项 d_u、d_v 和 d_r 分别满足 $|d_u| \leqslant d_{u\max} < \infty$、$|d_v| \leqslant d_{v\max} < \infty$ 和 $|d_r| \leqslant d_{r\max} < \infty$。

假设 5.4　存在参数 g_{u0}、g_{r0}、$g_{u\max}$ 和 $g_{r\max}$，满足 $g_{u0} \leqslant |g_u| \leqslant g_{u\max}$，$g_{r0} \leqslant |g_r| \leqslant g_{r\max}$。

本小节控制目标：考虑存在模型参数不确定和未建模不确定项的欠驱动水面船舶式（5.36），在满足假设 5.1～假设 5.4 时，设计基于全局滑模的神经网络自适应控制律 τ_u 和 τ_r，使船舶能够很好地跟踪上参考路径。

本小节设计神经网络自适应控制器处理船舶数学模型中的不确定动态问题。在神经网络的初始阶段，神经网络逼近误差比较大，本小节将神经网络控制和全局滑模控制结合来研究欠驱动水面船舶系统的神经网络稳定自适应控制问题。全局滑模控制的作用是保证神经网络控制失灵的情况下整个系统的稳定性，并且在神经网络逼近域内能够进一步提高系统的跟随性能。针对船舶的欠驱动特性，分别设计控制律 τ_u 和控制律 τ_r。

5.2.2　控制器设计

1. 控制律 τ_u 设计

由式（5.37）可得

$$\begin{cases} x_e = z_e \cos\psi_d \\ y_e = z_e \sin\psi_d \end{cases}$$

定义 Lyapunov 备选函数为

$$V_1 = \frac{1}{2} z_e^2$$

对 V_1 求时间导数，可得

$$\dot{V}_1 = z_e \dot{z}_e = x_e \dot{x}_e + y_e \dot{y}_e$$
$$= z_e [u_e \cos\psi_e - v\sin\psi_e + \alpha_u \cos\psi_d - \dot{x}_d \cos\psi_d - \dot{y}_d \sin\psi_d] \quad (5.38)$$

其中，α_u 为镇定函数。本书定义

$$u_e = u - \alpha_u \quad (5.39)$$

选取虚拟控制 α_u 为

$$\alpha_u = \frac{1}{\cos\psi_e}(-k_{z_e} z_e + \dot{x}_d \cos\psi_d + \dot{y}_d \sin\psi_d + v\sin\psi_e) \quad (5.40)$$

其中，$k_{z_e} \geqslant 0$。

注 5.3　由式（5.40）可以看出，当 $\psi_e = \pm\pi/2$ 时，虚拟控制 α_u 是奇异的，因此在设计控制器时，考虑 $|\psi_e| \leqslant \pi/2$。

把式（5.40）代入式（5.38），可得

$$\dot{V}_1 = -k_{z_e} z_e^2 + z_e u_e \cos\psi_e \quad (5.41)$$

为了确保系统在趋近模态和滑动模态都具有鲁棒性，引入一种全局滑模控制方法，全局动态滑模面设计为

$$\xi_1 = u_e + \lambda_1 \int_0^t u_e(\tau)\mathrm{d}\tau - \sigma_1(t) \quad (5.42)$$

注 5.4　船舶的位置变量不能在船舶附体坐标系下进行定义，因此采用速度误差的积分表示船舶的位置变量误差。其中，$\sigma_1(t)$ 是为了达到全局滑模而设计的函数，$\sigma_1(t)$ 的设计满足三个条件[14]：① $\sigma_1(0) = \dot{u}_{e0} + \lambda_1 u_{e0}$，$u_{e0}$ 和 $\dot{u}_{e0}$ 为在 $t = 0$ 时的误差；② $t \to \infty$ 时，$\sigma_1(t) \to 0$；③ $\dot{\sigma}_1(t)$ 存在且有界。因此，$\sigma_1(t)$ 可选取为

$$\sigma_1(t) = \sigma_1(0)\mathrm{e}^{-\eta_1 t} \quad (5.43)$$

对式（5.42）两边进行微分，可得

$$\dot{\xi}_1 = \dot{u}_e + \lambda_1 u_e - \dot{\sigma}_1(t) = f_u^{\mathrm{T}} \chi_u(\upsilon) + g_u \tau_u + d_u(t) - \dot{\alpha}_u + \lambda_1 u_e - \dot{\sigma}_1(t) \quad (5.44)$$

定义式（5.44）中的不确定动态函数为

$$f_1(\vartheta_1) = -g_u^{-1}[f_u^{\mathrm{T}} \chi_u(\upsilon) - \dot{\alpha}_u + \lambda_1 u_e - \dot{\sigma}_1(t)] \quad (5.45)$$

采用神经网络对光滑函数 $f_1(\vartheta_1)$ 进行在线逼近，其逼近形式为

$$f_1(\vartheta_1) = W_1^{\mathrm{T}} S_1(V_1^{\mathrm{T}} \vartheta_1) + \varepsilon_1 \quad (5.46)$$

其中，$\vartheta_1 = [1, \upsilon^{\mathrm{T}}, \dot{\alpha}_u, \xi_1, z_e]^{\mathrm{T}}$；$W_1$ 和 V_1 为理想权值矩阵；ε_1 是神经网络逼近误差，

并且 $|\varepsilon_1| \leqslant \varepsilon_{1M}$。用 $\hat{W}_1$、$\hat{V}_1$ 和 $\hat{S}_1$ 分别表示权值 W_1、V_1 和 S_1 的估计值。定义权值估计误差为

$$\tilde{W}_1 = \hat{W}_1 - W_1,\quad \tilde{V}_1 = \hat{V}_1 - V_1,\quad \tilde{S}_1 = \hat{S}_1 - S_1 \tag{5.47}$$

隐含层的输出误差定义为

$$\tilde{S}_1 = S_1(\hat{V}_1^{\mathrm{T}}\vartheta_1) - S_1(V_1^{\mathrm{T}}\vartheta_1) \tag{5.48}$$

则函数的神经网络逼近误差可表示为

$$\hat{W}_1^{\mathrm{T}} S_1(\hat{V}_1^{\mathrm{T}}\vartheta_1) - W_1^{\mathrm{T}} S_1(V_1^{\mathrm{T}}\vartheta_1) = \tilde{W}_1^{\mathrm{T}}(\hat{S}_1 - \hat{S}_1' V_1^{\mathrm{T}}\vartheta_1) + \hat{W}_1^{\mathrm{T}} \hat{S}_1' \tilde{V}_1^{\mathrm{T}}\vartheta_1 + \delta_{u1} \tag{5.49}$$

其中，$\hat{S}_1 = S_1(\hat{V}_1^{\mathrm{T}}\vartheta_1)$；$\hat{S}_1' = \mathrm{diag}\{\hat{s}_1', \hat{s}_2', \cdots, \hat{s}_l'\}$；$\hat{s}_i' = s'(\hat{v}_i^{\mathrm{T}}\vartheta_1) = \left.\dfrac{d[s(z_a)]}{z_a}\right|_{z_a = \hat{v}_i^{\mathrm{T}}\vartheta_1}$，$i = 1, 2, \cdots, l$。

冗余项 δ_{u1} 有界，可表示为

$$\hat{f}_1(\vartheta_1) = \hat{W}_1^{\mathrm{T}} S_1(\hat{V}_1^{\mathrm{T}}\vartheta_1) \tag{5.50}$$

设纵向运动的神经网络自适应控制律 τ_u 为

$$\tau_u = -k_{s1}\xi_1 + \hat{f}_1(\vartheta_1) + u_{s1} \tag{5.51}$$

其中，u_{s1} 为非线性控制项，用于消除神经网络逼近冗余项的误差 δ_{u1}，保证系统在神经网络不起作用的情况下的全局稳定性；$\hat{f}_1(\vartheta_1)$ 是函数 $f_1(\vartheta_1)$ 的估计值，定义为

$$\hat{f}_1(\vartheta_1) = \hat{W}_1^{\mathrm{T}} S_1(\hat{V}_1^{\mathrm{T}}\vartheta_1) \tag{5.52}$$

非线性控制项 u_{s1} 可表示为

$$u_{s1} = -\hat{K}_1^{\mathrm{T}} \varphi_1 \,\mathrm{sgn}(\xi_1) \tag{5.53}$$

其中，$\mathrm{sgn}(\xi_1)$ 为标准的符号函数。$\hat{K}_1$ 是 K_1 的估计值，有

$$\begin{cases} K_1 = [k_{11}, k_{21}, k_{31}]^{\mathrm{T}} = \left[\|V_1\|_{\mathrm{F}}, \|W_1\|, \|W_1\|_1 + \varepsilon_{1M} + g_{u0}^{-1} d_{u\max} \right]^{\mathrm{T}} \\ \varphi_1 = \left[\left\| \vartheta_1 \hat{W}_1^{\mathrm{T}} \hat{S}_1' \right\|_{\mathrm{F}}, \left\| \hat{S}_1 - \hat{S}_1' \hat{V}_1^{\mathrm{T}}\vartheta_1 \right\|, 1 \right] \end{cases}$$

由式（5.46）、式（5.50）和假设 5.3 和假设 5.4 可得

$$|\delta_{u1}| + |\varepsilon_1| + \left| g_u^{-1} d_u(t) \right| \leqslant K_1^{\mathrm{T}} \varphi_1 \tag{5.54}$$

为了消除式（5.85）中的抖振，引入一个光滑切换函数取代非连续符号函数，因此 u_{s1} 可取为

$$u_{s1} = -\hat{K}_1^{\mathrm{T}} \overline{\varphi}_1 \tag{5.55}$$

$$\overline{\varphi}_1 = \begin{bmatrix} \left\| \vartheta_1 W_1^{\mathrm{T}} \hat{S}_1' \right\|_{\mathrm{F}} \tanh\left[\gamma_1^{-1} \xi_1 \left\| \vartheta_1 \hat{W}_1^{\mathrm{T}} \hat{S}_1' \right\|_{\mathrm{F}} \right] \\ \left(\left\| \hat{S}_1 - \hat{S}_1' \hat{V}_1^{\mathrm{T}} \vartheta_1 \right\| \right) \tanh\left[\gamma_1^{-1} \xi_1 \left(\left\| \hat{S}_1 - \hat{S}_1' \hat{V}_1^{\mathrm{T}} \vartheta_1 \right\| \right) \right] \\ \tanh(\gamma_1^{-1} \xi_1) \end{bmatrix} \tag{5.56}$$

其中，$\gamma_1 > 0$，$\tanh(\gamma_1^{-1} \xi_1)$ 为双曲正切函数，并且满足

$$0 \leqslant |\alpha| - \alpha \tanh\left(\frac{\alpha}{\xi_1}\right) \leqslant 0.2785\xi_1, \quad \forall \alpha \in \mathbb{R} \tag{5.57}$$

因此，自适应律可表示为

$$\dot{\hat{W}}_1 = -\Gamma_{w1}[(\hat{S}_1 - \hat{S}_1' \hat{V}_1^{\mathrm{T}} \vartheta_1)\xi_1 + \sigma_{w1}\hat{W}_1] \tag{5.58}$$

$$\dot{\hat{V}}_1 = -\Gamma_{v1}(\vartheta_1 W_1^{\mathrm{T}} \hat{S}_1' \xi_1 + \sigma_{v1}\hat{V}_1) \tag{5.59}$$

$$\dot{\hat{K}}_1 = \Gamma_{k1}(\overline{\varphi}_1 \xi_1 - \sigma_{k1}\hat{K}_1) \tag{5.60}$$

其中，$\Gamma_{w1} = \Gamma_{w1}^{\mathrm{T}} > 0$，$\Gamma_{v1} = \Gamma_{v1}^{\mathrm{T}} > 0$，$\Gamma_{k1} = \Gamma_{k1}^{\mathrm{T}} > 0$ 为设计参数。

定义如下 Lyapunov 备选函数：

$$V_{\xi_1} = \frac{1}{2} g_u^{-1} \xi_1^2 \tag{5.61}$$

对式（5.61）两边求导，并且考虑 $\hat{W}_i^{\mathrm{T}} \hat{S}_i' \hat{V}_i^{\mathrm{T}} \vartheta_i = \eta \cdot \{ \tilde{V}_i^{\mathrm{T}} \vartheta_i \hat{W}_i^{\mathrm{T}} \hat{S}_i' \}$，则有

$$\dot{V}_{\xi_1} = g_u^{-1} \xi_1 \dot{\xi}_1 = \xi_1 g_u^{-1} \left\{ [f_u^{\mathrm{T}} \chi_u(\upsilon) - \dot{\alpha}_\mu + \lambda_1 \mu_e - \sigma_1(t)] + \tau_\mu + g_\mu^{-1} d_\mu(t) \right\}$$

$$= \xi_1 [-f_1(\vartheta_1) + \tau_\mu + g_\mu^{-1} d_\mu(t)]$$

$$= \xi_1 [-f_1(\vartheta_1) + \hat{f}_1(\vartheta_1) - k_{s1}\xi_1 + \mu_{s1} + g_\mu^{-1} d_\mu(t)]$$

$$= \xi_1 [-k_{s1}\xi_1 + \hat{W}_1^{\mathrm{T}}(\hat{S}_1 - \hat{S}_1'\hat{V}_1^{\mathrm{T}}\vartheta_1) + \hat{W}_1^{\mathrm{T}}\hat{S}_1'\tilde{V}_1^{\mathrm{T}}\vartheta_1 + \mu_{s1} + g_u^{-1} d_u(t)]$$

$$\leqslant -k_{s1}\xi_1^2 + \xi_1[\tilde{W}_1^{\mathrm{T}}(\hat{S}_1 - \hat{S}_1'\hat{V}_1^{\mathrm{T}}\vartheta_1) + \hat{W}_1^{\mathrm{T}}\hat{S}_1'\tilde{V}_1^{\mathrm{T}}\vartheta_2] + \xi_1 K_1 \overline{\varphi}_1 \tag{5.62}$$

2. 控制律 τ_r 设计

艏摇运动误差动力学方程可表示为

$$\dot{\psi}_e = r - \dot{\psi}_d \tag{5.63}$$

$$\dot{\gamma} = f_\gamma^{\mathrm{T}} \chi_\gamma(\upsilon) + g_\gamma \tau_\gamma + d_\gamma(t) \tag{5.64}$$

与式（5.42）相似，定义全局动态滑模面为

$$\xi_2 = \dot{\psi}_e + 2\lambda_2 \psi_e + \lambda_2^2 \int_0^t \psi_e(\tau)\mathrm{d}\tau - \sigma_2(t) \tag{5.65}$$

对式（5.65）两边进行微分，并把式（5.63）和式（5.64）代入其中，可得

$$\dot{\xi}_2 = \ddot{\psi}_e + 2\lambda_2 \dot{\psi}_e + \lambda_2^2 \psi_e - \dot{\sigma}_2(t)$$

$$= f_\gamma^{\mathrm{T}} \chi_\gamma(\upsilon) + g_\gamma \tau_\gamma + d_\gamma(t) - \ddot{\psi}_d + 2\lambda_2 \dot{\psi}_e + \lambda_2^2 \psi_e - \dot{\sigma}_2(t) \tag{5.66}$$

式（5.66）中的不确定动态定义为

$$f_2(\vartheta_2) = -g_\gamma^{-1}[f_\gamma^{\mathrm{T}} \chi_\gamma(\upsilon) - \ddot{\psi}_d + 2\lambda_2 \dot{\psi}_e + \lambda_2^2 \psi_e - \dot{\sigma}_2(t)] \tag{5.67}$$

不确定函数 $f_2(\vartheta_2)$ 是光滑的，可用神经网络逼近为

$$f_2(\vartheta_2) = W_2^{\mathrm{T}} S_2(V_2^{\mathrm{T}} \vartheta_2) + \varepsilon_2 \tag{5.68}$$

其中，$\vartheta_2 = [\upsilon^{\mathrm{T}}, \dot{\alpha}_\gamma, \xi_2, \ddot{\psi}_d, \dot{\psi}_d, \psi_d]^{\mathrm{T}}$；$\varepsilon_2$ 为神经网络逼近误差，$|\varepsilon_2| \leqslant \varepsilon_{2\mathrm{M}}$。

同式（5.54），冗余项 δ_{u2} 可表示为

$$|\delta_{u2}| \leqslant \|V_2\|_{\mathrm{F}} \left\|\vartheta_2 \hat{W}_2^{\mathrm{T}} \hat{S}_2'\right\|_{\mathrm{F}} + \|W_2\|_{\mathrm{F}} \left\|\hat{S}_2' \hat{V}_2^{\mathrm{T}} \vartheta_2\right\| + |W_2|_1 \tag{5.69}$$

设艏摇运动的神经网络自适应控制律 τ_r 为

$$\tau_r = -k_{s2}\xi_2 + \hat{f}_2(\vartheta_2) + u_{s2} \tag{5.70}$$

其中，$\hat{f}_2(\vartheta_2)$ 是 $f_2(\vartheta_2)$ 的估计值，可定义为

$$f_2(\vartheta_2) = \hat{W}_2^{\mathrm{T}} S_2(\hat{V}_2^{\mathrm{T}} \vartheta_2) \tag{5.71}$$

选取用于消除冗余项 δ_{u2} 的非线性控制项 u_{s2}，为

$$\mu_{s2} = -\hat{K}_2^{\mathrm{T}} \overline{\varphi}_2 \tag{5.72}$$

其中，$\hat{K}_2$ 为 K_2 的估计值。

$$K_2 = [k_{12}, k_{22}, k_{32}]^{\mathrm{T}} = \left[\|V_2\|_{\mathrm{F}}, \|W_2\|, \|W_2\|_1 + \varepsilon_{2\mathrm{M}} + g_{\gamma0}^{-1} d_{\gamma\max}\right]^{\mathrm{T}}$$

光滑切换函数 $\overline{\varphi}_2$ 选取为

$$\overline{\varphi}_2 = \begin{bmatrix} \left\|\vartheta_2 \hat{W}_2^{\mathrm{T}} \hat{S}_2'\right\|_{\mathrm{F}} \tanh\left(\gamma_2^{-1} \xi_2 \left\|\vartheta_2 \hat{W}_2^{\mathrm{T}} \hat{S}_2'\right\|_{\mathrm{F}}\right) \\ \left(\left\|\hat{S}_2 - \hat{S}_2' \hat{V}_2^{\mathrm{T}} \vartheta_2\right\|\right) \tanh\left[\gamma_2^{-1} \xi_2 \left(\left\|\hat{S}_2 - \hat{S}_2' \hat{V}_2^{\mathrm{T}} \vartheta_2\right\|\right)\right] \\ \tanh(\gamma_2^{-1} \xi_2) \end{bmatrix} \tag{5.73}$$

其中，$\gamma_2 > 0$ 为小的常值。

由式（5.54）可得

$$|\delta_{u2}| + |\varepsilon_2| + \left|g_\gamma^{-1} d_\gamma(t)\right| \leqslant \hat{K}_2^{\mathrm{T}} \overline{\varphi}_2 \tag{5.74}$$

自适应控制律为

$$\dot{\hat{W}}_2 = -\Gamma_{w2}[(\hat{S}_2 - \hat{S}_2' V_2^{\mathrm{T}} \vartheta_2)\xi_2 + \sigma_{w2}\hat{W}_2] \tag{5.75}$$

$$\dot{\hat{V}}_2 = -\Gamma_{v2}\left(\vartheta_2 \hat{W}_2^{\mathrm{T}} \hat{S}_2' \xi_2 + \sigma_{v2}\hat{V}_2\right) \tag{5.76}$$

$$\dot{\hat{K}}_2 = \Gamma_{k2}\left(\overline{\varphi}_2 \xi_2 - \sigma_{k2}\hat{K}_2\right) \tag{5.77}$$

其中，$\Gamma_{w2} = \Gamma_{w2}^{\mathrm{T}} > 0$，$\Gamma_{v2} = \Gamma_{v2}^{\mathrm{T}} > 0$，$\Gamma_{k2} = \Gamma_{k2}^{\mathrm{T}} > 0$ 为设计参数。

定义 Lyapunov 备选函数为

$$V_{\xi_2} = \frac{1}{2} g_r^{-1} \xi_2^2 \tag{5.78}$$

则有

$$
\begin{aligned}
\dot{V}_{\xi_2} &= g_\gamma^{-1} \xi_2 \dot{\xi}_2 = \xi_2 g_\gamma^{-1} \{[f_\gamma^{\mathrm{T}} \chi_\gamma(\upsilon) - \ddot{\psi}_d + 2\lambda_2 \dot{\psi}_e + \lambda_2^2 \psi_e - \dot{\sigma}_2(t)] + \tau_\gamma + g_\gamma^{-1} d_\gamma(t)\} \\
&= \xi_2 [-f_2(\vartheta_2) + \tau_\gamma + g_\gamma^{-1} d_\gamma(t)] \\
&= \xi_2 [-f_2(\vartheta_2) + \hat{f}_2(\vartheta_2) - k_{s1} \xi_2 + \mu_{s2} + g_\gamma^{-1} d_\gamma(t)] \\
&= \xi_2 [-k_{s1} \xi_2 + \tilde{W}_2^{\mathrm{T}}(\hat{S}_2 - \hat{S}_2' V_2^{\mathrm{T}} \vartheta_2) + \hat{W}_2^{\mathrm{T}} \hat{S}_2' \tilde{V}_2^{\mathrm{T}} \vartheta_2 + \mu_{s2} + g_\gamma^{-1} d_\gamma(t)] \\
&\leqslant -k_{s1} \xi_2^2 + \xi_2 [\tilde{W}_2^{\mathrm{T}}(\hat{S}_2 - \hat{S}_2' V_2^{\mathrm{T}} \vartheta_2) + \hat{W}_2^{\mathrm{T}} \hat{S}_2' \tilde{V}_2^{\mathrm{T}} \vartheta_2] + \xi_2 K_2 \overline{\varphi}_2 \tag{5.79}
\end{aligned}
$$

5.2.3　稳定性分析

定理 5.2　考虑存在模型参数不确定和未建模不确定项的欠驱动水面船舶式（5.36），选取控制律式（5.51）和式（5.70），自适应律式（5.58）～式（5.60）和式（5.75）～式（5.77），如果满足假设 5.1～假设 5.4，则通过选择合适的控制参数能够使闭环系统最终一致有界。欠驱动水面船舶路径跟踪误差能够收敛到一个小的邻域内，并且可通过调整参数使其充分小。

证明　构建 Lyapunov 备选函数为

$$V = V_2 + V_3 + \frac{1}{2} \sum_{i=1}^{2} [\tilde{W}_i^{\mathrm{T}} \Gamma_{wi}^{-1} \tilde{W}_i + \mathrm{tr}(\tilde{V}_i^{\mathrm{T}} \Gamma_{vi}^{-1} \tilde{V}) + \tilde{K}_i^{\mathrm{T}} \Gamma_{ki}^{-1} \tilde{K}_i] \tag{5.80}$$

则有

$$
\begin{aligned}
\dot{V} &= \dot{V}_2 + \dot{V}_3 + \sum_{i=1}^{2} [\tilde{W}_i^{\mathrm{T}} \Gamma_{wi}^{-1} \dot{\tilde{W}}_i + \mathrm{tr}(\tilde{V}_i^{\mathrm{T}} \Gamma_{vi}^{-1} \dot{\tilde{V}}) + \tilde{K}_i^{\mathrm{T}} \Gamma_{ki}^{-1} \dot{\tilde{K}}_i] \\
&= \dot{V}_2 + \dot{V}_3 + \sum_{i=1}^{2} [\tilde{W}_i^{\mathrm{T}}(\hat{S}_i - \hat{S}_i' \hat{V}_i^{\mathrm{T}} \vartheta_i) \xi_i - \sigma_{wi} \tilde{W}_i^{\mathrm{T}} \hat{W}_i - \mathrm{tr}(\tilde{V}_i^{\mathrm{T}} \vartheta_i \hat{W}_i^{\mathrm{T}} \hat{S}_i') \xi_i - \sigma_{vi} \mathrm{tr}(\tilde{V}_i^{\mathrm{T}} \hat{V}_i) \\
&\quad + \tilde{K}_i^{\mathrm{T}} \overline{\psi}_i \xi_i - \sigma_{ki} \tilde{K}_i^{\mathrm{T}} \hat{K}_i] \\
&\leqslant \sum_{i=1}^{2} [-k_{si} \xi_i^2 - \hat{K}_i^{\mathrm{T}} \overline{\psi}_i \xi_i + K_i^{\mathrm{T}} \varphi_i |\xi_i| + \tilde{K}_i^{\mathrm{T}} \overline{\varphi} \xi_i - \sigma_{wi} \tilde{W}_i^{\mathrm{T}} \hat{W}_i - \mathrm{tr}(\tilde{V}_i^{\mathrm{T}} \hat{V}_i) - \sigma_{ki} \tilde{K}_i^{\mathrm{T}} \hat{K}_i] \\
&\leqslant \sum_{i=1}^{2} [-k_{si} \xi_i^2 + K_i^{\mathrm{T}}(\varphi_i |\xi_i| - \overline{\varphi} \xi_i) - \sigma_{wi} \tilde{W}_i^{\mathrm{T}} \hat{W}_i - \mathrm{tr}(\tilde{V}_i^{\mathrm{T}} \hat{V}_i) - \sigma_{ki} \tilde{K}_i^{\mathrm{T}} \hat{K}_i] \tag{5.81}
\end{aligned}
$$

由式（5.57）可得

$$K_i^{\mathrm{T}}\left(\varphi_i|\xi_i|-\overline{\varphi}\xi_i\right)\leqslant 0.2785\gamma_i(k_{1i}+k_{2i}+k_{3i})$$

根据以下不等式

$$\begin{cases} 2\tilde{W}_i^{\mathrm{T}}\hat{W}_i \geqslant \left\|\tilde{W}_i\right\|^2 - \left\|W_i\right\|^2 \\ 2\mathrm{tr}(\tilde{V}_i^{\mathrm{T}}\hat{V}_i) \geqslant \left\|\tilde{V}_i\right\|_{\mathrm{F}}^2 - \left\|V_i\right\|_{\mathrm{F}}^2 \\ 2\tilde{K}_i^{\mathrm{T}}\hat{K}_i \geqslant \left\|\tilde{K}_i\right\|^2 - \left\|K_i\right\|^2 \end{cases}$$

$\dot{V}$ 可表示为

$$\begin{aligned}\dot{V} &\leqslant \sum_{i=1}^{2}\left[-k_{si}\xi_i^2 - \frac{\sigma_{wi}}{2}\left\|\tilde{W}_i\right\|^2 - \frac{\sigma_{vi}}{2}\left\|\tilde{V}_i\right\|^2 - \frac{\sigma_{ki}}{2}\left\|\tilde{K}_i\right\|^2 \right.\\ &\quad \left. + 0.2785\gamma_i(k_{1i}+k_{2i}+k_{3i}) + \frac{\sigma_{wi}}{2}\left\|W_i\right\|^2 + \frac{\sigma_{vi}}{2}\left\|V_i\right\|^2 + \frac{\sigma_{ki}}{2}\left\|K_i\right\|^2\right]\\ &\leqslant -\mu V + \rho\end{aligned} \qquad (5.82)$$

定义

$$\begin{cases} \mu := \min\left\{2k_{si}, \min\left[\dfrac{\sigma_{wi}}{\lambda_{\max}\left(\Gamma_{wi}^{-1}\right)}\right], \min\left[\dfrac{\sigma_{vi}}{\lambda_{\max}\left(\Gamma_{vi}^{-1}\right)}\right], \min\left[\dfrac{\sigma_{ki}}{\lambda_{\max}\left(\Gamma_{ki}^{-1}\right)}\right]\right\} \\ \rho := \displaystyle\sum_{i=1}^{2}\left\{0.2785\gamma_i(k_{1i}+k_{2i}+k_{3i}) + \dfrac{\sigma_{wi}}{2}\left\|W_i\right\|^2 + \dfrac{\sigma_{vi}}{2}\left\|V_i\right\|^2 + \dfrac{\sigma_{ki}}{2}\left\|K_i\right\|^2\right\} \end{cases}$$

令 $\Phi = \dfrac{\rho}{\mu}$，则有

$$0 \leqslant V(t) \leqslant \Phi + [V(0)-\Phi]\mathrm{e}^{-\mu t} \qquad (5.83)$$

因此，当 $t \to \infty$ 时， $V \to \rho/\mu$，闭环系统的信号是最终一致有界的，路径跟踪误差收敛到小的（零的）邻域内，通过调整设计参数 k_{si}、 γ_i、 σ_{wi}、 σ_{vi} 和 σ_{ki}，可使路径跟踪误差充分小。证毕。

5.2.4　仿真研究

本小节对所设计的控制器进行仿真研究，采用长为 $L=32\mathrm{m}$，质量为 $m=118\times 10^3\mathrm{kg}$ 的船舶作为对象进行仿真，其余参数如 5.1.4 节所示。未建模不确定项取为

$$d_u(t) = d_v(t) = d_r(t) = 0.5 + 0.01\sin(0.1t)$$

参考路径为半径为 200m 的圆形路径，即

$$\begin{cases} x_d = 200\cos(0.06t) \\ y_d = 200\sin(0.06t) \end{cases}$$

选取初始条件为

$$[x(0), y(0), \psi(0), u(0), v(0), r(0)] = [300, 50, 0, 0, 0, 0]$$

神经网络参数选取：选取 12 个神经元，激励函数为 $1/[1+\exp(-\zeta x)]$，其中，取 $\zeta = 1$。

控制参数取为 $\Gamma_{wi} = 10$，$\Gamma_{vi} = 30$，$\Gamma_{ki} = 0.5$，$\sigma_{wi} = 0.02$，$\sigma_{vi} = 0.05$，$\sigma_{ki} = 0.2$，$\gamma_1 = \gamma_2 = 0.01$，$\eta_1 = 0.1$，$\eta_2 = 0.3$。

仿真结果如图 5.10～图 5.15 所示，图 5.10 表示船舶在 x-y 平面的路径跟踪控制曲线，由图 5.10 可以看出，尽管模型中存在不确定项，但船舶在一段时间后能够很好地跟踪上圆形参考路径。图 5.11 和图 5.12 分别为船舶的各变量跟踪误差曲线，各变量跟踪误差都能收敛到零。由于受到外界干扰的影响，船舶在航向上有一个小的偏差。图 5.13 是船舶的速度变量时间响应曲线，由图 5.13 可明显地看出，横向速度 v 是有界的。图 5.14 为控制律 τ_u 和 τ_r，考虑实际中存在控制律饱和的情况，加入了幅值限制，尽管采用了切换函数，但是控制律曲线没有明显抖振。图 5.15 表示不确定函数 $f_1(\cdot)$ 和 $f_2(\cdot)$ 的估计值，由图 5.15 可以看出，采用神经网络对不确定函数 $f_1(\cdot)$ 和 $f_2(\cdot)$ 进行在线逼近，存在一定的逼近误差，但是误差在一个小的有界邻域内。

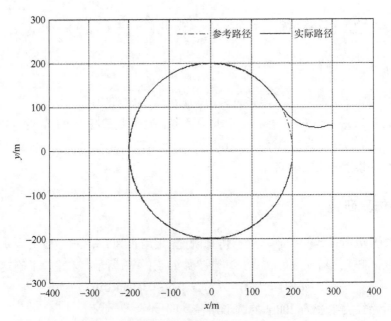

图 5.10　船舶在 x-y 平面的路径跟踪控制曲线

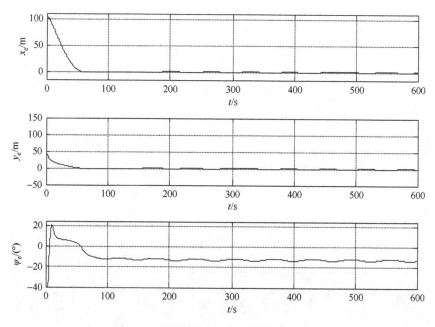

图 5.11　船舶的路径和方向跟踪误差曲线

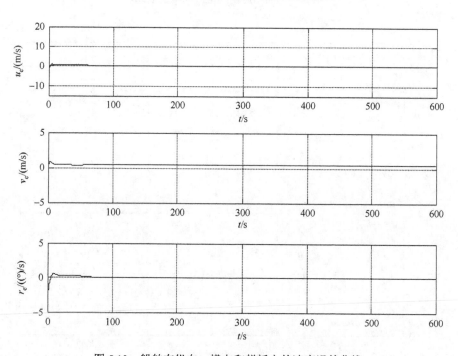

图 5.12　船舶在纵向、横向和艏摇上的速度误差曲线

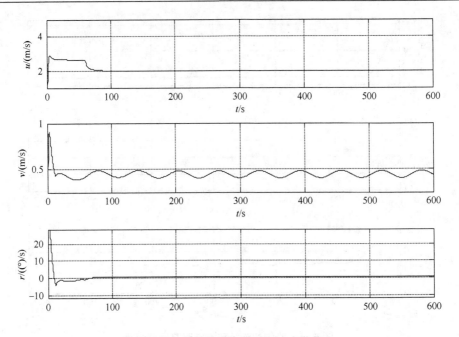

图 5.13 船舶速度变量时间响应曲线

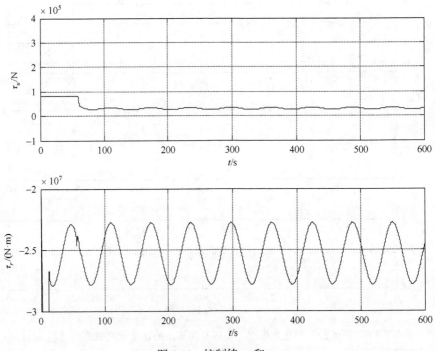

图 5.14 控制律 τ_u 和 τ_r

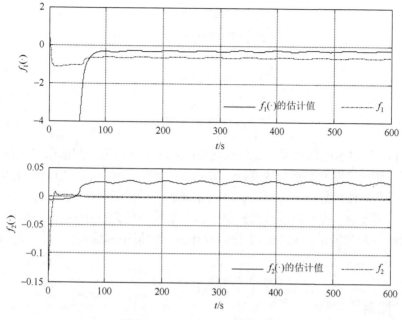

图 5.15　$f_1(\cdot)$ 和 $f_2(\cdot)$ 的估计值

在 5.1 节的基础上，本节考虑了船舶模型存在模型参数不确定和未建模不确定项影响的欠驱动水面船舶路径跟踪控制器的设计，基于滑模控制技术和反步法结合，提出了一种欠驱动水面船舶自适应滑模路径跟踪控制算法，并对该算法进行了稳定性分析。仿真结果表明，本节所设计的控制器对模型参数不确定和外界干扰具有鲁棒性，船舶能够很好地跟踪上参考路径。

5.3　基于 LOS 的路径跟踪控制

LOS 导航，是一种简单有效的导航方法，在导弹、无人机、移动机器人等领域得到了广泛应用。它得出的参考航向指令从船舶当前位置指向目标点的"视线"方向。基于导航的船舶航迹控制系统可以在航向控制系统基础上外加位置反馈进行设计，即把航迹控制问题看成一系列航向保持与航向改变问题，将航迹控制分解成制导环与航向控制环，制导环根据航迹偏差给出指令航向，由航向控制环实现航向控制，从而完成航迹控制。

5.3.1　问题描述

本小节系统模型为

$$\begin{cases} \dot{x} = u\cos\psi - v\sin\psi \\ \dot{y} = u\sin\psi + v\cos\psi \\ \dot{\psi} = r \\ \dot{u} = f_u(\upsilon) + g_u(\upsilon)\tau_u + b_u \\ \dot{v} = f_v(\upsilon) + b_v \\ \dot{r} = f_r(\upsilon) + g_r(\upsilon)\tau_r + b_r \end{cases} \tag{5.84}$$

其中，$[x,y]^\mathrm{T}$ 表示船的位置，ψ 为航向角；u、v 和 r 分别为船舶附体坐标系下纵向速度、横向速度和艏摇角速度；$\upsilon = [u,v,r]^\mathrm{T} \in \mathbb{R}^n$；$f_u(\upsilon)$、$f_v(\upsilon)$、$f_r(\upsilon)$ 为未知的光滑非线性函数；$g_u(\upsilon)$ 和 $g_r(\upsilon)$ 为未知的光滑控制增益函数；b_u、b_v、b_r 为不确定外界干扰。设在航迹跟踪控制中需要跟踪轨迹为 $[x_d(t), y_d(t), \psi_d(t)]$，并假设参考路径是光滑的，则控制目标为设计控制使得跟踪误差 $[x,y]^\mathrm{T} - [x_d, y_d]^\mathrm{T}$ 最小化。

5.3.2　控制器设计

设位置误差为 $x_\mathrm{e} = x - x_d$，$y_\mathrm{e} = y - y_d$，航向跟踪误差为 $\psi_\mathrm{e} = \psi - \psi_d$。借鉴文献[187]中的 LOS 导航系统概念，把位置误差按图 5.16 所示进行坐标变换。

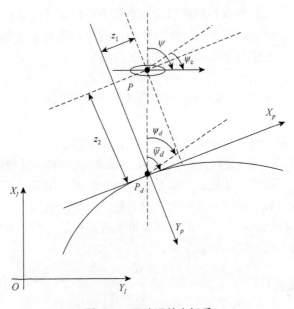

图 5.16　跟踪误差坐标系

$$\begin{bmatrix} z_1 \\ z_2 \end{bmatrix} = \begin{bmatrix} \cos\bar{\psi}_d & \sin\bar{\psi}_d \\ -\sin\bar{\psi}_d & \cos\bar{\psi}_d \end{bmatrix} \begin{bmatrix} x_e \\ y_e \end{bmatrix} \tag{5.85}$$

其中，$[x,y]^T$；$[x_d,y_d]^T$；$\bar{\psi}_d = \arctan\left[\dfrac{\dot{y}_d(t)}{\dot{x}_d(t)}\right]$。$X_I$-$Y_I$ 为大地坐标系，$X_p P_d Y_p$ 为转换坐标系。

引理 5.1　由 (x_e, y_e) 变换到 (z_1, z_2) 是微分同胚的。

证明　设 $\begin{bmatrix} z_1 \\ z_2 \end{bmatrix} = \phi(x_e, y_e)$，则

$$\frac{\partial\phi}{\partial(x_e, y_e)} = \begin{bmatrix} \cos\bar{\psi}_d & \sin\bar{\psi}_d \\ -\sin\bar{\psi}_d & \cos\bar{\psi}_d \end{bmatrix}$$

在 $(x_e, y_e) = (0,0)$ 处的秩为 2。因此，函数 $\phi(x_e, y_e)$ 定义了一个微分同胚。证毕。

从式（5.85）可以看出，已经把大地坐标系下的误差变换到转换坐标系中，因为 $\|(z_1, z_2)\| = \|(x_e, y_e)\|$，所以有 $\|(z_1, z_2)\| \to 0 \Rightarrow \|(x_e, y_e)\| \to 0$。因此，本小节的控制目标可以转化为设计控制律使 $\|(z_1, z_2)\|$ 最小化。

根据 $\bar{\psi}_d$ 的定义有

$$\begin{cases} \dot{x}_d = \sqrt{\dot{x}_d^2 + \dot{y}_d^2}\,\cos\bar{\psi}_d \\ \dot{y}_d = \sqrt{\dot{x}_d^2 + \dot{y}_d^2}\,\sin\bar{\psi}_d \end{cases} \tag{5.86}$$

对 z_1 求时间导数，有

$$\begin{aligned} \dot{z}_1 &= -\dot{\bar{\psi}}_d x_e \sin\bar{\psi}_d + \dot{\bar{\psi}}_d y_e \cos\bar{\psi}_d + (\dot{x} - \dot{x}_d)\cos\bar{\psi}_d + (\dot{y} - \dot{y}_d)\sin\bar{\psi}_d \\ &= z_2\dot{\bar{\psi}}_d + \left(u\cos\psi - v\sin\psi - \sqrt{\dot{x}_d^2 + \dot{y}_d^2}\,\cos\bar{\psi}_d\right)\cos\bar{\psi}_d \\ &\quad + \left(u\sin\psi + v\cos\psi - \sqrt{\dot{x}_d^2 + \dot{y}_d^2}\,\sin\bar{\psi}_d\right)\sin\bar{\psi}_d \\ &= z_2\dot{\bar{\psi}}_d + U\cos(\bar{\beta}+\psi)\cos\bar{\psi}_d - \sqrt{\dot{x}_d^2 + \dot{y}_d^2}\,\cos\bar{\psi}_d\cos\bar{\psi}_d \\ &\quad + U\sin(\bar{\beta}+\psi)\sin\bar{\psi}_d - \sqrt{\dot{x}_d^2 + \dot{y}_d^2}\,\sin\bar{\psi}_d\sin\bar{\psi}_d \\ &= z_2\dot{\bar{\psi}}_d + U\cos(\bar{\beta}+\psi-\bar{\psi}_d) - \sqrt{\dot{x}_d^2 + \dot{y}_d^2} \end{aligned} \tag{5.87}$$

其中，$\beta = \arctan\left(\dfrac{v}{|u|}\right)$；$\bar{\beta} = \begin{cases} \beta, & \mathrm{sgn}(u)=1 \\ -\beta, & \mathrm{sgn}(u)=-1 \end{cases}$；$U = \sqrt{u^2+v^2}\,\mathrm{sgn}(U)$，$\mathrm{sgn}(U) = \mathrm{sgn}(u)$。

接下来，对 z_2 求时间导数，有

$$\begin{aligned}
\dot{z}_2 &= -\dot{\bar{\psi}}_d x_e \cos\bar{\psi}_d - \dot{\bar{\psi}}_d y_e \sin\bar{\psi}_d - (\dot{x} - \dot{x}_d)\sin\bar{\psi}_d + (\dot{y} - \dot{y}_d)\cos\bar{\psi}_d \\
&= -z_1\dot{\bar{\psi}}_d + \left(u\cos\psi - v\sin\psi - \sqrt{\dot{x}_d^2 + \dot{y}_d^2}\cos\bar{\psi}_d\right)\sin\bar{\psi}_d \\
&\quad + \left(u\sin\psi + v\cos\psi - \sqrt{\dot{x}_d^2 + \dot{y}_d^2}\sin\bar{\psi}_d\right)\cos\bar{\psi}_d \\
&= -z_1\dot{\bar{\psi}}_d - \sqrt{u^2 + v^2}\cos(\beta + \psi)\sin\bar{\psi}_d + \sqrt{\dot{x}_d^2 + \dot{y}_d^2}\cos\bar{\psi}_d\sin\bar{\psi}_d \\
&\quad + \sqrt{u^2 + v^2}\sin(\beta + \psi)\cos\bar{\psi}_d - \sqrt{\dot{x}_d^2 + \dot{y}_d^2}\sin\bar{\psi}_d\cos\bar{\psi}_d \\
&= -z_1\dot{\bar{\psi}}_d + U\sin(\bar{\beta} + \psi - \bar{\psi}_d)
\end{aligned} \tag{5.88}$$

定义

$$[z_3, z_4, z_5, z_6] = [\bar{\beta} + \psi - \bar{\psi}_d, r, u, v]$$

基于第 4 章欠驱动水面船舶的跟踪控制，本小节的船舶数学模型式（5.84）可以根据控制目标转化为

$$\begin{cases}
\dot{z}_1 = z_2\dot{\bar{\psi}}_d + U\cos z_3 - \sqrt{\dot{x}_d^2 + \dot{y}_d^2} \\
\dot{z}_2 = -z_1\dot{\bar{\psi}}_d + U\sin z_3 \\
\dot{z}_3 = z_4 + \dot{\beta} - \dot{\bar{\psi}}_d \\
\dot{z}_4 = f_r(\upsilon) + g_r(\upsilon)\tau_r + b_r \\
\dot{z}_5 = f_u(\upsilon) + g_u(\upsilon)\tau_u + b_u \\
\dot{z}_6 = f_v(\upsilon) + b_v
\end{cases} \tag{5.89}$$

控制目标可以转化为：设计控制律 τ_u、τ_r 使得系统输出 $[z_1, z_2]^{\mathrm{T}}$ 最小化。定义 Lyapunov 备选函数为

$$V_1 = \frac{1}{2}z_1^2 + \frac{1}{2}z_2^2$$

对 V_1 求时间导数，得

$$\begin{aligned}
\dot{V}_1 &= z_1\left(z_2\dot{\bar{\psi}}_d + U\cos z_3 - \sqrt{\dot{x}_d^2 + \dot{y}_d^2}\right) + z_2(-z_1\dot{\bar{\psi}}_d + U\sin z_3) \\
&= z_1\left(U\cos z_3 - \sqrt{\dot{x}_d^2 + \dot{y}_d^2}\right) + z_2 U\sin z_3
\end{aligned}$$

令 $\bar{U}$ 也是子系统式（5.89）的虚拟输入，定义

$$\bar{U} = \frac{1}{\cos z_3}\left(-k_1 z_1 + \sqrt{\dot{x}_d + \dot{y}_d}\right) \tag{5.90}$$

则有

$$\dot{V}_1 = z_1\left(z_2\dot{\bar{\psi}}_d + U\cos z_3 - \sqrt{\dot{x}_d^2 + \dot{y}_d^2}\right) + z_2(-z_1\dot{\bar{\psi}}_d + U\sin z_3)$$

$$= z_1\left[(\bar{U}+\tilde{U})\cos z_3 - \sqrt{\dot{x}_d^2 + \dot{y}_d^2}\right] + z_2 U\sin z_3$$

$$= -k_1 z_1^2 + z_1\tilde{U}\cos z_3 + z_2 U\sin z_3$$

$\bar{z}_3$ 也是子系统式（5.89）中第一个子系统的虚拟输入，定义

$$\bar{z}_3 = -\arctan(k_2 z_2)\mathrm{sgn}(U) \tag{5.91}$$

其中，$k_2 > 0$。若 z_2 有界，则有

$$\bar{z}_3 \in \left(-\frac{\pi}{2}, \frac{\pi}{2}\right)$$

定义

$$\bar{z}_5 = \bar{U}\cos\beta \tag{5.92}$$

$$\tilde{z}_5 = z_5 - \bar{z}_5 \tag{5.93}$$

$$\tilde{z}_3 = z_3 - \bar{z}_3 \tag{5.94}$$

基于第 4 章的设计，设 $z_p(p=1,2,\cdots,6)$、$\bar{U}$、$\tilde{U}$、$\bar{z}_3$、$\tilde{z}_3$、s_r、$\bar{z}_5$、$\tilde{z}_5$、V_1、b_{mu} 和 b_{mr} 的定义与第 4 章一样。b_{mu}、b_{mr} 分别为 b_u、b_r 的最大值。

因为 $f_u(\upsilon):\Omega\to\mathbb{R}$、$f_r(\upsilon):\Omega\to\mathbb{R}$、$g_u(\upsilon):\Omega\to\mathbb{R}$ 和 $g_r(\upsilon):=\Omega\to\mathbb{R}$，所以存在神经网络基函数向量 $\phi_{ui}(\upsilon)=[\phi_{ui1},\phi_{ui2},\cdots,\phi_{uih}]^{\mathrm{T}}:\mathbb{R}^n\to\mathbb{R}^h$ 和 $\phi_{ri}(\upsilon)=[\phi_{ri1},\phi_{ri2},\cdots,\phi_{rih}]^{\mathrm{T}}:\mathbb{R}^n\to\mathbb{R}^h$ 及理想的神经网络权值矩阵 $w_{ri}=[w_{ri1},w_{ri2},\cdots,w_{rih}]^{\mathrm{T}}\in\mathbb{R}^h$、$w_{ui}=[w_{ui1},w_{ui2},\cdots,w_{uih}]^{\mathrm{T}}\in\mathbb{R}^h$，使得

$$\begin{cases} f_u = w_{uf}^{\mathrm{T}}\phi_{uf}(\upsilon) + \varepsilon_{uf} \\ f_r = w_{rf}^{\mathrm{T}}\phi_{rf}(\upsilon) + \varepsilon_{rf} \\ g_u = w_{ug}^{\mathrm{T}}\phi_{ug}(\upsilon) + \varepsilon_{ug} \\ g_r = w_{rg}^{\mathrm{T}}\phi_{rg}(\upsilon) + \varepsilon_{rg} \end{cases} \tag{5.95}$$

其中，$\|\varepsilon_{ri}\| \leqslant \varepsilon_{Nri}$，$\|\varepsilon_{ui}\| \leqslant \varepsilon_{Nui}(i=f,g)$，$\varepsilon_{Nri}$、$\varepsilon_{Nui}$ 为神经网络重构误差；$\phi_{rij}=\mathrm{e}^{-\|[\upsilon_1,\upsilon_2,\upsilon_3]^{\mathrm{T}}-c_j\|^2/\sigma_j^2}$ 为高斯函数；h 为隐层结点数。理想的权值 w_{ui}、w_{ri} 应为

$$\begin{cases} w_{ui} = \arg\min_{\hat{w}_{ui}\in\mathbb{R}^h}\left\{\sup_{x\in\Omega}\left\|f_u - \hat{w}_{uf}^{\mathrm{T}}\phi_{uf}(\upsilon)\right\|\right\} \\ w_{ri} = \arg\min_{\hat{w}_{ri}\in\mathbb{R}^h}\left\{\sup_{\upsilon\in\Omega}\left\|f_r - \hat{w}_{ri}^{\mathrm{T}}\phi_{ri}(\upsilon)\right\|\right\} \end{cases}$$

实际中 w_{ri}、w_{ui} 无法得到，因此用其估计值 $\hat{w}_{ri}$、$\hat{w}_{ui}$ 表示。为了计算这些估计值，要假设用于逼近 f_r 的神经网络权值有界，即 $\|w_{ri}\| \leqslant w_{Ri}$，$\|w_{ui}\| \leqslant w_{Ui}$。应

用这些估计值得到轨迹函数为

$$
\begin{cases}
\hat{f}_u = \hat{w}_{uf}^{\mathrm{T}} \phi_{uf}(\upsilon) \\
\hat{f}_r = \hat{w}_{rf}^{\mathrm{T}} \phi_{rf}(\upsilon) \\
\hat{g}_u = \hat{w}_{ug}^{\mathrm{T}} \phi_{ug}(\upsilon) \\
\hat{g}_r = \hat{w}_{rg}^{\mathrm{T}} \phi_{rg}(\upsilon)
\end{cases}
\tag{5.96}
$$

因此，有

$$
\begin{cases}
f_u = \tilde{w}_{uf}^{\mathrm{T}} \phi_{uf}(\upsilon) + \hat{w}_{uf}^{\mathrm{T}} \phi_{uf}(\upsilon) + \varepsilon_{uf} \\
f_r = \tilde{w}_{rf}^{\mathrm{T}} \phi_{rf}(\upsilon) + \hat{w}_{rf}^{\mathrm{T}} \phi_{rf}(\upsilon) + \varepsilon_{rf} \\
g_u = \tilde{w}_{ug}^{\mathrm{T}} \phi_{ug}(\upsilon) + \hat{w}_{ug}^{\mathrm{T}} \phi_{ug}(\upsilon) + \varepsilon_{ug} \\
g_r = \tilde{w}_{rg}^{\mathrm{T}} \phi_{rg}(\upsilon) + \hat{w}_{rg}^{\mathrm{T}} \phi_{rg}(\upsilon) + \varepsilon_{rg}
\end{cases}
\tag{5.97}
$$

首先选取 Lyapunov 备选函数为

$$
V_2 = V_1 + \frac{1}{2}(\tilde{z}_5^2 + s_r^2 + \tilde{w}_{uf}^{\mathrm{T}} \Gamma_{uf}^{-1} \tilde{w}_{uf} + \tilde{w}_{rf}^{\mathrm{T}} \Gamma_{rf}^{-1} \tilde{w}_{rf} + \tilde{w}_{ug}^{\mathrm{T}} \Gamma_{ug}^{-1} \tilde{w}_{ug} + \tilde{w}_{rg}^{\mathrm{T}} \Gamma_{rg}^{-1} \tilde{w}_{rg}
$$
$$
+ k_{\mathrm{m}u}^{-1} \tilde{b}_{\mathrm{m}u}^2 + k_{\mathrm{m}r}^{-1} \tilde{b}_{\mathrm{m}r}^2)
$$

对 V_2 求时间导数，得

$$
\dot{V}_2 = \dot{V}_1 + \tilde{z}_5[f_u(\upsilon) + g_u(\upsilon)\tau_u + b_u - \dot{\bar{z}}_5] + s_r[f_r(\upsilon) + g_r(\upsilon)\tau_r
$$
$$
+ b_r + k_3 \dot{\tilde{z}}_3 - \ddot{\bar{z}}_3 + \ddot{\beta} - \ddot{\bar{\psi}}_d] - \tilde{w}_{uf}^{\mathrm{T}} \Gamma_{uf}^{-1} \dot{\hat{w}}_{uf} - \tilde{w}_{rf}^{\mathrm{T}} \Gamma_{rf}^{-1} \dot{\hat{w}}_{rf} - \tilde{w}_{ug}^{\mathrm{T}} \Gamma_{ug}^{-1} \dot{\hat{w}}_{ug}
$$
$$
- \tilde{w}_{rg}^{\mathrm{T}} \Gamma_{rg}^{-1} \dot{\hat{w}}_{rg} - k_{\mathrm{m}u}^{-1} \tilde{b}_{\mathrm{m}u} \dot{\hat{b}}_{\mathrm{m}u} - k_{\mathrm{m}r}^{-1} \tilde{b}_{\mathrm{m}r} \dot{\hat{b}}_{\mathrm{m}r}
\tag{5.98}
$$

选取控制律和自适应律分别为

$$
\tau_u = \frac{1}{\hat{w}_{ug}^{\mathrm{T}} \phi_{ug}(\upsilon)}[-\hat{w}_{uf}^{\mathrm{T}} \phi_{uf}(\upsilon) + \dot{\bar{z}}_5 - k_5 \tilde{z}_5 - \hat{b}_{\mathrm{m}u} \varpi(\tilde{z}_5)]
\tag{5.99}
$$

$$
\tau_r = \frac{1}{\hat{w}_{rg}^{\mathrm{T}} \phi_{rg}(\upsilon)}[-\hat{w}_{rf}^{\mathrm{T}} \phi_{rf}(\upsilon) - k_3 \dot{\tilde{z}}_3 + \ddot{\bar{z}}_3 - \ddot{\beta} + \ddot{\bar{\psi}}_d - k_4 s_r - \hat{b}_{\mathrm{m}r} \varpi(s_r)]
\tag{5.100}
$$

$$
\dot{\hat{w}}_{uf} = \Gamma_{uf}[\phi_{uf}(\upsilon)\tilde{z}_5 - \sigma_{uf}(\hat{w}_{uf} - w_{uf0})]
\tag{5.101}
$$

$$
\dot{\hat{w}}_{rf} = \Gamma_{rf}[\phi_{rf}(\upsilon)s_r - \sigma_{rf}(\hat{w}_{rf} - w_{rf0})]
\tag{5.102}
$$

$$
\dot{\hat{w}}_{ug} = \Gamma_{ug}[\phi_{uf}(\upsilon)\tilde{z}_5 \tau_u - \sigma_{ug}(\hat{w}_{ug} - w_{ug0})]
\tag{5.103}
$$

$$
\dot{\hat{w}}_{rg} = \Gamma_{rg}[\phi_{rf}(\upsilon)s_r \tau_r - \sigma_{rg}(\hat{w}_{rg} - w_{rg0})]
\tag{5.104}
$$

$$
\dot{\hat{b}}_{\mathrm{m}u} = k_{\mathrm{m}u}[\tilde{z}_5 \varpi(\tilde{z}_5) - \sigma_{\mathrm{m}u}(\hat{b}_{\mathrm{m}u} - b_{\mathrm{m}u0})]
\tag{5.105}
$$

$$
\dot{\hat{b}}_{\mathrm{m}r} = k_{\mathrm{m}r}[s_r \varpi(s_r) - \sigma_{\mathrm{m}r}(\hat{b}_{\mathrm{m}r} - b_{\mathrm{m}r0})]
\tag{5.106}
$$

其中，$\Gamma_{ui} \in \mathbb{R}^{h \times h}$，正定 $(i = f, g)$；$\Gamma_{ri} \in \mathbb{R}^{h \times h}$，正定 $(i = f, g)$；$\sigma_{ri} > 0$，$\sigma_{ui} > 0$；k_{mu}、σ_{mu}、k_{mr} 和 σ_{mr} 的定义与第 4 章相同。

一般情况下要求 $\hat{g}_u = \hat{w}_{ug}^T \phi_{ug}(\upsilon)$、$\hat{g}_r = \hat{w}_{rg}^T \phi_{rg}(\upsilon)$ 不为零，因此要对 $\hat{w}_{ug}$ 和 $\hat{w}_{rg}$ 定义一个范围：

$$\begin{cases} \Omega_{ug} = \left\{ \hat{w}_{ug} \in \mathbb{R}^h \mid 0 < \varepsilon_u < \|\hat{w}_{ug}\| \right\} \\ \Omega_{rg} = \left\{ \hat{w}_{rg} \in \mathbb{R}^h \mid 0 < \varepsilon_r < \|\hat{w}_{rg}\| \right\} \end{cases} \tag{5.107}$$

因此要对式（5.102）和式（5.104）进行修改：

$$\begin{cases} \dot{\hat{w}}_{ugj} = \begin{cases} W_{ugi}, & \text{如果} \left[|W_{ugi}| > \varepsilon_u \right) \text{或} \left(|W_{ugi}| = \varepsilon_u \text{且} W_{ug} \operatorname{sgn}(\hat{w}_{ugj}) \geqslant 0 \right] \\ 0, & \text{如果} \left[|W_{ugi}| = \varepsilon_u \text{且} W_{ug} \operatorname{sgn}(\hat{w}_{ugj}) < 0 \right] \end{cases} \\ \dot{\hat{w}}_{rgj} = \begin{cases} W_{rgi}, & \text{如果} \left[|W_{rgi}| > \varepsilon_r \right) \text{或} \left(|W_{rgi}| = \varepsilon_r \text{且} W_{rg} \operatorname{sgn}(\hat{w}_{rgj}) \geqslant 0 \right] \\ 0, & \text{如果} \left[|W_{rgi}| = \varepsilon_r \text{且} W_{rg} \operatorname{sgn}(\hat{w}_{rgj}) < 0 \right] \end{cases} \end{cases} \tag{5.108}$$

其中，

$$\begin{cases} W_{ugj} = \Gamma_{ug}[\phi_{ugj}(\upsilon)\tilde{z}_5 \tau_u - \sigma_{ug}(\hat{w}_{ugj} - w_{ug0})] \\ W_{rgj} = \Gamma_{rg}[\phi_{rgj}(\upsilon)s_r \tau_r - \sigma_{rg}(\hat{w}_{rgj} - w_{rg0})] \end{cases}, \quad j = 1, 2, \cdots, h$$

在实际应用中，执行机构所提供的能量是有限的，如果设计输入过大就会出现执行机构饱和的情况，从而导致系统不稳定。在本小节的控制器设计中设计输入有 $-k_5 \tilde{z}_5$ 和 $-k_6 s_r$ 两项，若初始位置误差很大，控制就有可能导致执行机构饱和，因此可以令 $k_5 = \dfrac{\overline{k}_5}{|\tilde{z}_5| + \delta_{k5}}$，$k_4 = \dfrac{\overline{k}_4}{|s_r| + \delta_{k4}}$，使得当误差较大时以较小的速度收敛，以避免执行机构饱和。

5.3.3　稳定性分析

定理 5.3　针对系统式（5.84），神经网络稳定自适应控制律式（5.99）、式（5.100）和参数自适应律式（5.101）～式（5.104），以及干扰补偿自适应律式（5.105）和式（5.106），可以使得跟踪误差是一致最终有界的。

首先给出以下两个引理。

引理 5.2[188]　定义参数 $\theta \in \mathbb{R}^n$，有

$$\tilde{\theta}^T(\hat{\theta} - \theta_0) = -\|\tilde{\theta}\|^2 + \tilde{\theta}^T(\theta - \theta_0) \leqslant -\frac{1}{2}\|\tilde{\theta}\|^2 + \frac{1}{2}\|\theta - \theta_0\|^2$$

其中，θ_0 为 θ 的初始值。

证明　定义 $\tilde{\theta} = \theta - \hat{\theta}$，因此有

$$\tilde{\theta}^{\mathrm{T}}(\hat{\theta} - \theta_0) = -\left\| \tilde{\theta} \right\|^2 + \tilde{\theta}^{\mathrm{T}}(\tilde{\theta} + \hat{\theta} - \theta_0)$$

$$= -\left\| \tilde{\theta} \right\|^2 + \tilde{\theta}^{\mathrm{T}}(\theta - \theta_0)$$

$$\leqslant -\left\| \tilde{\theta} \right\|^2 + \frac{1}{2}\left(\left\| \tilde{\theta} \right\|^2 + \left\| \theta - \theta_0 \right\|^2 \right)$$

$$= -\frac{1}{2}\left\| \tilde{\theta} \right\|^2 + \frac{1}{2}\left\| \theta - \theta_0 \right\|^2$$

证毕。

引理 5.3　针对系统式（5.109），若系统 $\dot{Z}_2 = f_2(0, Z_2)$ 的各状态是全局一致渐近稳定的，系统 $\dot{Z}_1 = f_1(Z_1)$ 的各状态是一致最终有界的，则如下系统的各状态是一致最终有界的。

$$\begin{cases} \dot{Z}_1 = f_1(Z_1) \\ \dot{Z}_2 = f_2(Z_1, Z_2) \end{cases} \tag{5.109}$$

证明　记 $Z_{10}(t)$ 是 $\dot{Z}_1 = f_1(Z_1)$ 在初值 $Z_{10}(0) = Z_{10}$ 时的曲线，因为 $\dot{Z}_1 = f_1(Z_1)$ 的各状态是一致最终有界的，所以存在 $\beta > 0$、$\alpha > 0$ 和 $t_0 > 0$，一个不依赖 t_0 的 $T(\alpha) > 0$，使得 $\|Z_{10}(t)\| \leqslant \beta$，$\forall t \geqslant t_0 + T(\alpha)$。记 $Z_{20}(t)$ 是 $\dot{Z}_2 = f_2(0, Z_2)$ 在初值 $Z_{20}(0) = Z_{20}$ 时的曲线，因为 $\dot{Z}_2 = f_2(0, Z_2)$ 是全局渐近稳定的，所以存在 $\varepsilon > 0$，使得 $\|Z_{20}(t)\| \leqslant \varepsilon$，$\forall t \geqslant 0$，$\forall Z_{20} \in \mathbf{R}^n$，其中，$n$ 为 Z_2 的维数。将 $\dot{Z}_2 = f_2[Z_{10}(t), Z_2]$ 表示成

$$f_2[Z_{10}(t), Z_{20}(t)] = f_2[0, Z_{20}(t)] + f_3[Z_{20}(t)] \tag{5.110}$$

其中，$f_3(x, t) = f_2[Z_{10}(t), Z_2] - f_2(0, Z_2)$。把 $\dot{Z}_2 = f_2(Z_1, Z_2)$ 看成由 $\dot{Z}_2 = f_2(0, Z_2)$ 和 $\dot{Z}_1 = f_1(Z_1)$ 对 $\dot{Z}_2 = f_2(0, Z_2)$ 的两部分影响组成。接下来分析 $\dot{Z}_2 = f_2(0, Z_2)$ 在 $\dot{Z}_1 = f_1(Z_1)$ 的影响下 $Z_2(t)$ 的情况。

因为 $f_2[Z_{10}(t), Z_2]$ 满足 Lipschitz 条件，所以存在 $\varepsilon > 0$ 和 $M > 0$ 使下式

$$\left\| f_3[Z_{20}(t)] \right\| = \left\| f_2[Z_{10}(t), Z_{20}(t)] - f_2[0, Z_{20}(t)] \right\|$$

$$\leqslant L\left\| Z_{10}(t) - 0 \right\|$$

$$\leqslant M\beta$$

对 $\forall t \geqslant t_0 + T(\alpha)$，$\forall \|Z_{20}(t)\| \leqslant \varepsilon$，定义 $\delta_1 = M\beta$。

因为系统 $\dot{Z}_2 = f_2(0, Z_2)$ 的各状态是全局渐近稳定的，所以存在 $V(Z_2)$ 满足

$$r_1\left(\|Z_2\| \right) \leqslant V(Z_2) \leqslant r_2\left(\|Z_2\| \right), \quad \forall \|Z_{20}\| \in \mathbb{R}^n$$

其中，$r_1\left(\|Z_2\| \right)$ 和 $r_2\left(\|Z_2\| \right)$ 为 $\mathbb{R}^n$ 中的 κ 类函数，且

$$\frac{\partial V}{\partial Z_2} f_2(Z_2) \leqslant -r_3\left(\|Z_2\| \right), \quad \forall \|Z_{20}\| \in \mathbb{R}^n$$

其中，因为系统 $\dot{Z}_2 = f_2(0, Z_2)$ 的各状态是全局渐近稳定的，所以当选定 Z_{20} 时，存在平衡点的一个邻域 D 使得 $\varepsilon \in D$。固定 $\varepsilon > 0$，令 $q > 0$ 使得 $q \leqslant r_1(\varepsilon)$。

取

$$\Theta_q = \{Z_{20}(t) | V \leqslant q\}, \quad t \geqslant t_0 + T(\alpha)$$

则由

$$r_1\big(\|Z_{20}(t)\|\big) \leqslant V[Z_{20}(t)] \leqslant q, \quad t \geqslant t_0 + T(\alpha)$$

得

$$\|Z_{20}(t)\| \leqslant r_1^{-1}(q) \leqslant r_1^{-1}[r_1(\varepsilon)] = \varepsilon, \quad t \geqslant t_0 + T(\alpha)$$

选择 δ_1 使得

$$-r_3[r_2^{-1}(q)] + N\delta_1 \leqslant -r_4\big(\|Z_2\|\big)$$

在 Θ_q 的边界上有

$$\frac{\partial V}{\partial Z_2}[f_2(0, Z_2) + f_3(Z_2, t)] \leqslant -r_3\big(\|Z_2\|\big) + N\delta_1 \leqslant -r_3[r_2^{-1}(q)] + N\delta_1 \leqslant -r_4\big(\|Z_2\|\big)$$

由以上分析可得，当初始值 $Z_{20} \in \Theta_q$ 时，式（4.45）的任意解 $Z_{20}(t) \in \Theta_q$，$t \geqslant t_0 + T(\alpha)$。当 $Z_{20} \notin \Theta_q$ 时，有

$$\frac{\partial V}{\partial Z_2}[f_2(0, Z_2) + f_3(Z_2, t)] \leqslant -r_3\big(\|Z_2\|\big) + N\delta_1 < -r_3[r_2^{-1}(q)] + N\delta_1 < -r_4\big(\|Z_2\|\big)$$

因此，Z_2 会收敛至 Θ_q 中，然后以 Θ_q 中的某个值为初始值，使得闭环系统中各变量一致最终有界。证毕。

证明　定义闭环系统子系统 $Z_1 = [\tilde{z}_3, \dot{\tilde{z}}_3, \tilde{z}_5, \tilde{w}_{uf}^{\mathrm{T}}, \tilde{w}_{rf}^{\mathrm{T}}, \tilde{w}_{ug}^{\mathrm{T}}, \tilde{w}_{rg}^{\mathrm{T}}, \tilde{b}_{mu}, \tilde{b}_{mr}]^{\mathrm{T}}$ 和 $Z_2 = [z_1, z_2]^{\mathrm{T}}$，则有

$$\dot{Z}_1 = \begin{bmatrix} \dot{\tilde{z}}_3 \\ \ddot{\tilde{z}}_3 \\ \dot{\tilde{z}}_5 \\ \dot{\hat{w}}_{uf} \\ \dot{\hat{w}}_{rf} \\ \dot{\hat{w}}_{ug} \\ \dot{\hat{w}}_{rg} \\ \dot{\hat{b}}_{mu} \\ \dot{\hat{b}}_{mr} \end{bmatrix} = \begin{bmatrix} \ddot{\tilde{z}}_3 \\ -k_3\dot{\tilde{z}}_3 - k_5\big(k_3\tilde{z}_3 + \dot{\tilde{z}}_3\big) \\ -k_5\tilde{z}_5 \\ -\Gamma_{uf}[\phi_{uf}(\upsilon)\tilde{z}_5 - \sigma_{uf}(\hat{w}_{uf} - w_{uf0})] \\ -\Gamma_{rf}[\phi_{rf}(\upsilon)s_r - \sigma_{rf}(\hat{w}_{rf} - w_{rf0})] \\ -\Gamma_{ug}[\phi_{uf}(\upsilon)\tilde{z}_5\tau_u - \sigma_{ug}(\hat{w}_{ug} - w_{ug0})] \\ -\Gamma_{rg}[\phi_{rf}(\upsilon)s_r\tau_r - \sigma_{rg}(\hat{w}_{rg} - w_{rg0})] \\ -k_{mu}[\tilde{z}_5\varpi(\tilde{z}_5) - \sigma_{mu}(\hat{b}_{mu} - b_{mu0})] \\ -k_{mr}[s_r\varpi(s_r) - \sigma_{mr}(\hat{b}_{mr} - b_{mr0})] \end{bmatrix} \tag{5.111}$$

$$\dot{Z}_2 = \begin{bmatrix} \dot{z}_1 \\ \dot{z}_2 \end{bmatrix} = \begin{bmatrix} -k_1 z_1^2 + \dfrac{z_1 \tilde{z}_5 \cos z_3}{\cos \beta} \\ -\dfrac{k_2 z_2^2 \,|\, U \,|\, \cos \tilde{z}_3}{\sqrt{1 + k_2^2 z_2^2}} + \dfrac{z_2 U \sin \tilde{z}_3}{\sqrt{1 + k_2^2 z_2^2}} \end{bmatrix} \tag{5.112}$$

因此，可以得到两个子系统 $\dot{Z}_1 = f_1(Z_1)$ 和 $\dot{Z}_2 = f_2(Z_1, Z_2)$。两个子系统是串阶系统，称 Z_1 为下阶子系统，即驱动子系统；称 Z_2 为上阶子系统，也称被驱动子系统。

前述定义有 $V_{1N} = \dfrac{1}{2} z_1^2 + \dfrac{1}{2} z_2^2$，对 V_{1N} 求时间导数得

$$
\begin{aligned}
\dot{V}_{1N} &= -k_1 z_1^2 - k_2 \,|\, U \,|\, z_2^2 + \tilde{z}_5 z_1 \frac{\cos z_3}{\cos \beta} + \frac{z_2 U \sin \tilde{z}_3}{\sqrt{1 + k_2^2 z_2^2}} + k_2 \,|\, U \,|\, z_2^2 \left[1 - \frac{\cos(\tilde{z}_3)}{\sqrt{1 + k_2^2 z_2^2}} \right] \\
&= -k_1 z_1^2 - \frac{k_2 \,|\, U \,|\, z_2^2}{\sqrt{1 + k_2^2 z_2^2}} \\
&\leqslant -\rho_1 V_1
\end{aligned}
\tag{5.113}
$$

其中， $\rho_{1N} := \min\left[2k_1, 2\dfrac{k_2 \,|\, U \,|}{\sqrt{1 + k_2^2 z_2^2}} \right]$。且式（5.113）可以写成

$$V_{1N} \leqslant V_{1N}(0)\mathrm{e}^{-\rho_1 t}$$

则子系统 $\dot{Z}_2 = f_2(0, Z_2)$ 各变量是有界的。

选取 Lyapunov 备选函数为

$$V_{2N} = \frac{1}{2}\left(\tilde{z}_5^2 + s_r^2 + \tilde{w}_{uf}^{\mathrm{T}} \Gamma_{uf}^{-1} \tilde{w}_{uf} + \tilde{w}_{rf}^{\mathrm{T}} \Gamma_{rf}^{-1} \tilde{w}_{rf} + \tilde{w}_{ug}^{\mathrm{T}} \Gamma_{ug}^{-1} \tilde{w}_{ug} + \tilde{w}_{rg}^{\mathrm{T}} \Gamma_{rg}^{-1} \tilde{w}_{rg} + k_{mu}^{-1} \tilde{b}_{mu}^2 + k_{mr}^{-1} \right)$$

对 V_{2N} 求时间导数，并把式（5.99）～式（5.102）、式（5.105）、式（5.106）、式（5.109）和式（5.110）代入其中，得

$$
\begin{aligned}
\dot{V}_{2N} &= -k_5 \tilde{z}_5^2 - k_4 s_r^2 + \sigma_{uf} \tilde{w}_{uf}^{\mathrm{T}} (\hat{w}_{uf} - w_{uf0}) + \sigma_{rf} \tilde{w}_{rf}^{\mathrm{T}} (\hat{w}_{rf} - w_{rf0}) + \sigma_{ug} \tilde{w}_{ug}^{\mathrm{T}} (\hat{w}_{ug} - w_{ug}) \\
&\quad + \sigma_{rf} \tilde{w}_{rf}^{\mathrm{T}} (\hat{w}_{rf} - w_{rf0}) + \tilde{z}_5 \left[b_u - \hat{b}_{mu} \varpi(\tilde{z}_5) \right] + s_r \left[b_r - \hat{b}_{mr} \varpi(s_r) \right] \\
&\quad - \tilde{b}_{mu} \left[\tilde{z}_5 \varpi(\tilde{z}_5) - \sigma_{mu}(\hat{b}_{mu} - b_{mu0}) \right] - \tilde{b}_{mr} \left[s_r \varpi(s_r) - \sigma_{mr} (\hat{b}_{mr} - b_{mr0}) \right] + \varepsilon_{2N} \\
&\leqslant -k_5 \tilde{z}_5^2 - k_4 s_r^2 + \sigma_{uf} \tilde{w}_{uf}^{\mathrm{T}} (\hat{w}_{uf} - w_{uf0}) + \sigma_{rf} \tilde{w}_{rf}^{\mathrm{T}} (\hat{w}_{rf} - w_{rf0}) + \sigma_{ug} \tilde{w}_{ug}^{\mathrm{T}} (\hat{w}_{ug} - w_{ug}) \\
&\quad + \sigma_{rf} \tilde{w}_{rf}^{\mathrm{T}} (\hat{w}_{rf} - w_{rf0}) + \sigma_{mu} \tilde{b}_{mu} (\hat{b}_{mu} - b_{mu0}) + \sigma_{mr} \tilde{b}_{mr} (\hat{b}_{mr} - b_{mr0}) \\
&\quad + b_{mu} \delta + b_{mr} \delta + |\varepsilon_{2N}|
\end{aligned}
$$

其中，

$$\varepsilon_{2N} = (\varepsilon_{uf} + \varepsilon_{ug}\tau_u)z_5 + (\varepsilon_{rf} + \varepsilon_{rg}\tau_r)s_r$$

应用引理 5.2，有

$$
\begin{aligned}
\dot{V}_{2N} = {}& -k_5 \tilde{z}_5^2 - k_4 s_r^2 - \sigma_{uf}\left\|\tilde{w}_{uf}\right\|^2 - \sigma_{rf}\left\|\tilde{w}_{rf}\right\|^2 - \sigma_{ug}\left\|\tilde{w}_{ug}\right\|^2 - \sigma_{rg}\left\|\tilde{w}_{rg}\right\|^2 \\
& + \sigma_{uf}\tilde{w}_{uf}^{\mathrm{T}}(w_{uf} - w_{uf0}) + \sigma_{rf}\tilde{w}_{rf}^{\mathrm{T}}(w_{rf} - w_{rf0}) + \sigma_{ug}\tilde{w}_{ug}^{\mathrm{T}}(w_{ug} - w_{ug0}) \\
& + \sigma_{rg}\tilde{w}_{rg}^{\mathrm{T}}(w_{rg} - w_{rg0}) - \sigma_{mu}\tilde{b}_{mu}^2 + \sigma_{mu}\tilde{b}_{mu}(b_{mu} - b_{mu0}) - \sigma_{mr}\tilde{b}_{mr}^2 \\
& + \sigma_{mr}\tilde{b}_{mr}(b_{mr} - b_{mr0}) + b_{mu}\delta + b_{mr}\delta + |\varepsilon_{2N}| \\
\leqslant {}& -k_5\tilde{z}_5^2 - k_4 s_r^2 - \sigma_{uf}\left\|\tilde{w}_{uf}\right\|^2 - \sigma_{rf}\left\|\tilde{w}_{rf}\right\|^2 - \sigma_{ug}\left\|\tilde{w}_{ug}\right\|^2 - \sigma_{rg}\left\|\tilde{w}_{rg}\right\|^2 - \sigma_{mu}\tilde{b}_{mu}^2 \\
& - \sigma_{mr}\tilde{b}_{mr}^2 + \frac{1}{2}\sigma_{uf}\left(\left\|\tilde{w}_{uf}\right\|^2 + \left\|w_{uf} - w_{uf0}\right\|^2\right) + \frac{1}{2}\sigma_{rf}\left(\left\|\tilde{w}_{rf}\right\|^2 + \left\|w_{rf} - w_{rf0}\right\|^2\right) \\
& + \frac{1}{2}\sigma_{ug}\left(\left\|\tilde{w}_{ug}\right\|^2 + \left\|w_{ug} - w_{ug0}\right\|^2\right) + \frac{1}{2}\sigma_{rg}\left(\left\|\tilde{w}_{rg}\right\|^2 + \left\|w_{rg} - w_{rg0}\right\|^2\right) \\
& + \frac{1}{2}\sigma_{mu}\left[\tilde{b}_{mr}^2 + (b_{mu} - b_{mu0})^2\right] + \frac{1}{2}\sigma_{mr}[\tilde{b}_{mr}^2 + (b_{mr} - b_{mr0})^2] + b_{mu}\delta + b_{mr}\delta + |\varepsilon_{2N}| \\
\leqslant {}& -\rho_{2N}V_{2N} + \mu_{2N}
\end{aligned}
\tag{5.114}
$$

其中，$\rho_{2N} > 0$，$\mu_{2N} > 0$，并且分别满足

$$
\rho_{2N} := \min\left\{ 2k_5, 2k_4, \frac{\sigma_{uf}}{\lambda_{\min}(\varGamma_{uf}^{-1})}, \frac{\sigma_{rf}}{\lambda_{\min}(\varGamma_{rf}^{-1})}, \frac{\sigma_{ug}}{\lambda_{\min}(\varGamma_{ug}^{-1})}, \frac{\sigma_{ug}}{\lambda_{\min}(\varGamma_{rg}^{-1})}, 2\sigma_{mu}, 2\sigma_{mr} \right\}
$$

$$
\begin{aligned}
\mu_{2N} := {}& \frac{1}{2}\sigma_{uf}\left(\left\|\tilde{w}_{uf}\right\|^2 + \left\|w_{uf} - w_{uf0}\right\|^2\right) + \frac{1}{2}\sigma_{rf}\left(\left\|\tilde{w}_{rf}\right\|^2 + \left\|w_{rf} - w_{rf0}\right\|^2\right) \\
& + \frac{1}{2}\sigma_{ug}\left(\left\|\tilde{w}_{ug}\right\|^2 + \left\|w_{ug} - w_{ug0}\right\|^2\right) + \frac{1}{2}\sigma_{rg}\left(\left\|\tilde{w}_{rg}\right\|^2 + \left\|w_{rg} - w_{rg0}\right\|^2\right) \\
& + \frac{1}{2}\sigma_{mu}[\tilde{b}_{mr}^2 + (b_{mu} - b_{mu0})^2] + \frac{1}{2}\sigma_{mr}[\tilde{b}_{mr}^2 + (b_{mr} - b_{mr0})^2] + b_{mu}\delta + b_{mr}\delta + |\varepsilon_{2N}|
\end{aligned}
$$

令 $\lambda_{2N} = \dfrac{\mu_{2N}}{\rho_{2N}}$，则式（5.114）可以写成

$$V_{2N} \leqslant \lambda_{2N} + [V_{2N}(0) - \lambda_{2N}]\mathrm{e}^{-\rho_{2N}t} \tag{5.115}$$

则系统 $\dot{Z}_1$ 各变量是有界的，且各变量是一致最终有界的，调整 ρ_{2N} 的大小可使 λ_{2N} 足够小。

因为驱动子系统 $\dot{Z}_1 = f_1(Z_1)$ 为全局渐近稳定，子系统 $\dot{Z}_2 = f_2(0, Z_2)$ 为一致最终有界，所以根据引理 5.3 可得，整个系统 $(\dot{Z}_1, \dot{Z}_2)$ 各变量为一致最终有界。

因为 (x_e, y_e) 到 (z_1, z_2) 是微分同胚变换，所以 $(x_e, y_e, \dot{x}_e, \dot{y}_e)$ 为一致最终有界。证毕。

5.3.4 仿真研究

为了验证算法的有效性，仍然应用文献[184]的船舶运动数学模型进行仿真研究。参考轨迹由如下曲线组成：

$$\begin{cases} x_d = 60\sin(0.02t) \\ y_d = t \end{cases}$$

控制参数：$k_1 = 0.01$，$k_2 = 0.5$，$k_3 = 0.4$，$k_4 = 4$，$k_5 = 1$（为了便于比较，与第 4 章自适应控制方法选取的控制参数一样），$\Gamma_{uf} = 0.1 \times \mathrm{eye}(6)$，$\Gamma_{rf} = 0.1 \times \mathrm{eye}(6)$，$\Gamma_{ug} = 10^{-7} \times \mathrm{eye}(6)$，$\Gamma_{rg} = 10^{-9} \times \mathrm{eye}(6)$，$w_{uf0} = -5.5 \times \mathrm{ones}(1, h)$，$w_{rf0} = -1.5 \times \mathrm{ones}(1, h)$，$w_{ug0} = 2.7 \times \mathrm{ones}(1, h)$，$w_{rg0} = \mathrm{ones}(1, h)$，$b_0 = 0.7b_0$，$\sigma_{uf} = \sigma_{rf} = \sigma_{ug} = \sigma_{rg} = \sigma_{mu} = \sigma_{mr} = 0.1$；$h = 6$ 初始条件为 $[x(0), y(0), \psi(0), u(0), v(0), r(0)] = [0, 100, 0, 0, 0, 0]$。

其中，$\mathrm{ones}(n, m)$ 表示 n 行 m 列的矩阵，且元素为 1；h 表示神经网络隐含层数。仿真曲线如下：

图 5.17～图 5.19 为基于神经网络稳定自适应控制算法的航迹跟踪控制，由图可知，基于神经网络稳定自适应控制算法的控制器在已知条件较少的情况下实现误差收敛在平衡点附近更小的邻域内。同时从图 5.18 可以看出，船舶的纵向速度仍为振荡曲线，5.4 节将引入参数化路径来解决这个问题。

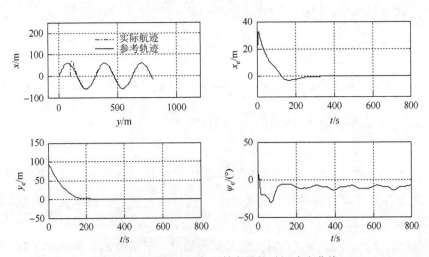

图 5.17 船舶航迹和各误差变量的时间响应曲线

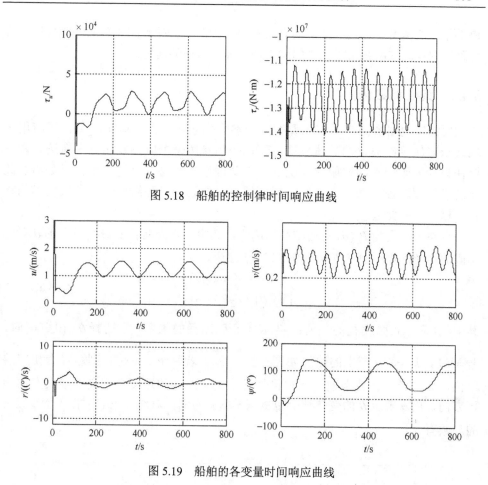

图 5.18　船舶的控制律时间响应曲线

图 5.19　船舶的各变量时间响应曲线

5.4　基于参考路径参数化的神经网络路径跟踪控制

5.3 节的设计中考虑的参考轨迹都是单纯的时变轨迹,或是由虚拟船舶产生的轨迹,这对大型船舶来说是不容易实现的,因为若给路径赋予时间的参数,就要求船舶在单位时间到达相应的以时间为参数的轨迹的指定位置。若存在外界干扰,就算船舶主机以额定功率推进船舶前进,船舶的对地合速度也会随着干扰有所不同,因此要一直加速或减速以达到设计目标,但因为大型船舶推进装置的伺服机构不能提供无限大的加速度,所以会造成执行机构饱和。虽然由虚拟船舶产生的路径可以调节参考速度,但是由于虚拟船舶的结构和真实船舶的结构还是有区别的,所以当有外界干扰时同样会要求船舶提供大的加速度,仍然会增加主机伺服机构的压力。值得说明的是,当船舶在大洋中航行时一般不严苛地要求在指定时间到达指定地点,而只要求沿着设定路径航行即可,推进装置可以根据额定功率提供相应的速度，以达到能源的有效利用。因此，去除时间概念的跟踪控制，称为路径跟踪。这就解决了大型船舶不易加速、减速的问题。

5.4.1　路径参数化

要想实现路径跟踪，首先要有一个参数化的路径。文献[185]给出了应用多项式求取轨迹参数化的具体办法，可以作为参考来求取参数化参考轨迹，本书旨在设计欠驱动水面船舶的控制器，因此假设参考路径已经给出，只是借鉴此概念设计跟踪控制器。为了便于后面控制器的设计，先给出一个参数化了的路径，以及一些变量。

设参考路径为 $P_d(\theta) = [x_d(\theta), y_d(\theta)]^{\mathrm{T}}$，其中，$\theta$ 为路径变量，不同的 θ 对应不同的参考位置，如正弦路径就可以表示为

$$\begin{cases} x_d(\theta) = A\sin(k_1\theta) \\ y_d(\theta) = k_2\theta \end{cases} \tag{5.116}$$

其中，A 表示正弦路径的幅值；$\dfrac{k_1}{k_2}$ 表示正弦路径的频率。当选择 $\theta \in [0,200]$ 时，$k_1 = 0.1$，$k_2 = 2$，产生的路径如图 5.20 所示。若赋予 θ 单位，则路径有相应的单位，如"米"。特别地，此时仍然可以定义路径的速度，定义 θ 增大方向为正方向，用 $\dot{\theta}$ 表示 θ 的变化律。以式（5.33）为例，对路径 $P_d(\theta)$ 求路径参数 θ 的导数有

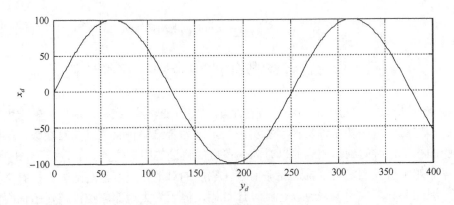

图 5.20　正弦路径

$$\begin{cases} \dot{x}_d(\theta) = \dfrac{\partial x_d(\theta)}{\partial \theta} = Ak_1\cos(k_1\theta) \\ \dot{y}_d(\theta) = \dfrac{\partial y_d(\theta)}{\partial \theta} = k_2 \end{cases} \tag{5.117}$$

若 $\dot{\theta}$ 是时间的函数，则对路径 $P_d(\theta)$ 求时间的导数，得

$$\begin{cases} \dot{x}_d(t) = \dfrac{\partial x_d(\theta)}{\partial t} = \dfrac{\partial x_d(\theta)}{\partial \theta}\dot{\theta} \\ \dot{y}_d(t) = \dfrac{\partial y_d(\theta)}{\partial t} = \dfrac{\partial y_d(\theta)}{\partial \theta}\dot{\theta} \end{cases} \tag{5.118}$$

5.4.2　控制器设计

本小节的应用船舶模型沿用式（5.1）的表示方法，并且将沿用本章的轨迹跟踪控制器设计中对跟踪误差的处理。定义 $P = [x,y]^{\mathrm{T}}$ 为船舶位置，$P_d(\theta) = [x_d(\theta), y_d(\theta)]^{\mathrm{T}}$ 为参考路径，参考航向为 $\bar{\psi}_d = \arctan\dfrac{\dot{y}_d(t)}{\dot{x}_d(t)}$，$[z_1,z_2]^{\mathrm{T}}$ 同样按第 4 章定义。定义跟踪误差为 $x_e = x - x_d(\theta)$，$y_e = y - y_d(\theta)$，控制目标是，设计控制器使控制误差 $[x_e,y_e]^{\mathrm{T}}$ 最小，为此应用微分同胚变换（坐标变换）把误差变换到新的坐标系（参考路径坐标系）中。根据第 4 章的公式推导对 $[z_1,z_2]^{\mathrm{T}}$ 求时间导数，可得

$$\dot{z}_1 = z_2\dot{\bar{\psi}}_d + U\cos(\bar{\beta} + \psi - \bar{\psi}_d) - \sqrt{\dot{x}_d^2 + \dot{y}_d^2}\,\dot{\theta} \tag{5.119}$$

$$\dot{z}_2 = -z_1\dot{\bar{\psi}}_d + U\sin(\bar{\beta} + \psi - \bar{\psi}_d) \tag{5.120}$$

其中，$\beta = \arctan\dfrac{v}{|u|}$；$\bar{\beta} = \begin{cases} \beta, & \mathrm{sgn}(u) = 1 \\ -\beta, & \mathrm{sgn}(u) = -1 \end{cases}$；$U = \sqrt{u^2 + v^2}\,\mathrm{sgn}(U)$，$\mathrm{sgn}(U) = \mathrm{sgn}(u)$。

定义 $[z_3,z_4,z_5,z_6] = [\bar{\beta} + \psi - \bar{\psi}_d, r, u, v]$，则系统式（5.1）可转化为如下两个子系统：

$$\dot{z}_1 = z_2\dot{\bar{\psi}}_d + U\cos z_3 - \sqrt{\dot{x}_d^2 + \dot{y}_d^2}\,\dot{\theta} \tag{5.121a}$$

$$\dot{z}_2 = -z_1\dot{\bar{\psi}}_d + U\sin z_3 \tag{5.121b}$$

$$\dot{z}_3 = z_4 + \dot{\beta} - \dot{\bar{\psi}}_d \tag{5.122a}$$

$$\dot{z}_4 = f_r(\upsilon) + g_r(\upsilon)\tau_r + b_r \tag{5.122b}$$

$$\dot{z}_5 = f_u(\upsilon) + g_u(\upsilon)\tau_u + b_u \tag{5.122c}$$

$$\dot{z}_6 = f_v(\upsilon) + b_v \tag{5.122d}$$

定义 Lyapunov 备选函数为

$$V_1 = \frac{1}{2}z_1^2 + \frac{1}{2}z_2^2$$

对 V_1 求时间导数，得

$$\begin{aligned} \dot{V}_1 &= z_1\left(z_2\dot{\bar{\psi}}_d + U\cos z_3 - \sqrt{\dot{x}_d^2 + \dot{y}_d^2}\,\dot{\theta}\right) + z_2\left(-z_1\dot{\bar{\psi}}_d + U\sin z_3\right) \\ &= z_1\left(U\cos z_3 - \sqrt{\dot{x}_d^2 + \dot{y}_d^2}\,\dot{\theta}\right) + z_2 U\sin z_3 \end{aligned}$$

参考文献[188]的设计，令

$$\dot{\theta} = \frac{U\cos z_3 + k_1 z_1}{\sqrt{\dot{x}_d^2 + \dot{y}_d^2}} \tag{5.123}$$

并根据本章设计虚拟输入为

$$\bar{z}_3 = -\arctan(k_2 z_2)\operatorname{sgn}(U) \tag{5.124}$$

可得

$$\dot{V}_1 = -k_1 z_1^2 - \frac{k_2 z_2^2 |U| \cos \tilde{z}_3}{\sqrt{1 + k_2^2 z_2^2}} + \frac{z_2 U \sin \tilde{z}_3}{\sqrt{1 + k_2^2 z_2^2}}$$

定义 $\tilde{z}_3$ 的滤化误差为

$$s_r = k_3 \tilde{z}_3 + \dot{\tilde{z}}_3 \tag{5.125}$$

其中，$\tilde{z}_3 = z_3 - \bar{z}_3$；$k_1 > 0$，$k_2 > 0$，$k_3 > 0$。

为了保证在航行过程中 $U \neq 0$，设定一个船舶附体坐标系下的参考前进速度 u_d，定义

$$\tilde{z}_5 = z_5 - \bar{z}_5 \tag{5.126}$$

其中，$z_5 = u$；$\bar{z}_5 = u_d$。那么当 $\tilde{z}_5 \to 0$ 时，有 $U \neq 0$。

设计 Lyapunov 备选函数为

$$V_2 = V_1 + \frac{1}{2} s_r^2 + \frac{1}{2} \tilde{z}_5^2$$

对 V_2 求时间导数，得

$$\begin{aligned}
\dot{V}_2 &= \dot{V}_1 + s_r(k_3 \dot{\tilde{z}}_3 + \ddot{\tilde{z}}_3) + \tilde{z}_5(\dot{z}_5 - \dot{\bar{z}}_5) \\
&= \dot{V}_1 + s_r(k_3 \dot{\tilde{z}}_3 - \ddot{\bar{z}}_3 + \ddot{\beta} - \ddot{\psi}_d + \omega_r^{\mathrm{T}} \upsilon_r(\upsilon) + f_r(\upsilon) + g_r(\upsilon)\tau_r + b_r) \\
&\quad + \tilde{z}_5[f_u(\upsilon) + g_u(\upsilon)\tau_u + b_u]
\end{aligned}$$

此时，$f_u(\upsilon)$、$f_r(\upsilon)$ 是未知的，b_u、b_r 是未知上界，因此仍然沿用神经网络和自适应技术设计控制器。选取自适应律分别为式（5.100）～式（5.102）、式（5.106）、式（5.110）。

设计 Lyapunov 备选函数为

$$V_3 = V_2 + V_{2N} \tag{5.127}$$

其中，V_{2N} 的定义和 5.3 节的一样。

对 V_3 求时间导数，得

$$\begin{aligned}
\dot{V}_3 &= \dot{V}_2 + \tilde{z}_5[f_u(\upsilon) + g_u(\upsilon)\tau_u + b_u - \dot{\bar{z}}_5] + s_r[f_r(\upsilon) + g_r(\upsilon)\tau_r \\
&\quad + b_r + k_3 \dot{\tilde{z}}_3 - \ddot{\bar{z}}_3 + \ddot{\beta} - \ddot{\psi}_d] - \tilde{w}_{uf}^{\mathrm{T}} \Gamma_{uf}^{-1} \dot{\hat{w}}_{uf} - \tilde{w}_{rf}^{\mathrm{T}} \Gamma_{rf}^{-1} \dot{\hat{w}}_{rf} - \tilde{w}_{ug}^{\mathrm{T}} \Gamma_{ug}^{-1} \dot{\hat{w}}_{ug} \\
&\quad - \tilde{w}_{rg}^{\mathrm{T}} \Gamma_{rg}^{-1} \dot{\hat{w}}_{rg} - k_{mu}^{-1} \tilde{b}_{mu} \dot{\hat{b}}_{mu} - k_{mr}^{-1} \tilde{b}_{mr} \dot{\hat{b}}_{mr}
\end{aligned}$$

5.4.3　稳定性分析

定理 5.4　针对系统式（5.84），神经网络稳定自适应控制律式（5.99）、式（5.100）和参数自适应律式（5.123）、式（5.101）、式（5.102）、式（5.109）和式（5.110），以及干扰补偿自适应律式（5.105）、式（5.106），可以使得路径跟踪误差是一致最终有界的。

证明　定义子系统 $Z_1 = [\tilde{z}_3, \dot{\tilde{z}}_3, \tilde{z}_5, \tilde{w}_{uf}^{\mathrm{T}}, \tilde{w}_{rf}^{\mathrm{T}}, \tilde{w}_{ug}^{\mathrm{T}}, \tilde{w}_{rg}^{\mathrm{T}}, \tilde{b}_{mu}, \tilde{b}_{mr}]^{\mathrm{T}}$ 和 $Z_2 = [z_1, z_2]^{\mathrm{T}}$，根据 5.3 节的分析，可以得到两个子系统 $\dot{Z}_1 = f_1(Z_1)$ 和 $\dot{Z}_2 = f_2(Z_1, Z_2)$。两个子系统是串阶系统，称 Z_1 为下阶子系统，即驱动子系统，Z_2 为上阶子系统，也称被驱动子系统。

选取 Lyapunov 备选函数为

$$V_{3N} = \frac{1}{2}(\tilde{z}_5^2 + s_r^2 + \tilde{w}_{uf}^{\mathrm{T}} \Gamma_{uf}^{-1} \tilde{w}_{uf} + \tilde{w}_{rf}^{\mathrm{T}} \Gamma_{rf}^{-1} \tilde{w}_{rf} + \tilde{w}_{ug}^{\mathrm{T}} \Gamma_{ug}^{-1} \tilde{w}_{ug} + \tilde{w}_{rg}^{\mathrm{T}} \Gamma_{rg}^{-1} \tilde{w}_{rg} + k_{mu}^{-1} \tilde{b}_{mu}^2 + k_{mr}^{-1} \tilde{b}_{mr}^2)$$

对 V_{3N} 求时间导数，并把式（5.99）、式（5.100）、式（5.123）、式（5.101）、式（5.102）、式（5.109）、式（5.110）、式（5.105）和式（5.106）代入其中得

$$\dot{V}_{3N} \leqslant -k_5 \tilde{z}_5^2 - k_4 s_r^2 + \sigma_{uf} \tilde{w}_{uf}^{\mathrm{T}} (\hat{w}_{uf} - w_{uf0}) + \sigma_{rf} \tilde{w}_{rf}^{\mathrm{T}} (\hat{w}_{rf} - w_{rf0}) + \sigma_{ug} \tilde{w}_{ug}^{\mathrm{T}} (\hat{w}_{ug} - w_{ug})$$
$$+ \sigma_{rf} \tilde{w}_{rf}^{\mathrm{T}} (\hat{w}_{rf} - w_{rf0}) + \sigma_{mu} \tilde{b}_{mu} (\hat{b}_{mu} - b_{mu0}) + \sigma_{mr} \tilde{b}_{mr} (\hat{b}_{mr} - b_{mr0})$$
$$+ b_{mu}\delta + b_{mr}\delta + |\varepsilon_{3N}|$$

其中，$\varepsilon_{3N} = (\varepsilon_{rf} + \varepsilon_{rg}\tau_r)s_r + (\varepsilon_{uf} + \varepsilon_{ug}\tau_u)z_5$。应用引理 5.2，有

$$\dot{V}_{3N} \leqslant -k_5 \tilde{z}_5^2 - k_4 s_r^2 - \sigma_{uf} \left\|\tilde{w}_{uf}\right\|^2 - \sigma_{rf} \left\|\tilde{w}_{rf}\right\|^2 - \sigma_{ug} \left\|\tilde{w}_{ug}\right\|^2 - \sigma_{rg} \left\|\tilde{w}_{rg}\right\|^2 - \sigma_{mu} \tilde{b}_{mu}^2$$
$$- \sigma_{mr} \tilde{b}_{mr}^2 + \frac{1}{2}\sigma_{uf} \left(\left\|\tilde{w}_{uf}\right\|^2 + \left\|w_{uf0}\right\|^2\right) + \frac{1}{2}\sigma_{rf} \left(\left\|\tilde{w}_{rf}\right\|^2 + \left\|w_{rf0}\right\|^2\right)$$
$$+ \frac{1}{2}\sigma_{ug} \left(\left\|\tilde{w}_{ug}\right\|^2 + \left\|w_{ug0}\right\|^2\right) + \frac{1}{2}\sigma_{rg} \left(\left\|\tilde{w}_{rg}\right\|^2 + \left\|w_{rg0}\right\|^2\right)$$
$$+ \frac{1}{2}\sigma_{mu}[\tilde{b}_{mr}^2 + (b_{mu} - b_{mu0})^2] + \frac{1}{2}\sigma_{mr}[\tilde{b}_{mr}^2 + (b_{mr} - b_{mr0})^2] + b_{mu}\delta + b_{mr}\delta + |\varepsilon_{3N}|$$
$$\leqslant -\rho_{3N} V_{3N} + \mu_{3N} \tag{5.128}$$

其中，$\rho_{3N} > 0$，$\mu_{3N} > 0$，并且分别满足

$$\rho_{3N} := \min\left\{2k_5, 2k_4, \frac{\sigma_{uf}}{\lambda_{\min}(\Gamma_{uf}^{-1})}, \frac{\sigma_{rf}}{\lambda_{\min}(\Gamma_{rf}^{-1})}, \frac{\sigma_{ug}}{\lambda_{\min}(\Gamma_{ug}^{-1})}, \frac{\sigma_{rg}}{\lambda_{\min}(\Gamma_{rg}^{-1})}, 2\sigma_{mu}, 2\sigma_{mr}\right\} \tag{5.129}$$

$$\mu_{3N} := \frac{1}{2}\sigma_{uf}\left(\left\|\tilde{w}_{uf}\right\|^2 + \left\|w_{uf} - w_{uf0}\right\|^2\right) + \frac{1}{2}\sigma_{rf}\left(\left\|\tilde{w}_{rf}\right\|^2 + \left\|w_{rf} - w_{rf0}\right\|^2\right)$$
$$+ \frac{1}{2}\sigma_{ug}\left(\left\|\tilde{w}_{ug}\right\|^2 + \left\|w_{ug} - w_{ug0}\right\|^2\right) + \frac{1}{2}\sigma_{rg}\left(\left\|\tilde{w}_{rg}\right\|^2 + \left\|w_{rg} - w_{rg0}\right\|^2\right)$$
$$+ \frac{1}{2}\sigma_{mu}[\tilde{b}_{mr}^2 + (b_{mu} - b_{mu0})^2] + \frac{1}{2}\sigma_{mr}[\tilde{b}_{mr}^2 + (b_{mr} - b_{mr0})^2] + b_{mu}\delta + b_{mr}\delta + |\varepsilon_{3N}|$$

$$(5.130)$$

令 $\lambda_{3N} = \dfrac{\mu_{3N}}{\rho_{3N}}$，则式（5.128）可以写成

$$V_{3N} \leqslant \lambda_{3N} + [V_{3N}(0) - \lambda_{3N}]e^{-\rho_{3N}t}$$

则系统 $\dot{Z}_1$ 各变量是有界的，且各变量是一致最终有界的，调整 ρ_{3N} 的大小可使 λ_{3N} 足够小。

根据定理 5.3 的证明可以得出系统 $\dot{Z}_2 = f_2(0, Z_2)$ 为全局渐近稳定的结论。这里不再重复证明。

因为驱动子系统 $\dot{Z}_1 = f_1(Z_1)$ 为全局渐近稳定，子系统 $\dot{Z}_2 = f_2(0, Z_2)$ 为一致最终有界，根据引理 5.3 可得整个系统 $(\dot{Z}_1, \dot{Z}_2)$ 各变量为一致最终有界。

因为 (x_e, y_e) 到 (z_1, z_2) 是微分同胚变换，所以有 $(x_e, y_e, \dot{x}_e, \dot{y}_e)$ 为一致最终有界。证毕。

5.4.4　仿真研究

为了验证算法的有效性，仍然应用文献[185]的船舶运动数学模型进行仿真研究。参考路径由如下特定曲线组成：

$$\begin{cases} x_d = 60\sin(0.02\theta) \\ y_d = \theta \end{cases}$$

控制参数：$k_1 = 1$，$k_2 = 0.5$，$k_3 = 1$，$k_4 = 1$，$k_5 = 1$，其他参数与第 4 章一样。初始状态：$[x(0), y(0), \psi(0), u(0), v(0), r(0)] = [0, 100, 0, 2, 0, 0]$，仿真曲线如图 5.21～图 5.23 所示。

对比图 5.17 和图 5.21，路径跟踪的神经网络稳定自适应控制方法使得跟踪误差明显减小；而且路径跟踪的神经网络稳定自适应控制使船舶在跟踪误差一致最终有界后，能够实现船舶的匀速行驶，符合一般大型船舶的航行需求。

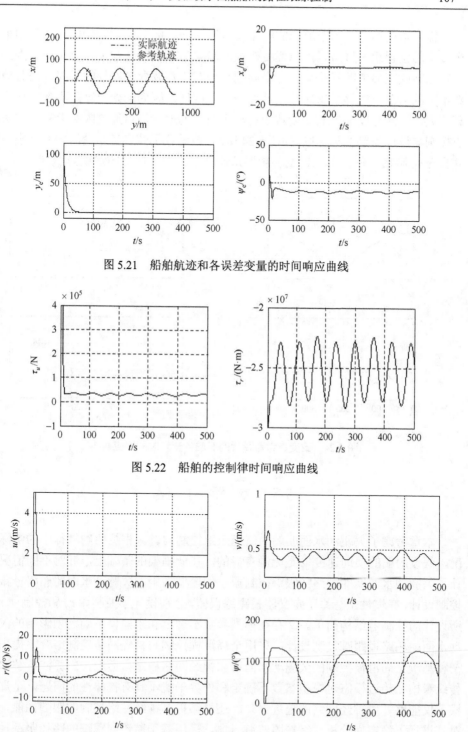

图 5.21 船舶航迹和各误差变量的时间响应曲线

图 5.22 船舶的控制律时间响应曲线

图 5.23 船舶的各变量时间响应曲线

　　需要指出的是，本节所选的船舶模型为 38m，因为船舶初始位置与船舶第一个转弯的位置距离过近，所以需要较大的艏摇角速度来跟踪上参考航向。为此可以适当地改变参考路径来解决这个问题，如减小正弦参考路径的频率，在其他参数不变的情况下能够使得艏摇角速度减小。同样是因为初始位置距离参考路径距离过大，纵向速度 u 在初始阶段也有一个较大的增量，可通过限制上限的方法减小控制器设计需要的加速度。如图 5.24 所示，通过把正弦参考路径的频率减小 1/2，并且对 τ_u 限幅，使得前向速度和艏摇角速度在船舶转弯时的增量减小。

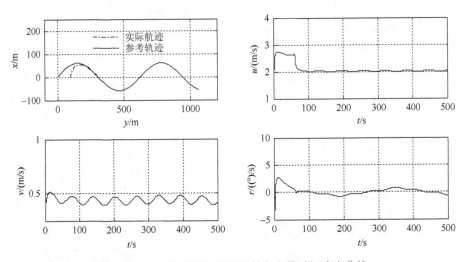

图 5.24　改变参考路径后的船舶各变量时间响应曲线

5.5　本章小结

　　本章考虑了欠驱动水面船舶的路径跟踪控制问题，根据船舶航行中的实际情况，假设船舶的横向速度 v 是无源有界的。在此框架的基础上，针对不同情况设计了欠驱动水面船舶的路径跟踪控制器：①模型精确的欠驱动水面船舶路径跟踪控制设计，在惯性坐标系下定义路径跟踪误差，分别设计了控制律 τ_u 和控制律 τ_r，所设计的控制器结构简单。②存在模型参数不确定和未建模不确定项影响的欠驱动水面船舶路径跟踪控制设计，采用全局滑模控制与神经网络控制结合，提出了一种基于全局滑模控制的欠驱动水面船舶神经网络稳定自适应控制算法，解决了传统滑模在趋近模态对模型参数不确定和外界干扰不具有鲁棒性的问题，全局滑模不仅能够补偿神经网络的逼近误差，还能够提高神经网络控制的跟随性能，并对其进行了稳定性分析。③按照航海习惯，采用基于航迹向跟踪的路径跟踪控制方法，即将大地坐标系下的路径跟踪误差转换到船舶附体坐标系下的路径跟踪误差，当存在横向速度时，把对参考航向的跟踪问题转换为航迹向 $\psi_d + \beta$ 的跟踪问题。并基于 LOS 导航和反步法设计鲁棒控制器，采用 RBF 神经网络估计模型不确定项，Lyapunov 稳定性分析证明误差系统是一致最终有界的。④考虑大型船舶纵向速度由一个状态到另一个状态上升时间过长，即不易在较短时间达到稳定，因此可以参数化参考路径，设计路径的参数从而使得船舶可以匀速行驶。同时考虑船舶运动模型不确定、非线性因素，设计了基于参考路径参数化的神经网络路径跟踪控制器。

第6章　欠驱动水面船舶的轨迹跟踪控制

船舶的跟踪控制分为轨迹跟踪控制和路径跟踪控制两部分。轨迹跟踪控制要求船舶在指定的时间内沿设定的轨迹到达指定的地方，路径跟踪控制则不考虑时间因素。第5章研究了欠驱动水面船舶的路径跟踪控制问题，本章将对欠驱动水面船舶的轨迹跟踪控制问题进行研究，轨迹跟踪控制要求船舶跟踪上6个状态，即6个状态的跟踪误差满足控制要求。一般情况下，轨迹跟踪控制对模型要求较高，控制器的设计也很复杂。对欠驱动水面船舶轨迹跟踪控制的研究，在理论上有助于非线性问题的研究，在实际工程中能够解决特定的工作，如铺设管道、军舰机动航行等，备受国内外广大学者的关注。

本章主要研究以下内容：①参考轨迹采用虚拟船舶方法，针对精确模型的欠驱动水面船舶设计轨迹跟踪控制；②考虑模型参数不确定和外界干扰情况下的欠驱动水面船舶轨迹跟踪控制，采用非线性滑模控制和自适应控制结合，其中，自适应控制是用来估计外界时变干扰的，参考轨迹同样采用虚拟船舶方法；③考虑舵或全回转推进器对船舶横向运动的影响下的欠驱动水面船舶轨迹跟踪控制，引入一个输出重定义点 p 解决系统的非最小相位问题，采用全局动态非线性滑模处理模型中的不确定参数和外界干扰问题。

6.1　精确模型的欠驱动水面船舶轨迹跟踪控制

本节采用精确的数学模型研究欠驱动水面船舶的轨迹跟踪控制问题。很多文献在处理欠驱动问题时，都是假设船舶的横向速度 v 是无源有界的，即在设计时不考虑横向运动这个欠驱动动力学，假设其能够最终有界。这种处理方法在船舶路径跟踪中比较流行，也就是从动力学的角度出发解决船舶的欠驱动问题。在轨迹跟踪控制中，需要考虑时间因素的影响，并且横向运动在实际中也是必不可少的，因此必须寻找其他方法进行控制器的设计。本节从其他角度去处理船舶的欠驱动问题，即运动学方法。由运动学方程和转换矩阵的特性，可得到船舶附体坐标系下表示的纵向速度变量和横向速度变量，在船舶附体坐标系下用速度的积分表示船舶的位置变量，再结合船舶的动力学方程进行控制器的设计。

当设计轨迹跟踪控制器时，根据欠驱动水面船舶的运动学和动力学方程，在船舶附体坐标系下采用速度积分表示船舶的位置变化，引入关于横向跟踪误差的二阶滑动平面取代艏摇角速度跟踪误差。船舶的参考轨迹由一艘虚拟船舶产生，为解决船舶的欠驱动特性，提出一种能够同时跟踪直线轨迹和曲线轨迹的非线性滑模轨迹跟踪控制设计方法。该方法设计简单，能够有效地解决欠驱动水面船舶的轨迹跟踪控制问题。

6.1.1　问题描述

根据第 2 章中的描述，忽略水面船舶垂直方向的运动和沿纵向的旋转运动，欠驱动水面船舶的运动学模型和动力学模型分别为

$$\begin{cases} \dot{x} = u\cos\psi - v\sin\psi \\ \dot{y} = u\sin\psi + v\cos\psi \\ \dot{\psi} = r \end{cases} \tag{6.1}$$

$$\begin{cases} \dot{u} = \dfrac{m_{22}}{m_{11}}vr - \dfrac{d_{11}}{m_{11}}u + \dfrac{1}{m_{11}}\tau_u \\[2mm] \dot{v} = -\dfrac{m_{11}}{m_{22}}ur - \dfrac{d_{22}}{m_{22}}v \\[2mm] \dot{r} = \dfrac{m_{11}-m_{22}}{m_{33}}uv - \dfrac{d_{33}}{m_{33}}r + \dfrac{1}{m_{33}}\tau_r \end{cases} \tag{6.2}$$

3 自由度船舶运动学模型也可以表示成矩阵的形式：

$$\dot{\eta} = R(\psi)v \tag{6.3}$$

其中，$\eta = [x,y,\psi]^{\mathrm{T}}$ 分别表示船舶在大地坐标系下的纵向位置坐标、横向位置坐标和船舶航向；$v = [u,v,r]^{\mathrm{T}}$ 分别表示船舶的纵向速度、横向速度和艏摇角速度；$R(\psi)$ 表示大地坐标到船舶附体坐标的旋转矩阵；m_{11}、m_{22} 和 m_{33} 分别表示在纵向、横向和艏摇角上船舶固有质量和附加质量。d_{11}、d_{22} 和 d_{33} 分别表示在纵向、横向和艏摇角上的水动力阻尼，为了简便起见，忽略了高阶非线性阻尼项；τ_u 和 τ_r 分别表示螺旋桨的纵向推进力和转船力矩。

船舶的期望轨迹由一艘虚拟欠驱动水面船舶产生，如下所示：

$$\begin{cases} \dot{x}_d = u_d\cos\psi_d - v_d\sin\psi_d \\ \dot{y}_d = u_d\sin\psi_d + v_d\cos\psi_d \\ \dot{\psi}_d = r_d \end{cases} \tag{6.4}$$

$$\begin{cases} \dot{u}_d = \dfrac{m_{22}}{m_{11}}v_dr_d - \dfrac{d_{11}}{m_{11}}u_d + \dfrac{1}{m_{11}}\tau_{ud} \\[2mm] \dot{v}_d = -\dfrac{m_{11}}{m_{22}}u_dr_d - \dfrac{d_{22}}{m_{22}}v_d \\[2mm] \dot{r}_d = \dfrac{m_{11}-m_{22}}{m_{33}}u_dv_d - \dfrac{d_{33}}{m_{33}}r_d + \dfrac{1}{m_{33}}\tau_{rd} \end{cases} \tag{6.5}$$

其中，$\eta_d = (x_d, y_d, \psi_d)$ 分别表示虚拟欠驱动水面船舶的期望位置和方向；u_d、v_d 和 r_d 分别表示船舶的期望纵向速度、横向速度和艏摇角速度。τ_{ud} 和 τ_{rd} 分别表示在纵向和旋转方向的参考输入。不失一般性地，假设 η_d、$\dot{\eta}_d$、$\ddot{\eta}_d$ 是光滑有界的。

鉴于船舶的欠驱动特性，并由旋转矩阵特性得

$$R(\psi)R^{\mathrm{T}}(\psi) = R^{\mathrm{T}}(\psi)R(\psi) = I(4) \tag{6.6}$$

$$\det[R(\psi)] = 1 \tag{6.7}$$

对运动学方程式（6.1）进行坐标变换，可得

$$\begin{cases} u = \dot{x}\cos\psi + \dot{y}\sin\psi \\ \dot{u} = \ddot{x}\cos\psi + \ddot{y}\sin\psi + vr \\ v = -\dot{x}\sin\psi + \dot{y}\cos\psi \\ \dot{v} = -\ddot{x}\sin\psi + \ddot{y}\cos\psi - ur \end{cases} \tag{6.8}$$

与式（6.8）类似，可得期望速度为

$$\begin{cases} u_d = \dot{x}_d\cos\psi_d + \dot{y}_d\sin\psi_d \\ \dot{u}_d = \ddot{x}_d\cos\psi_d + \ddot{y}_d\sin\psi_d + v_d r_d \\ v_d = -\dot{x}_d\sin\psi_d + \dot{y}_d\cos\psi_d \\ \dot{v}_d = -\ddot{x}_d\sin\psi_d + \ddot{y}_d\cos\psi_d - u_d r_d \end{cases} \tag{6.9}$$

然后，引入跟踪误差变量

$$\begin{cases} u_e = u - u_d \\ v_e = v - v_d \\ r_e = r - r_d \end{cases} \tag{6.10}$$

跟踪误差动力学满足下列微分方程：

$$\begin{cases} \dot{u}_e = \dfrac{m_{22}}{m_{11}}(vr - v_d r_d) - \dfrac{d_{11}}{m_{11}}u_e + \dfrac{1}{m_{11}}(\tau_u - \tau_{ud}) \\[2mm] \dot{v}_e = -\dfrac{m_{11}}{m_{22}}u_e r_d - \dfrac{d_{22}}{m_{22}}v_e - \dfrac{m_{11}}{m_{22}}ur_e \\[2mm] \dot{r}_e = \dfrac{m_{11}-m_{22}}{m_{33}}(uv - u_d v_d) - \dfrac{d_{33}}{m_{33}}r_e + \dfrac{1}{m_{33}}(\tau_r - \tau_{rd}) \end{cases} \tag{6.11}$$

本节控制目标：考虑精确的船舶模型如式（6.1）和式（6.2）所示，引入关于纵向跟踪误差的一阶滑动平面和关于横向跟踪误差的二阶滑动平面，设计一种非线性滑模轨迹跟踪控制器，使船舶能够跟踪虚拟船舶产生的轨迹。

6.1.2　控制器设计

在设计控制器时，第一步设计纵向上的控制律 τ_u，第二步通过设计控制律 τ_r

间接控制船舶在横向上的运动，从而实现用两个控制输入控制船舶 3 个自由度的运动。

首先定义渐近稳态平面 S，使系统的轨迹在有限时间内收敛到此平面，并且在平面上滑动以达到期望的目的。定义 Lyapunov 方程

$$V = \frac{1}{2}S^{\mathrm{T}}S \tag{6.12}$$

使得 $\dot{V} = S\dot{S} \leqslant -\gamma|S| \leqslant 0$。其中，$\gamma$ 是一个恒定值 $(\gamma > 0)$，决定了到达滑动平面的快慢。

1. τ_u 的设计

本小节引入横向跟踪误差的二阶滑动平面来设计纵向上的控制律 τ_u，定义 $e_1 = x - x_d$，$\dot{e}_1 = u - u_d$，采用如下滑模平面：

$$S_1 = \dot{e}_1 + 2\lambda_1 e_1 + \lambda_1^2 \int_0^t e_1(\tau)\mathrm{d}\tau, \quad \lambda_1 > 0 \tag{6.13}$$

对式（6.13）两边进行时间微分，可得

$$\dot{S}_1 = \ddot{e}_1 + 2\lambda_1\dot{e}_1 + \lambda_1^2 e_1 \tag{6.14}$$

将式（6.11）代入式（6.14）可得

$$\begin{aligned}
\dot{S}_1 &= \dot{u} - \dot{u}_d + 2\lambda_1\dot{e}_1 + \lambda_1^2 e_1 \\
&= \frac{m_{22}}{m_{11}}(vr - v_d r_d) + \left(2\lambda_1 - \frac{d_{11}}{m_{11}}\right)u_e + \lambda_1^2 e_1 + \frac{1}{m_{11}}(\tau_u - \tau_{ud})
\end{aligned} \tag{6.15}$$

则等效控制律为

$$\tau_{ueq} = \tau_{ud} - m_{22}(vr - v_d r_d) - (2m_{11}\lambda_1 - d_{11})u_e - m_{11}\lambda_1^2 e_1 \tag{6.16}$$

为了减轻抖振的影响，本小节采用饱和函数代替理想滑动模态中的符号函数，即

$$\mathrm{sat}(S_1/\Delta_1) = \begin{cases} 1, & S_1 > \Delta_1 \\ S_1/\Delta, & |S_1/\Delta_1| \leqslant 1 \\ -1, & S_1 < -\Delta_1 \end{cases} \tag{6.17}$$

取纵向上的控制律为

$$\tau_u = \tau_{ueq} - \eta_1\mathrm{sat}(S_1/\Delta_1) \tag{6.18}$$

其中，Δ_1 为大于零的常数。其定义了一个在 S_1 平面周围的任意小的边界层。

选取 Lyapunov 备选函数为

$$V_1 = \frac{1}{2}m_{11}S_1^2 \tag{6.19}$$

对式（6.19）两边进行时间微分，得

$$\dot{V}_1 = m_{11} S_1 \dot{S}_1 = m_{11} S_1 (\ddot{e}_1 + 2\lambda_1 \dot{e}_1 + \lambda_1^2 e_1)$$

$$= m_{11} S_1 \left[\frac{m_{22}}{m_{11}} (vr - v_d r_d) + \left(2\lambda_1 - \frac{d_{11}}{m_{11}} \right) u_e + \lambda_1^2 e_1 + \frac{1}{m_{11}} (\tau_u - \tau_{ud}) \right]$$

$$= S_1 [m_{22}(vr - v_d r_d) + (2m_{11}\lambda_1 - d_{11})u_e + m_{11}\lambda_1^2 e_1 + (\tau_u - \tau_{ud})]$$

$$= S_1 [-\eta_1 \text{sat}(S_1 / \Delta_1)] \tag{6.20}$$

根据饱和函数式（6.17），如果取 $\eta_1 = m_{11}\gamma_1$，则

$$\dot{V}_1 = m_{11} S_1 \dot{S}_1 \leqslant -m_{11}\gamma_1 |S_1| \tag{6.21}$$

2. τ_r 的设计

船舶的横向运动同时受到纵向和转船运动的影响，因此在进行滑模控制律 τ_r 设计时，选用横向跟踪误差的二阶滑动平面，定义 $\dot{e}_2 = \dot{v} - \dot{v}_d$，$e_2 = v - v_d$，采用如下滑模平面：

$$S_2 = \dot{e}_2 + 2\lambda_2 e_2 + \lambda_2^2 \int_0^t e_2(\tau) \mathrm{d}\tau，\quad \lambda_2 > 0 \tag{6.22}$$

对式（6.22）两边进行时间微分，得

$$\dot{S}_2 = \ddot{e}_2 + 2\lambda_2 \dot{e}_2 + \lambda_2^2 e_2$$

$$= \ddot{v}_e + 2\lambda_2 \dot{v}_e + \lambda_2^2 v_e \tag{6.23}$$

由式（6.11）可得

$$\ddot{v}_e = -\frac{m_{11}}{m_{22}} (\dot{u}_e r_d + u_e \dot{r}_d) - \frac{d_{22}}{m_{22}} \dot{v}_e - \frac{m_{11}}{m_{22}} \dot{u} r_e - \frac{m_{11}}{m_{22}} u \dot{r}_e \tag{6.24}$$

令

$$M = -\frac{m_{11}}{m_{22}} (\dot{u}_e r_d + u_e \dot{r}_d) - \frac{d_{22}}{m_{22}} \dot{v}_e - \frac{m_{11}}{m_{22}} \dot{u} r_e \tag{6.25}$$

代入式（6.24）可得

$$\ddot{v}_e = M - \frac{m_{11}}{m_{22}} u \dot{r}_e \tag{6.26}$$

$$\dot{S}_2 = M - \frac{m_{11}}{m_{22}} u \dot{r}_e + 2\lambda_2 \dot{v}_e + \lambda_2^2 v_e$$

$$= M - \frac{m_{11}}{m_{22}} \cdot \frac{m_{11} - m_{22}}{m_{33}} u(uv - u_d v_d) + \frac{m_{11}}{m_{22}} \cdot \frac{d_{33}}{m_{33}} u r_e$$

$$- \frac{m_{11}}{m_{22}} \cdot \frac{1}{m_{33}} u(\tau_r - \tau_{rd}) + 2\lambda_2 \dot{v}_e + \lambda_2^2 v_e \tag{6.27}$$

令

$$p = m_{22}m_{33}M - m_{11}(m_{11} - m_{22})u(uv - u_d v_d)$$
$$+ m_{11}d_{33}ur_e + 2\lambda_2\dot{v}_e + \lambda_2^2 v_e \tag{6.28}$$

$$q = m_{11}u \tag{6.29}$$

则等效控制律 τ_{req} 为

$$\tau_{req} = \tau_{rd} + \frac{p}{q} \tag{6.30}$$

本小节定义转船力矩滑模控制律 τ_r 为

$$\tau_r = \tau_{rd} + \frac{p - \eta_2 \mathrm{sat}(S_2 / \Delta_2)}{q} \tag{6.31}$$

注 6.1　如果 $q = 0$，这时控制律 τ_r 是奇异的。因此，要使控制律有效，就必须使纵向速度不为零，即 $u \neq 0$。船舶在航行过程中，如果纵向速度等于零，船舶就相当于在固定点做旋转运动，这在实际中是不允许的，因此假设 $u > 0$。

定义 Lyapunov 备选函数为

$$V_2 = \frac{1}{2} m_{22}m_{33}S_2^2 \tag{6.32}$$

式（6.32）两边同时对时间进行微分，可得

$$\dot{V}_2 = m_{22}m_{33}S_2\dot{S}_2 = m_{22}m_{33}S_2 \left[\frac{q(\tau_r - \tau_{rd}) - p}{m_{22}m_{33}} \right]$$
$$= S_2[-\eta_2 \mathrm{sat}(S_2 / \Delta_2)] \tag{6.33}$$

由式（6.17），如果取 $\eta_2 = m_{22}m_{33}\gamma_2$，得

$$\dot{V}_2 = m_{22}m_{33}S_2\dot{S}_2 \leqslant -m_{22}m_{33}\gamma_2 |S_2| \tag{6.34}$$

6.1.3　稳定性分析

定理 6.1　对于系统式（6.1）和式（6.2），如果参考轨迹光滑有界，且纵向速度不为零，在达到条件式（6.21）和式（6.34）下，得到欠驱动水面船舶的纵向力和转船力矩控制律式（6.18）和式（6.31）能够使船舶位置实现动态跟踪，并且船舶的艏摇角速度是有界输入有界输出的。

证明　船舶的位置变量是在惯性坐标系下定义的，而不能在船舶附体坐标系下进行定义，因此选用速度误差的积分来表示位置误差。轨迹跟踪控制律是在式（6.21）和式（6.34）的基础上得到的，因此能够保证在有限时间内系统的轨迹分别到达滑模平面式（6.13）和式（6.22）。滑模平面 S_1 和 S_2 是渐近稳定的，跟踪误差最终趋于零，因此系统能够跟随参考轨迹，即

$$u_e \to 0 \Rightarrow \int_0^t u_e(\tau)\mathrm{d}\tau \to 0 \Rightarrow x \to x_d \tag{6.35}$$

$$v_e \to 0 \Rightarrow \int_0^t v_e(\tau)\mathrm{d}\tau \to 0 \Rightarrow y \to y_d \tag{6.36}$$

由式（6.35）和式（6.36）可以看出，所设计的控制律能够使船舶位置实现动态跟踪，下面给出船舶的艏摇角速度是有界输入有界输出的证明。

定义 Lyapunov 备选函数为

$$V_3 = \frac{1}{2}r^2 \tag{6.37}$$

对其两边进行时间微分，并由式（6.2）可得

$$\dot{V}_3 = r\dot{r} = r\left[\frac{(m_{11} - m_{22})}{m_{33}}uv - \frac{d_{33}}{m_{33}}r + \frac{1}{m_{33}}\tau_r\right]$$

$$= -\frac{d_{33}}{m_{33}}r^2 + \frac{(m_{11} - m_{22})}{m_{33}}uvr + \frac{1}{m_{33}}\tau_r r$$

$$\leqslant -\rho_r V_3 + \mu_r \tag{6.38}$$

其中，$\rho_r = \dfrac{2d_{33}}{m_{33}}$；$\mu_r = \dfrac{(m_{11} - m_{22})}{m_{33}}uvr + \dfrac{1}{m_{33}}\tau_r r$。当 $|r| > [(m_{11} - m_{22})uv + \tau_r]/d_{33}$，$\dot{V}_3 < 0$，因此 r 是有界的。证毕。

6.1.4 仿真研究

本小节对所设计的控制器进行仿真实验，从而充分验证其正确性和有效性。本书采用文献[184]中的船舶运动数学模型进行仿真研究，此船长为 32m，质量为 $118 \times 10^3 \mathrm{kg}$，船舶的其他模型参数均取如下常数：$m_{11} = 120 \times 10^3 \mathrm{kg}$，$m_{22} = 217.9 \times 10^3 \mathrm{kg}$，$m_{33} = 636 \times 10^5 \mathrm{kg \cdot m^2}$，$d_{11} = 215 \times 10^2 \mathrm{kg/s}$，$d_{22} = 187 \times 10^3 \mathrm{kg/s}$，$d_{33} = 802 \times 10^4 (\mathrm{kg \cdot m^2})/s$。

参考轨迹：参考轨迹由一艘虚拟船舶产生，如下所示：

$$\begin{cases} \dot{x}_d = u_d \cos\psi_d - v_d \sin\psi_d \\ \dot{y}_d = u_d \sin\psi_d + v_d \cos\psi_d \\ \dot{\psi}_d = r_d \\ \dot{v}_d = -\dfrac{m_{11}}{m_{22}}u_d r_d - \dfrac{d_{22}}{m_{22}}v_d \end{cases}$$

取参考前进速度 $u_d = 5$，$r_d = \begin{cases} 0, & t \leqslant 150 \\ 0.025, & t > 150 \end{cases}$。船舶的初始条件取为

$$[x(0), y(0), \psi(0), u(0), v(0), r(0)] = [0, 50, 0, 0, 0, 0]$$

控制参数取为 $\lambda_1 = 1.5$，$\lambda_2 = 3$，$\Delta_1 = 0.01$，$\Delta_2 = 0.05$，$\gamma_1 = 0.1$，$\gamma_2 = 0.002$。

仿真曲线如图 6.1～图 6.4 所示。其中，图 6.1 中的参考轨迹是由一艘虚拟船舶产生的，在前 150s 是直线轨迹，150s 以后是圆形轨迹，实线表示船舶的参考轨迹，虚线表示船舶的实际航迹，从图 6.1 可以看出，虽然初始误差很大，但是船舶能够很好地跟踪上参考轨迹。图 6.2 表示欠驱动水面船舶路径跟踪误差和方向跟踪误差。由于初始速度为零，在开始阶段船舶各变量的跟踪误差比较大，随着速度的增加，各变量跟踪误差都能够收敛到零。图 6.3 为船舶速度误差曲线，由图 6.3 可以看出，各速度误差都能收敛到平衡点，在 150s 处船舶轨迹由直

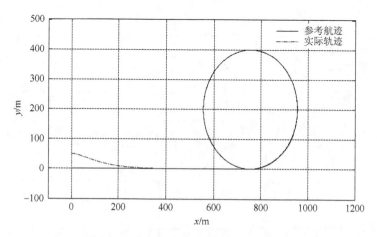

图 6.1　欠驱动水面船舶的轨迹跟踪曲线

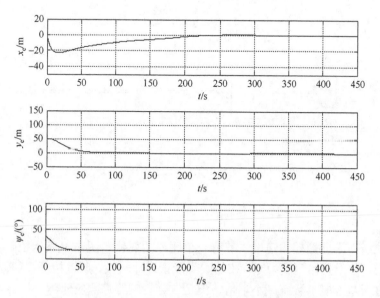

图 6.2　欠驱动水面船舶路径跟踪误差和方向跟踪误差

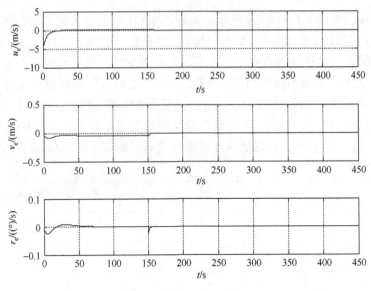

图 6.3　船舶速度误差曲线

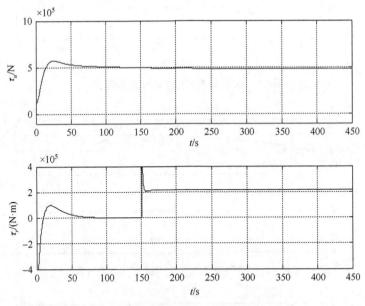

图 6.4　控制律 τ_u 和 τ_r 的时间响应曲线

线变成曲线，因此艏摇角速度误差有一个明显的变化。图 6.4 表示控制律的时间响应曲线，由于初始速度为零，在初始阶段误差比较大，所以控制律的幅值很大，可以通过调整控制参数来减小幅值，但是这会影响跟踪响应速度。从 τ_r 的时间响应曲线可以看出，由于参考轨迹从直线轨迹变化到圆形轨迹，τ_r 在 0～150s 收敛到零，由于船舶由直线轨迹变换为圆形轨迹，在 150s 处有一个明显的变化，但能够很快趋于一个恒定值。

6.2　不确定模型的欠驱动水面船舶鲁棒自适应轨迹跟踪控制

在 6.1 节中为了解决船舶的欠驱动问题，分别引入了关于纵向运动误差的一阶滑动平面和关于横向运动误差的二阶滑动平面，设计了非线性滑模轨迹跟踪控制器，然而控制器的设计是基于精确模型的，没有考虑船舶数学模型参数不确定和未建模不确定项问题，包括环境干扰和测量噪声的影响。由于船舶在实际的航行过程中，必然会受到风、浪、流等环境因素的影响，同时船舶的水动力参数有可能是不确定的。因此，在船舶的轨迹跟踪控制中还必须综合考虑模型参数不确定和外界干扰的影响。本节是在 6.1 节的基础上，探讨船舶在模型参数不确定和外界干扰影响下的欠驱动水面船舶轨迹跟踪控制研究。

6.2.1　问题描述

在 6.1 节中式（6.1）和式（6.2）的基础上考虑模型参数不确定和未建模不确定项的欠驱动水面船舶运动学模型和动力学模型分别为

$$\begin{cases} \dot{x} = u\cos\psi - v\sin\psi \\ \dot{y} = u\sin\psi + v\cos\psi \\ \dot{\psi} = r \end{cases} \tag{6.39}$$

$$\begin{cases} \dot{u} = \dfrac{m_{22}}{m_{11}}vr - \dfrac{d_u}{m_{11}}u - \sum_{i=2}^{3}\dfrac{d_{ui}}{m_{11}}|u|^{i-1}u + \dfrac{1}{m_{11}}\tau_u + \dfrac{1}{m_{11}}\tau_{wu}(t) \\ \dot{v} = -\dfrac{m_{11}}{m_{22}}ur - \dfrac{d_v}{m_{22}}v - \sum_{i=2}^{3}\dfrac{d_{vi}}{m_{22}}|v|^{i-1}v + \dfrac{1}{m_{22}}\tau_{wv}(t) \\ \dot{r} = \dfrac{m_{11}-m_{22}}{m_{33}}uv - \dfrac{d_r}{m_{33}}r - \sum_{i=2}^{3}\dfrac{d_{ri}}{m_{33}}|r|^{i-1}r + \dfrac{1}{m_{33}}\tau_r + \dfrac{1}{m_{33}}\tau_{wr}(t) \end{cases} \tag{6.40}$$

其中，(x,y) 和 ψ 分别表示船舶在惯性坐标下的位置和航向角；u、v 和 r 分别表示船舶在船舶附体坐标系下的纵向速度、横向速度和艏摇角速度；m_{11}、m_{22} 和 m_{33} 分别表示在纵向、横向和艏摇角上船舶固有质量和附加质量；d_u、d_v、d_r、d_{ui}、d_{vi} 和 $d_{ri}(i=2,3)$ 分别表示在纵向、横向和艏摇角上的水动力阻尼，本书忽略高阶非线性阻尼项对船舶的影响；τ_u 和 τ_r 是欠驱动水面船舶仅有的两个控制律，分别为纵向推进力和转船力矩；$\tau_{wu}(t)$、$\tau_{wv}(t)$ 和 $\tau_{wr}(t)$ 表示模型未建模不确定项，包括风、浪、流引起的环境干扰和测量噪声。

引入一艘虚拟欠驱动水面船舶产生的参考轨迹：

$$\begin{cases} \dot{x}_d = u_d \cos\psi_d - v_d \sin\psi_d \\ \dot{y}_d = u_d \sin\psi_d + v_d \cos\psi_d \\ \dot{\psi}_d = r_d \end{cases} \tag{6.41}$$

$$\begin{cases} \dot{u}_d = \dfrac{m_{22}}{m_{11}} v_d r_d - \dfrac{d_u}{m_{11}} u_d - \sum_{i=2}^{3} \dfrac{d_{ui}}{m_{11}} |u_d|^{i-1} u_d + \dfrac{1}{m_{11}} \tau_{ud} \\[2mm] \dot{v}_d = -\dfrac{m_{11}}{m_{22}} u_d r_d - \dfrac{d_v}{m_{22}} v_d - \sum_{i=2}^{3} \dfrac{d_{vi}}{m_{22}} |v_d|^{i-1} v_d \\[2mm] \dot{r}_d = \dfrac{m_{11}-m_{22}}{m_{33}} u_d v_d - \dfrac{d_r}{m_{33}} r_d - \sum_{i=2}^{3} \dfrac{d_{ri}}{m_{33}} |r_d|^{i-1} r_d + \dfrac{1}{m_{33}} \tau_{rd} \end{cases} \tag{6.42}$$

其中，(x_d, y_d) 和 ψ_d 分别表示船舶的期望位置和方向；(u_d, v_d, r_d) 表示船舶的期望速度；τ_{ud} 和 τ_{rd} 分别表示纵向和艏摇方向上的期望控制输入。

定义轨迹跟踪误差变量为

$$u_e = u - u_d, \quad v_e = v - v_d, \quad r_e = r - r_d \tag{6.43}$$

对式（6.43）进行微分，并把式（6.40）和式（6.42）代入其中，可得误差动力学方程为

$$\begin{cases} \dot{u}_e = \dfrac{m_{22}}{m_{11}} (vr - v_d r_d) - \dfrac{d_u}{m_{11}} u_e - \sum_{i=2}^{3} \dfrac{d_{ui}}{m_{11}} \cdot g_u + \dfrac{1}{m_{11}} (\tau_u - \tau_{ud}) + \dfrac{1}{m_{11}} \tau_{wu}(t) \\[2mm] \dot{v}_e = -\dfrac{m_{11}}{m_{22}} u_e r_d - \dfrac{m_{11}}{m_{22}} u r_e - \dfrac{d_v}{m_{22}} v_e - \sum_{i=2}^{3} \dfrac{d_{vi}}{m_{11}} \cdot g_v + \dfrac{1}{m_{22}} \tau_{wv}(t) \\[2mm] \dot{r}_e = \dfrac{m_{11}-m_{22}}{m_{33}} (uv - u_d v_d) - \dfrac{d_r}{m_{33}} r_e - \sum_{i=2}^{3} \dfrac{d_{ri}}{m_{33}} \cdot g_r + \dfrac{1}{m_{33}} (\tau_r - \tau_{rd}) + \dfrac{1}{m_{33}} \tau_{wr}(t) \end{cases}$$

$$\tag{6.44}$$

其中，$g_u = |u|^{i-1} u - |u_d|^{i-1} u_d$；$g_v = |v|^{i-1} v - |v_d|^{i-1} v_d$；$g_r = |r|^{i-1} r - |r_d|^{i-1} r_d$。

为了方便分析，有如下假设：

假设 6.1 船舶的模型参数不确定，但是满足 $|m_{ii} - \hat{m}_{ii}| \leqslant M_{ii}$，$|d_u - \hat{d}_u| \leqslant D_u$，$|d_{ui} - \hat{d}_{ui}| \leqslant D_{ui}$，$i = 1, 2, 3$。

假设 6.2 未建模不确定项是时变的，满足 $|\tau_{wu}(t)| \leqslant \tau_{wu\max} < \infty$，$|\tau_{wv}(t)| \leqslant \tau_{wv\max} < \infty$ 和 $|\tau_{wr}(t)| \leqslant \tau_{wr\max} < \infty$。

本节控制目标：针对模型参数不确定和未建模不确定项的欠驱动水面船舶式（6.39）和式（6.40），在假设 6.1 和假设 6.2 下，设计控制律 τ_u 和 τ_r 使船舶能够在模型不确定的情况下跟踪上虚拟船舶产生的参考轨迹。

6.2.2　不确定参数控制器设计

船舶的位置变量在惯性坐标系下定义，而不能够在船舶附体坐标系下进行定义。本节的设计思想是：把惯性坐标系下的运动学方程通过转换矩阵变换，得到船舶附体坐标系下的速度变量，然后定义速度跟踪误差，用速度跟踪误差的积分来表示船舶的位置误差。下面分别引入关于纵向速度跟踪误差的一阶滑动平面和关于横向速度跟踪误差的二阶滑动平面设计控制器。在设计控制器时，假设船舶受到的外界干扰为定常干扰。

1. 控制律 τ_u 设计

定义关于纵向速度跟踪误差 u_e 的一阶滑动平面，如下所示：

$$S_1 = u_e + \lambda_1 \int_0^t u_e(\tau)\mathrm{d}\tau, \quad \lambda_1 > 0 \tag{6.45}$$

对式（6.45）两边进行微分并把式（6.44）代入其中，可得

$$\dot{S}_1 = \frac{m_{22}}{m_{11}}(vr - v_d r_d) - \frac{d_u}{m_{11}} u_e - \sum_{i=2}^{3} \frac{d_{ui}}{m_{11}}\left(|u|^{i-1} u - |u_d|^{i-1} u_d\right)$$

$$+ \frac{1}{m_{11}}(\tau_u - \tau_{ud}) + \frac{1}{m_{11}}\tau_{wu}(t) + \lambda_1 u_e \tag{6.46}$$

则可得到等效的控制律的估计值为

$$\hat{\tau}_u = \tau_{ud} - \tau_{wu}(t) - f_u(t) \tag{6.47}$$

其中，$f_u(t) = \hat{m}_{22}(vr - v_d r_d) - (\hat{m}_{11}\lambda_1 - \hat{d}_u)u_e + \sum_{i=2}^{3}\hat{d}_{ui}\left(|u|^{i-1} u - |u_d|^{i-1} u_d\right)$；$\hat{m}_{22}$、$\hat{m}_{11}$、$\hat{d}_u$ 和 $\hat{d}_{ui}$ 分别为 m_{22}、m_{11}、d_u 和 d_{ui} 的估计值。

采用饱和函数代替理想滑动模态中的符号函数来减轻抖振的影响，即

$$\mathrm{sat}(S_1/\Delta_1) = \begin{cases} 1, & S_1 > \Delta_1 \\ S_1/\Delta_1, & |S_1/\Delta_1| \leqslant 1 \\ -1, & S_1 < -\Delta_1 \end{cases} \tag{6.48}$$

其中，Δ_1 为大于零的常数，其定义了一个在 S_1 平面周围任意小的边界层.

则控制律 τ_u 为

$$\tau_u = \hat{\tau}_u - \eta_1 \mathrm{sat}(S_1/\Delta_1) \tag{6.49}$$

定义 Lyapunov 备选函数为

$$V_1 = \frac{1}{2} m_{11} S_1^2 \tag{6.50}$$

对式（6.50）两边进行微分，并把式（6.49）代入其中，得

$$\dot{V}_1 = m_{11}S_1\dot{S}_1 = m_{11}S_1(\dot{u}_e + \lambda_1 u_e)$$

$$= m_{11}S_1\left[\frac{m_{22}}{m_{11}}(vr - v_d r_d) - \sum_{i=2}^{3}\frac{d_{ui}}{m_{11}}\left(|u|^{i-1}u - |u_d|^{i-1}u_d\right)\right.$$

$$\left. -\frac{d_u}{m_{11}}u_e + \frac{1}{m_{11}}(\tau_u - \tau_{ud}) + \frac{1}{m_{11}}\tau_{wu}(t) + \lambda_1 u_e\right]$$

$$= S_1\left[(m_{22} - \hat{m}_{22})(vr - v_d r_d) + \lambda_1(m_{11} - \hat{m}_{11})u_e - (d_u - \hat{d}_u)u_e\right.$$

$$\left. -\sum_{i=2}^{3}(d_{ui} - \hat{d}_{ui})g_u - \eta_1\mathrm{sat}(S_1/\Delta_1)\right] \tag{6.51}$$

由饱和函数式（6.48）特性可知，如果取

$$\eta_1 = M_{22}|vr - v_d r_d| + (\lambda_1 M_{11} - D_u)u_e - \sum_{i=2}^{3}D_{ui}g_u + \hat{m}_{11}\gamma_1 \tag{6.52}$$

把式（6.51）代入式（6.52）可得

$$\dot{V}_1 = m_{11}S_1\dot{S}_1 \leqslant -\hat{m}_{11}\gamma_1|S_1|, \quad \gamma_1 > 0 \tag{6.53}$$

2. 控制律 τ_r 设计

由动力学模型式（6.40）可知，船舶在横向上没有驱动，针对这一情况，本小节选取关于横向跟踪误差 v_e 的二阶滑动平面为

$$S_2 = \dot{v}_e + 2\lambda_2 v_e + \lambda_2^2\int_0^t v_e(\tau)\mathrm{d}\tau, \quad \lambda_2 > 0 \tag{6.54}$$

对式（6.54）两边进行微分，可得

$$\dot{S}_2 = \ddot{v}_e + 2\lambda_2\dot{v}_e + \lambda_2^2 v_e \tag{6.55}$$

对误差动力学式（6.44）中的第二个方程两边微分，可得

$$\ddot{v}_e = -\frac{m_{11}}{m_{22}}(\dot{u}_e r_d + u_e\dot{r}_d) - \frac{m_{11}}{m_{22}}\dot{u}r_e - \frac{d_v}{m_{22}}\dot{v}_e$$

$$-\sum_{i=2}^{3}\frac{d_{vi}}{m_{22}}\dot{g}_v + \frac{1}{m_{22}}\dot{\tau}_{wv}(t) - \frac{m_{11}}{m_{22}}u\dot{r}_e \tag{6.56}$$

为方便表示，令

$$W = -\frac{m_{11}}{m_{22}}(\dot{u}_e r_d + u_e\dot{r}_d) - \frac{m_{11}}{m_{22}}\dot{u}r_e - \frac{d_v}{m_{22}}\dot{v}_e - \sum_{i=2}^{3}\frac{d_{vi}}{m_{22}}\dot{g}_v + \frac{1}{m_{22}}\dot{\tau}_{wv}(t) \tag{6.57}$$

则可得

$$\dot{S}_2 = W - \frac{m_{11}}{m_{22}}u\dot{r}_{\mathrm{e}} + 2\lambda_2\dot{v}_{\mathrm{e}} + \lambda_2^2 v_{\mathrm{e}}$$

$$= W - \frac{m_{11}}{m_{22}}u\left[\frac{m_{11}-m_{22}}{m_{33}}(uv - u_d v_d) - \frac{d_r}{m_{33}}r_{\mathrm{e}} - \sum_{i=2}^{3}\frac{d_{ri}}{m_{33}}g_r\right.$$

$$\left. + \frac{1}{m_{33}}(\tau_r - \tau_{rd}) + \frac{1}{m_{33}}\tau_{wr}(t)\right] + 2\lambda_2\dot{v}_{\mathrm{e}} + \lambda_2^2 v_{\mathrm{e}} \qquad (6.58)$$

令

$$p = m_{22}m_{33}W - m_{11}(m_{11}-m_{22})u(uv - u_d v_d) + m_{11}d_r u r_{\mathrm{e}}$$

$$+ m_{11}\sum_{i=2}^{3}d_{ri}\cdot ug_r + m_{22}m_{33}(2\lambda_2\dot{v}_{\mathrm{e}} + \lambda_2^2 v_{\mathrm{e}}) \qquad (6.59)$$

$$q = m_{11}u \qquad (6.60)$$

则可得到等效的控制律为

$$\hat{\tau}_r = \tau_{rd} - \tau_{wr}(t) + \frac{\hat{p}}{\hat{q}} \qquad (6.61)$$

其中，$\hat{p}$ 和 $\hat{q}$ 分别为参数 p 和 q 的估计值。

综上所述，船舶的控制律 τ_r 为

$$\tau_r = \tau_{rd} - \tau_{wr}(t) + \frac{\hat{p} - \eta_2\mathrm{sat}(S_2/\Delta_2)}{\hat{q}} \qquad (6.62)$$

注 6.2 从式（6.62）可以看出，控制律 τ_r 在 $\hat{q}=0$ 时是奇异的。因此，在使用时必须考虑船舶的纵向速度 $u \neq 0$，以保证控制律的有效性。船舶的推进装置一般装配螺旋桨和舵装置，它们分别完成船舶的纵向推进任务和转向任务。在实际航行时，如果螺旋桨转速为零，则船舶在纵向上没有驱动，此时如果船舶不受到外界环境干扰，船舶的纵向速度就为零，即 $u=0$。这种情况下，如果船舶的各变量都为零，τ_r 无论怎么作用都是无效的。由船舶固有的结构可知，船舶在倒航时所受的阻力比正航时的阻力大得多，因此一般设定纵向速度 $u>0$。但是，为了防止在实际中出现 $u=0$ 的情况，通常采用 MATLAB 中的命令 pinv(·) 进行处理。综上所述，在仿真计算时可用

$$\tau_r = \tau_{rd} - \tau_{wr}(t) + \mathrm{pinv}(\hat{q})[\hat{p} - \eta_2\mathrm{sat}(S_2/\Delta_2)] \qquad (6.63)$$

定义 Lyapunov 备选函数为

$$V_2 = \frac{1}{2}m_{22}m_{33}S_2^2 \qquad (6.64)$$

对式（6.64）两边进行微分，可得

$$\dot{V}_2 = m_{22}m_{33}S_2\dot{S}_2 = m_{22}m_{33}S_2\left[\frac{q(\tau_r - \tau_{rd}) - p}{m_{22}m_{33}}\right]$$

$$= S_2[-\eta_2\mathrm{sat}(S_2 / \varDelta_2)] \tag{6.65}$$

为了确保在有限时间内到达滑模面 $\{S_2 \in \mathbb{R}, |S_2 / \varDelta_2| \leqslant 1\}$，如果选取 $\eta_2 = \hat{m}_{22}\hat{m}_{33}\gamma_2$，则式（6.65）满足

$$\dot{V}_2 = m_{22}m_{33}S_2\dot{S}_2 \leqslant -\hat{m}_{22}\hat{m}_{33}\gamma_2|S_2|, \quad \gamma_2 > 0 \tag{6.66}$$

6.2.3　外界干扰自适应控制器设计

6.2.2 节设计的欠驱动水面船舶轨迹跟踪控制器，能够处理模型参数不确定和外界环境干扰的影响。船舶的模型参数一般是由水池实验或是船舶实际航行实验获得的，这些数据都会存在一定的误差，但是一般这个误差在一定的范围之内，本小节假设参数的最大不确定性为 30%，采用控制律式（6.49）和式（6.62）能够对其进行处理。然而对于由风、浪、流等组成的外界环境干扰，由于其环境变幻莫测，很难对其进行测量，实际中很难处理。6.2.2 节设计的控制器对于小范围内的定常干扰具有一定的鲁棒性，但是对于由恶劣环境引起的时变不确定干扰，效果不好。因此，设计环境干扰自适应的轨迹跟踪控制器是十分必要的。

在设计控制器之前，首先定义一个光滑函数 $\chi(0)$，满足以下条件：

（1）$\chi(0) = 0$；

（2）$|\beta| \leqslant \beta\chi(0) + \delta, \quad \forall \beta \in \mathbb{R}$

注 6.3　满足以上两个条件的函数有很多，使用的函数 $\chi(\beta) = \dfrac{1}{4\delta}\beta$ 也可使用 $\chi(\beta) = \tanh\dfrac{\kappa\beta}{\delta}$，其中，$\kappa = \mathrm{e}^{-(\kappa+1)}$，并且可以计算出 $\kappa = 0.2785$。

因此，控制律式（6.49）和式（6.62）可改写为

$$\tau_u = \tau_{ud} - \hat{\tau}_{wu\,\max}\chi(S_1) - f_u(S_1) - \eta_1\mathrm{sat}(S_1 / \varDelta_1) \tag{6.67}$$

$$\tau_r = \tau_{rd} - \hat{\tau}_{wr\,\max}\chi(S_2) + \frac{\hat{p} - \eta_2\mathrm{sat}(S_2/\varDelta_2)}{\hat{q}} \tag{6.68}$$

选取参数自适应律为

$$\dot{\hat{\tau}}_{wu\,\max} = \gamma_{wu}[S_1\chi(S_1) - \sigma_{wu}(\hat{\tau}_{wu\,\max} - \tau_{wu\,\max 0})] \tag{6.69}$$

$$\dot{\hat{\tau}}_{wr\,\max} = \gamma_{wr}[S_2\chi(S_2) - \sigma_{wr}(\hat{\tau}_{wr\,\max} - \tau_{wr\,\max 0})] \tag{6.70}$$

其中，$\gamma_{wu} > 0$、$\gamma_{wr} > 0$、$\sigma_{wu} \geqslant 0$、$\sigma_{wr} \geqslant 0$、$\tau_{wu\,\max 0}$ 和 $\tau_{wr\,\max 0}$ 为控制器设计参数。

6.2.4 稳定性分析

定理 6.2 对于存在模型参数不确定和外界干扰为定常干扰时的欠驱动水面船舶式（6.39）和式（6.40），选取控制律式（6.49）和式（6.62），在满足假设 6.1 和假设 6.2 时，能够跟踪上虚拟船舶式（6.41）和式（6.42）产生的参考轨迹，跟踪误差是一致最终有界的，并且船舶的艏摇角速度是有界输入有界输出的。

证明 定义 Lyapunov 备选函数为

$$V_3 = \frac{1}{2} m_{11} S_1^2 + \frac{1}{2} m_{22} m_{33} S_2^2 \tag{6.71}$$

对式（6.71）两边进行时间微分，并把式（6.53）和式（6.66）代入其中，可得

$$\begin{aligned}
\dot{V}_3 &= m_{11} S_1 \dot{S}_1 + m_{22} m_{33} S_2 \dot{S}_2 \\
&\leqslant -\hat{m}_{11} \gamma_1 |S_1| - \hat{m}_{22} \hat{m}_{33} \gamma_2 |S_2| \\
&\leqslant 0
\end{aligned} \tag{6.72}$$

由式（6.72）可知，在有限时间内系统的轨迹能够分别到达滑模面式（6.45）和式（6.54），并且滑模面 S_1 和 S_2 渐近稳定，因此系统轨迹能够渐近滑动到原点，速度误差收敛到零，即

$$u_e \to 0 \Rightarrow u \to u_d, \quad v_e \to 0 \Rightarrow v \to v_d \tag{6.73}$$

由式（6.73）可知，在船舶附体坐标系下用速度积分表示的船舶轨迹跟踪误差也收敛到零，能够跟踪上虚拟欠驱动水面船舶产生的参考轨迹。以下给出船舶的艏摇角速度是有界输入有界输出的证明。

定义 Lyapunov 备选函数为

$$V_4 = \frac{1}{2} m_{33} r^2 \tag{6.74}$$

对其两边进行时间微分，并由式（6.2）可得

$$\begin{aligned}
\dot{V}_4 &= m_{33} r \dot{r} = r \left[(m_{11} - m_{22}) uv - d_r r - \sum_{i=2}^{3} d_{ri} |r|^{i-1} r + \tau_r + \tau_{wr} \right] \\
&= (m_{11} - m_{22}) uvr - d_r r^2 - \sum_{i=2}^{3} d_{ri} |r|^{i-1} r^2 + \tau_r r + \tau_{wr} r \\
&= -d_r r^2 - d_{r3} r^4 + (m_{11} - m_{22}) uvr - d_{r2} |r| r^2 + \tau_r r + \tau_{wr} r
\end{aligned} \tag{6.75}$$

定义

$$\rho_1 := \min\{2d_r, 2d_{r3}\}$$

$$\mu_1 := (m_{11} - m_{22})uvr - d_{r2}|r|r^2 + \tau_r r + \tau_{wr} r$$

于是可得

$$V_4 \leqslant -\rho_1 V_4 + \mu_1 \tag{6.76}$$

令 $\Theta_1 = \dfrac{\mu_1}{\rho_1}$，则式（6.76）可以写为

$$V_4 \leqslant \Theta_1 + [V_4(0) - \Theta_1]\mathrm{e}^{-\rho_1 t} \tag{6.77}$$

当 $d_r r + \sum\limits_{i=2}^{3} d_{ri}|r|^{i-1} r > \tau_r + \tau_{wr} + (m_{11} - m_{22})uv$ 时，$\dot{V}_4 < 0$。如果 V_4 是减函数，则 r 也是减函数，又因为 τ_r、u 和 v 是有界的，所以 r 也是有界的。综上所述，船舶的艏摇角速度是有界输入有界输出的。证毕。

定理 6.3　对于存在模型参数不确定和外界干扰为时变干扰的欠驱动水面船舶式（6.39）和式（6.40），选取控制律式（6.67）和式（6.68），自适应律式（6.69）和式（6.70），在满足假设 6.1 和假设 6.2 时，能够跟踪上虚拟船舶式（6.41）和式（6.42）产生的参考轨迹，跟踪误差是一致最终有界的，并且船舶的艏摇角速度是有界输入有界输出的。

证明　定义 Lyapunov 备选函数为

$$V_5 = \frac{1}{2}(m_{11}S_1^2 + m_{22}m_{33}S_2^2 + \gamma_{wu}^{-1}\tilde{\tau}_{wu\,\max}^2 + \gamma_{wr}^{-1}\tilde{\tau}_{wr\,\max}^2) \tag{6.78}$$

对式（6.78）两边进行微分，并把式（6.53）、式（6.66）、式（6.69）和式（6.70）代入其中，可得

$$\begin{aligned}
\dot{V}_5 =\ & m_{11}S_1\dot{S}_1 + m_{22}m_{33}S_2\dot{S}_2 - \tau_{wu}S_1 - \hat{\tau}_{wu\,\max}S_1\chi(S_1) - \tau_{wr}S_2 \\
& - \hat{\tau}_{wr\,\max}S_2\chi(S_2) + \gamma_{wu}^{-1}\tilde{\tau}_{wu\,\max}\dot{\hat{\tau}}_{wu\,\max} + \gamma_{wr}^{-1}\tilde{\tau}_{wr\,\max}\dot{\hat{\tau}}_{wr\,\max} \\
\leqslant\ & -\hat{m}_{11}\gamma_1|S_1| - \hat{m}_{22}\hat{m}_{33}\gamma_2|S_2| + \tau_{wu\,\max}\big[|S_1| - S_1\chi(S_1)\big] \\
& + \tau_{wr\,\max}\big[|S_2| - S_2\chi(S_2)\big] - \sigma_{wu}\tilde{\tau}_{wu\,\max}^2 - \sigma_{wu}\tilde{\tau}_{wu\,\max}(\tau_{wu\,\max} - \tau_{wu\,\max 0}) \\
& - \sigma_{wr}\tilde{\tau}_{wr\,\max}^2 - \sigma_{wr}\tilde{\tau}_{wr\,\max}(\tau_{wr\,\max} - \tau_{wr\,\max 0}) \\
\leqslant\ & -\hat{m}_{11}\gamma_1|S_1| - \hat{m}_{22}\hat{m}_{33}\gamma_2|S_2| + 0.2785\delta(\tau_{wu\,\max} + \tau_{wr\,\max}) - \sigma_{wu}\tilde{\tau}_{wu\,\max}^2 \\
& + \frac{1}{2}\sigma_{wu}[\tilde{\tau}_{wu\,\max}^2 + (\tau_{wu\,\max} - \tau_{wu\,\max 0})^2] - \sigma_{wr}\tilde{\tau}_{wr\,\max}^2 \\
& + \frac{1}{2}\sigma_{wr}[\tilde{\tau}_{wr\,\max}^2 + (\tau_{wr\,\max} - \tau_{wr\,\max 0})^2] \tag{6.79}
\end{aligned}$$

定义

$$\begin{cases} \rho_2 := \min\{\sigma_{wu}\gamma_{wu}, \sigma_{wr}\gamma_{wr}\} \\ \mu_2 := -\hat{m}_{11}\gamma_1|S_1| - \hat{m}_{22}\hat{m}_{33}\gamma_2|S_2| + 0.2785\delta(\tau_{wu\max} + \tau_{wr\max}) \\ \qquad + \sigma_{wu}(\tau_{wu\max} - \tau_{wu\max 0})^2 + \sigma_{wr}(\tau_{wr\max} - \tau_{wr\max 0})^2 \end{cases}$$

于是可得

$$V_5 \leqslant -\rho_2 V_5 + \mu_2 \tag{6.80}$$

令 $\Theta_2 = \dfrac{\mu_2}{\rho_2}$，则式（6.80）可以写为

$$V_5 \leqslant \Theta_2 + [V_5(0) - \Theta_2]\mathrm{e}^{-\rho_2 t} \tag{6.81}$$

由式（6.81）可知，船舶跟踪误差是一致最终有界的，调整 ρ_2 的大小能够使 Θ_2 足够小。由定理 6.2 证明可知，船舶的艏摇角速度也是有界输入有界输出的。证毕。

6.2.5　仿真研究

本小节对所设计的控制器进行仿真实验，从而充分验证其正确性和有效性。采用文献[184]中的船舶运动数学模型进行仿真研究，此船长为 32m，质量为 $118\times10^3\,\mathrm{kg}$，船舶的其他模型参数均取如下常数：

$\hat{m}_{11}=120\times10^3\,\mathrm{kg}$，$\hat{m}_{22}=217.9\times10^3\,\mathrm{kg}$，$\hat{m}_{33}=636\times10^5\,\mathrm{kg\cdot m^2}$

$\hat{d}_{11}=215\times10^2\,\mathrm{kg/s}$，$\hat{d}_{22}=187\times10^3\,\mathrm{kg/s}$，$\hat{d}_{33}=802\times10^4\,(\mathrm{kg\cdot m^2})/\mathrm{s}$

参考轨迹：参考轨迹由一艘虚拟船舶产生的直线轨迹和圆形轨迹组成，如下：

$$\begin{cases} \dot{x}_d = u_d\cos\psi_d - v_d\sin\psi_d \\ \dot{y}_d = u_d\sin\psi_d + v_d\cos\psi_d \\ \dot{\psi}_d = r_d \\ \dot{v}_d = -\dfrac{m_{11}}{m_{22}}u_d r_d - \dfrac{d_{22}}{m_{22}}v_d \end{cases}$$

取参考前进速度 $u_d=5$，$r_d = \begin{cases} 0, & t\leqslant150 \\ 0.025, & t>150 \end{cases}$；船舶的初始条件取为 $[x(0), y(0),$ $\psi(0), u(0), v(0), r(0)] = [0, 50, 0, 0, 0, 0]$，控制参数取为 $\lambda_1=\lambda_2=1.5$，$\Delta_1=\Delta_2=0.03$，$\gamma_1=\gamma_2=0.6$。

　　首先对 6.2.2 节中设计的参数不确定控制器进行仿真，仿真中假设模型参数的最大不确定为 30%，本小节为研究控制器的性能，分别在-20%、0 和 20%的模型参数不确定下进行仿真。环境干扰为定常干扰，选取为$[\tau_{wu}(t),\tau_{wv}(t),\tau_{wr}(t)]=[2,0,3]$。

　　仿真结果如图 6.5～图 6.16 所示。图 6.5、图 6.9 和图 6.13 分别表示模型参数在-20%、0 和 20%三种不确定情况下的轨迹跟踪曲线，由图可以看出，船舶都能够很好地跟踪上虚拟船舶产生的参考轨迹，所设计的控制器具有较好的鲁棒性。图 6.6、图 6.10 和图 6.14 分别为三种模型参数不确定情况下的船舶路径跟踪误差和方向跟踪误差曲线，从图中可知，受到模型参数不确定的影响，在初始阶段各跟踪误差曲线略有不同，但是在一段时间后都能够收敛到零。图 6.7、图 6.11 和图 6.15 分别表示三种模型参数不确定情况下船舶的纵向速度、横向速度和艏摇角速度误差曲线，由于模型参数不确定的影响，在开始阶段，船舶的各速度值有所变化，但最终都能收敛到平衡点（主要是 x、y、ψ 三个变量的收敛），横向速度误差能够一致最终有界。图 6.8、图 6.12 和图 6.16 分别为船舶在三种模型参数不确定情况下的控制输入曲线，由图中可知，由于船舶的初始速度为零，初始误差比较大，在控制初期就会出现控制输入幅值较大的情况；在仿真中，考虑了船舶的控制输入饱和，因此控制输入曲线有振荡情况出现，由于模型参数不确定的影响，三种情况下的控制律 τ_u 变化较大，这是调节控制律 τ_u 补偿模型参数不确定的结果；在 150s 由于船舶轨迹由直线变为圆，所以控制律 τ_r 有一个明显的变化。

　　（1）当模型参数不确定为-20%时，仿真结果如图 6.5～图 6.8 所示。

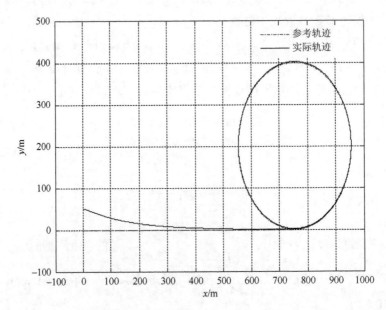

图 6.5　模型参数不确定为-20%的欠驱动水面船舶的轨迹跟踪曲线

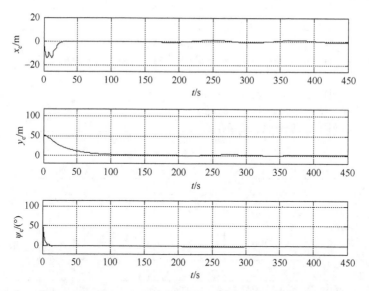

图 6.6　模型参数不确定为-20%的船舶路径跟踪误差和方向跟踪误差曲线

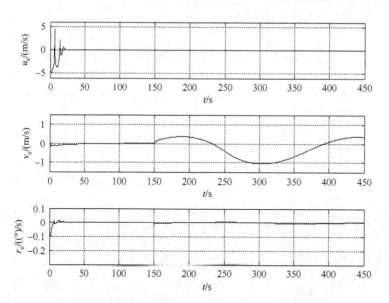

图 6.7　模型参数不确定为-20%的船舶速度误差曲线

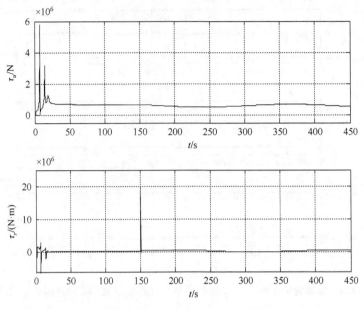

图 6.8　模型参数不确定为–20%的控制律 τ_u 和 τ_r

（2）当模型参数不确定为 0 时，仿真结果如图 6.9～图 6.12 所示。

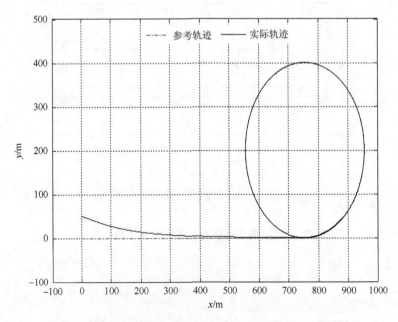

图 6.9　模型参数不确定为 0 的欠驱动水面船舶的轨迹跟踪曲线

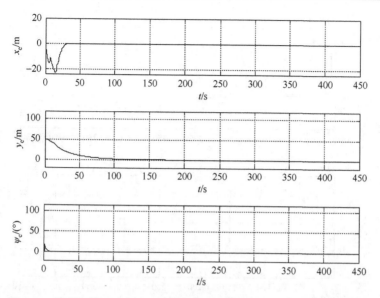

图 6.10　模型参数不确定为 0 的船舶路径跟踪误差和方向跟踪误差曲线

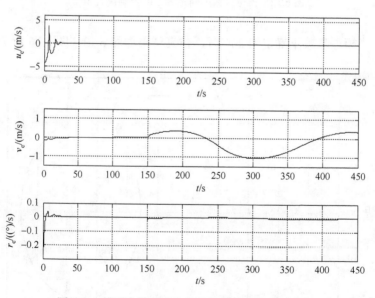

图 6.11　模型参数不确定为 0 的船舶速度误差曲线

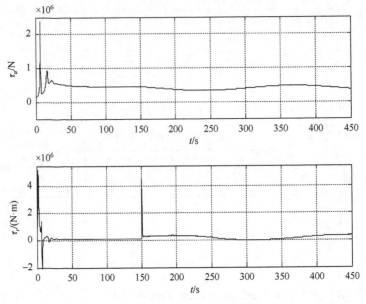

图 6.12　模型参数不确定为 0 的控制律 τ_u 和 τ_r

（3）当模型参数不确定为 20%时，仿真结果如图 6.13～图 6.16 所示。

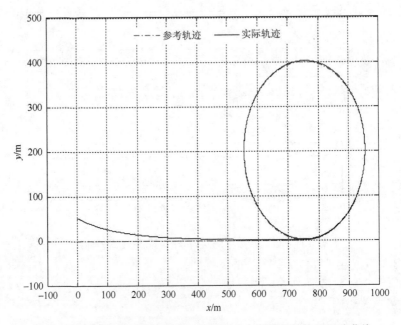

图 6.13　模型参数不确定为 20%的欠驱动水面船舶的轨迹跟踪曲线

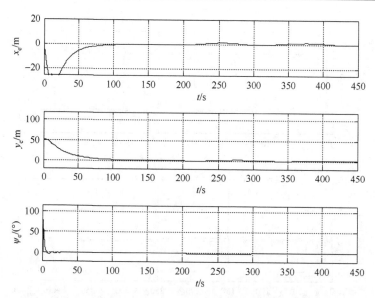

图 6.14　模型参数不确定为 20% 的船舶路径跟踪误差和方向跟踪误差曲线

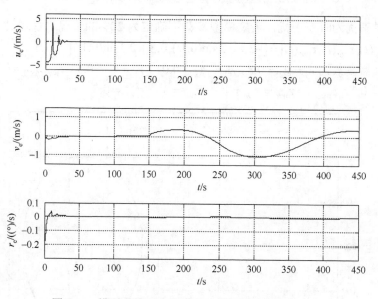

图 6.15　模型参数不确定为 20% 的船舶速度误差曲线

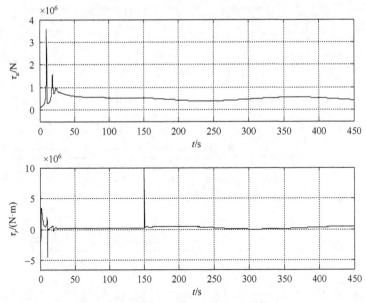

图 6.16 模型参数不确定为 20%的控制律 τ_u 和 τ_r

外界干扰为时变干扰,考虑模型参数不确定为 20%的情况进行仿真,选取干扰为 $[\tau_{wu}(t), \tau_{wv}(t), \tau_{wr}(t)] = [-2 + 0.2\sin(0.1t), 0, 3 + 0.3\sin(0.1t)]$ 。

控制器参数为 $\lambda_1 = \lambda_2 = 0.8$, $\Delta_1 = \Delta_2 = 0.01$, $\gamma_1 = \gamma_2 = 0.5$, $\tau_{wu\max 0} = 0.7\tau_{wu\max}$, $\tau_{wr\max 0} = 0.7\tau_{wr\max}$, $\gamma_{wu} = \gamma_{wr} = 1$, $\sigma_{wu} = 3$, $\sigma_{wr} = 0.5$ 。

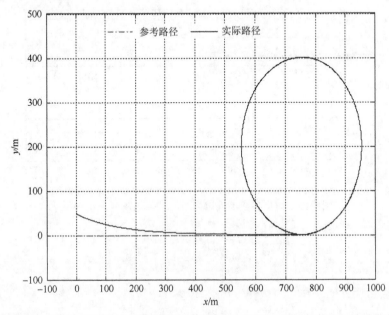

图 6.17 时变干扰下模型参数不确定为 20%的欠驱动水面船舶的轨迹跟踪曲线

　　图 6.17～图 6.20 表示船舶在时变干扰下的仿真曲线，图 6.21 为干扰 τ_{wu} 和 τ_{wr} 的估计值。从图 6.17～图 6.20 可以看出，通过对外界干扰进行自适应控制船舶的跟踪曲线较图 6.13 有所改善，各状态的跟踪误差也能更快收敛到平衡点。

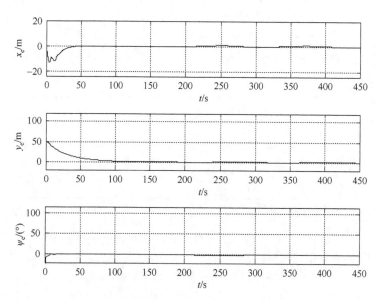

图 6.18　时变干扰下模型参数不确定为 20%的船舶路径跟踪误差和方向跟踪误差曲线

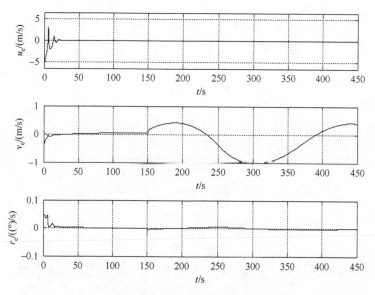

图 6.19　时变干扰下模型参数不确定为 20%的船舶速度误差曲线

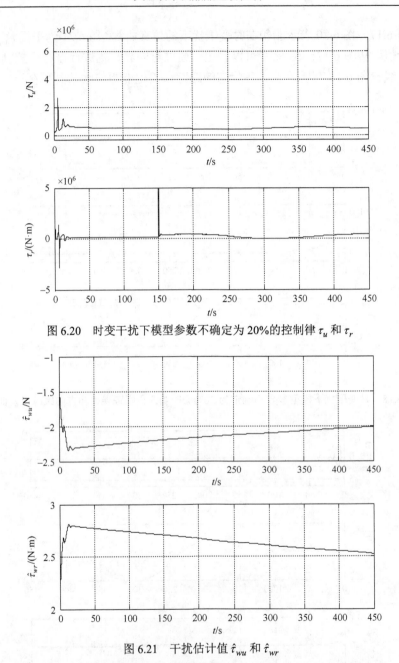

图 6.20 时变干扰下模型参数不确定为 20% 的控制律 τ_u 和 τ_r

图 6.21 干扰估计值 $\hat{\tau}_{wu}$ 和 $\hat{\tau}_{wr}$

6.3 基于全局动态非线性滑模的欠驱动水面船舶轨迹跟踪控制

对于欠驱动水面船舶，由于横向上没有直接驱动，已有的文献都是只考虑控制输入为纵向推进力和转船力矩，很少考虑舵或全回转螺旋桨对船舶横向运动的影响。船舶在实际航行中，操舵不仅产生了一个转船力矩，同时在横向运动上也产生一个侧向力，必然会影响船舶的运动控制。近年来，全回转推进器的应用越来越多，为了更加准确地研究欠驱动水面船舶的运动控制问题，对横向运动的影响也必须考虑进去。如果考虑航行中操舵对横向运动的影响，则此时的系统是非最小相位系统，为了解决这种问题，引入一个输出重定义点 p，如图 6.22 所示，把非最小相位系统转换成具有内部稳定的动力学系统。本节考虑船舶数学模型参数不确定和未建模不确定项的影响，包括测量噪声和环境干扰，提出了一种全局动态非线性滑模轨迹跟踪控制律设计方法，解决了滑模控制在滑动模态阶段对模型参数不确定和外界干扰不具有鲁棒性的问题，使系统在整个响应过程都具有鲁棒性。

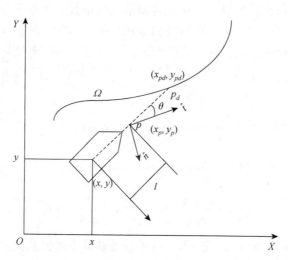

图 6.22　带有输出重定义点 p 的船舶轨迹跟踪控制

6.3.1　问题描述

欠驱动水面船舶的 3 自由度数学模型可用式（6.82）进行表示：

$$\begin{bmatrix} \dot{x} \\ \dot{y} \\ \dot{\psi} \end{bmatrix} = \begin{bmatrix} \cos\psi & -\sin\psi & 0 \\ \sin\psi & \cos\psi & 0 \\ 0 & 0 & 1 \end{bmatrix} \begin{bmatrix} u \\ v \\ r \end{bmatrix} \tag{6.82}$$

$$\begin{bmatrix} \dot{u} \\ \dot{v} \\ \dot{r} \end{bmatrix} = \begin{bmatrix} f_u^{\mathrm{T}} \cdot \chi_u(\upsilon) \\ f_v^{\mathrm{T}} \cdot \chi_v(\upsilon) \\ f_r^{\mathrm{T}} \cdot \chi_r(\upsilon) \end{bmatrix} + \begin{bmatrix} g_u & 0 \\ 0 & g_v \\ 0 & g_r \end{bmatrix} \begin{bmatrix} \tau_u \\ \tau_r \end{bmatrix} + \begin{bmatrix} d_u \\ d_v \\ d_r \end{bmatrix} \tag{6.83}$$

其中，$\upsilon = (u, v, r)$；$f_u = \left[\dfrac{m_{22}}{m_{11}}, \dfrac{d_u}{m_{11}}\right]^{\mathrm{T}}$；$f_v = \left[\dfrac{m_{11}}{m_{22}}, \dfrac{d_v}{m_{22}}\right]^{\mathrm{T}}$；$f_r = \left[\dfrac{m_{11} - m_{33}}{m_{33}}, \dfrac{d_r}{m_{33}}\right]^{\mathrm{T}}$；

$\chi_u(\upsilon) = [vr, -u]^{\mathrm{T}}$；$\chi_v(\upsilon) = [-ur, -v]^{\mathrm{T}}$；$\chi_r(\upsilon) = [uv, -r]^{\mathrm{T}}$；$g_u = \dfrac{1}{m_{11}}$；$g_v = -\dfrac{\delta}{m_{22}}$；

$g_r = \dfrac{1}{m_{33}}$。

其中，(x, y) 表示在惯性坐标系下船舶质心处的位置坐标，ψ 表示船舶艏摇角；u、v 和 r 分别表示船舶的纵向速度、横向速度和艏摇角速度；d_{11}、d_{22} 和 d_{33} 分别表示船舶在纵向、横向和艏摇方向上的水动力阻尼；m_{11}、m_{22} 和 m_{33} 分别表示船舶在纵向、横向和艏摇方向上的附加惯性质量，均为不确定量。船舶仅有的两个控制输入为控制律 τ_u 和控制律 τ_r，因为控制输入的维数小于系统自由度，所以船舶是欠驱动的。g_u、g_v 和 g_r 分别为控制输入系数，本节考虑 $g_v \neq 0$，也就是考虑舵对船舶横向运动的影响，δ 为正的常数。d_u、d_v 和 d_r 分别表示船舶的建模不确定项。

为简便计算，式（6.83）可写为

$$\begin{cases} \dot{u} = \dfrac{m_{22}}{m_{11}} vr - \dfrac{d_{11}}{m_{11}} u + \dfrac{1}{m_{11}} \tau_u + d_u \\[3mm] \dot{v} = -\dfrac{m_{11}}{m_{22}} ur - \dfrac{d_{22}}{m_{22}} v - \dfrac{\delta}{m_{22}} \tau_r + d_v \\[3mm] \dot{r} = \dfrac{m_{11} - m_{22}}{m_{33}} uv - \dfrac{d_{33}}{m_{33}} r + \dfrac{1}{m_{33}} \tau_r + d_r \end{cases} \tag{6.84}$$

由式（6.84）可以看出，$\delta \neq 0$，此系统是非最小相位系统，这类系统的特点是系统的内联动力学不稳定，而考虑操舵对船舶横向运动的影响是船舶实际航行中必然存在的问题。本节为了解决非最小相位系统问题，引入一个输出重定义点 p。控制点选取为船舶主对称轴上，与船舶质心有一定距离的点 p，此点的位置信息包含船舶的 3 个自由度，可定义为

$$p = \begin{bmatrix} x_p \\ y_p \end{bmatrix} = \begin{bmatrix} x \\ y \end{bmatrix} + l \begin{bmatrix} \cos\psi \\ \sin\psi \end{bmatrix} \tag{6.85}$$

其中，l 表示船舶质心和控制点 p 之间的距离，并且 $l > 0$。

注 6.4　由式（6.85）可以看出选取控制点 p 的重要性。如果考虑距离 $l \neq 0$，则船舶的艏摇角 ψ 会影响系统的输出。所设计的欠驱动水面船舶轨迹跟踪控制器中必须考虑艏摇角 ψ 的作用，因此船舶艏摇角的稳定性能够确保船舶在行驶过程中不会在控制点 p 处振荡。

欠驱动水面船舶的参考轨迹可用系统期望输出表示为

$$p_d = \begin{bmatrix} x_{pd} \\ y_{pd} \end{bmatrix} = \begin{bmatrix} x_{pd}(t) \\ y_{pd}(t) \end{bmatrix} \tag{6.86}$$

为了方便控制器的设计，有如下假设：

假设 6.3 船舶的参考轨迹 Ω 是光滑的，并且 x_{pd}、$\dot{x}_{pd}$、$\ddot{x}_{pd}$、y_{pd}、$\dot{y}_{pd}$ 和 $\ddot{y}_{pd}$ 都是有界的。

假设 6.4 不确定参数 m_{ii}、$d_{ii}(i=1,2,3)$ 分别满足 $|m_{ii} - \hat{m}_{ii}| \leqslant M_{ii}$、$|d_{ii} - \hat{d}_{ii}| \leqslant D_{ii}$。建模不确定项 d_u、d_v 和 d_r 有界，且分别满足 $|d_u| \leqslant d_{u\max} < \infty$、$|d_v| \leqslant d_{v\max} < \infty$ 和 $|d_r| \leqslant d_{r\max} < \infty$。

本节控制目标：针对带有模型参数不确定和未建模不确定项的欠驱动水面船舶式（6.82）和式（6.83），考虑舵对船舶横向运动的影响，如果满足假设 6.3 和假设 6.4，设计一个非线性全局滑模轨迹跟踪控制器，使船舶能够跟踪参考轨迹。

6.3.2 控制器设计

本小节在设计控制器时，为解决 $g_v \neq 0$ 时船舶系统是非最小相位问题，引入输出重定义点 p。考虑模型参数不确定和未建模不确定项的影响，提出了一种包含积分补偿的非线性全局滑模控制律。首先设计非线性全局滑模轨迹跟踪控制器，然后对其进行稳定性分析。

1. 全局滑模控制器设计

对输出重定义点 p 两边进行一阶导数，并把式（6.82）代入其中，可得

$$\dot{p} = \begin{bmatrix} \dot{x}_p \\ \dot{y}_p \end{bmatrix} = \begin{bmatrix} \cos\psi \\ \sin\psi \end{bmatrix} u + \begin{bmatrix} -\sin\psi \\ \cos\psi \end{bmatrix} v + l \begin{bmatrix} -\sin\psi \\ \cos\psi \end{bmatrix} r \tag{6.87}$$

对式（6.87）进行求导，即输出重定义点 p 的二阶导数可表示为

$$\ddot{p} = \begin{bmatrix} \ddot{x}_p \\ \ddot{y}_p \end{bmatrix} = \begin{bmatrix} -\sin\psi \\ \cos\psi \end{bmatrix} ur + \begin{bmatrix} \cos\psi \\ \sin\psi \end{bmatrix} \left(\frac{m_{22}}{m_{11}} vr - \frac{d_{11}}{m_{11}} u + \frac{1}{m_{11}} \tau_u + d_u \right)$$

$$- \begin{bmatrix} \cos\psi \\ \sin\psi \end{bmatrix} vr + \begin{bmatrix} -\sin\psi \\ \cos\psi \end{bmatrix} \left(-\frac{m_{11}}{m_{22}} ur - \frac{d_{22}}{m_{22}} v - \frac{\delta}{m_{22}} \tau_r \right) - l \begin{bmatrix} \cos\psi \\ \sin\psi \end{bmatrix} r^2$$

$$+ l \begin{bmatrix} -\sin\psi \\ \cos\psi \end{bmatrix} \left(\frac{m_{11} - m_{22}}{m_{33}} uv - \frac{d_{33}}{m_{33}} r + \frac{1}{m_{33}} \tau_r + d_r \right) \tag{6.88}$$

由式（6.88）可得

$$\ddot{x}_p = -ur\sin\psi + \frac{m_{22}}{m_{11}}vr\cos\psi - \frac{d_{11}}{m_{11}}u\cos\psi + \frac{1}{m_{11}}\tau_u\cos\psi - vr\cos\psi$$

$$+ \frac{m_{11}}{m_{22}}ur\sin\psi + \frac{d_{22}}{m_{22}}v\sin\psi + \frac{1}{m_{22}}\delta\tau_r\sin\psi - lr^2\cos\psi + d_u\cos\psi$$

$$- \frac{m_{11}-m_{22}}{m_{33}}luv\sin\psi + \frac{d_{33}}{m_{33}}lr\sin\psi - \frac{1}{m_{33}}l\tau_r\sin\psi - ld_r\sin\psi \qquad (6.89)$$

$$\ddot{y}_p = ur\cos\psi + \frac{m_{22}}{m_{11}}vr\sin\psi - \frac{d_{11}}{m_{11}}u\sin\psi + \frac{1}{m_{11}}\tau_u\sin\psi - vr\sin\psi$$

$$- \frac{m_{11}}{m_{22}}ur\cos\psi - \frac{d_{22}}{m_{22}}v\cos\psi - \frac{1}{m_{22}}\delta\tau_r\cos\psi - lr^2\sin\psi + d_u\sin\psi$$

$$+ \frac{m_{11}-m_{22}}{m_{33}}luv\cos\psi - \frac{d_{33}}{m_{33}}lr\cos\psi + \frac{1}{m_{33}}l\tau_r\cos\psi + ld_r\cos\psi \qquad (6.90)$$

对式（6.90）和式（6.89）进行整理，式（6.88）可表示为

$$\ddot{p} = \begin{bmatrix} f_1 \\ f_2 \end{bmatrix} + \begin{bmatrix} \dfrac{\cos\psi}{m_{11}} & \dfrac{\delta}{m_{22}}\sin\psi - \dfrac{1}{m_{33}}l\sin\psi \\ \dfrac{\sin\psi}{m_{11}} & -\dfrac{\delta}{m_{22}}\cos\psi + \dfrac{1}{m_{33}}l\cos\psi \end{bmatrix} \begin{bmatrix} \tau_u \\ \tau_r \end{bmatrix} + \begin{bmatrix} \cos\psi & -l\sin\psi \\ \sin\psi & l\cos\psi \end{bmatrix} \begin{bmatrix} d_u \\ d_r \end{bmatrix}$$

$$(6.91)$$

其中，

$$f_1 = -ur\sin\psi + \frac{m_{22}vr - d_{11}u}{m_{11}}\cos\psi - (v+lr)r\cos\psi$$

$$+ \frac{m_{11}ur + d_{22}v}{m_{22}}\sin\psi + \frac{(m_{22}-m_{11})uv + d_{33}r}{m_{33}}l\sin\psi \qquad (6.92)$$

$$f_2 = ur\cos\psi + \frac{m_{22}vr - d_{11}u}{m_{11}}\sin\psi - (v+lr)r\sin\psi$$

$$- \frac{m_{11}ur + d_{22}v}{m_{22}}\cos\psi + \frac{(m_{11}-m_{22})uv - d_{33}r}{m_{33}}l\cos\psi \qquad (6.93)$$

式（6.91）用矩阵形式表示为

$$\ddot{p} = f + bu + d \qquad (6.94)$$

控制输入 u 通过输出重定义点 p 在 $t \to \infty$ 收敛到参考输出 p_d 获得矩阵 f 是未知的，但是有界的，由模型参数不确定定义其边界为

$$\left\| f - \hat{f} \right\| \leqslant F \qquad (6.95)$$

其中，"＾"表示模型参数估计值；F 为可允许的最大的未建模不确定项。

增益矩阵 b 不是精确已知的，但是有界的，假设 $b>0$，可得

$$0 < b_{\min} \leqslant b \leqslant b_{\max} \tag{6.96}$$

基于以上边界的几何含义，矩阵 b 的不确定边界可定义为

$$\hat{b} = \sqrt{b_{\min} b_{\max}} \tag{6.97}$$

式（6.96）可整理为

$$\beta^{-1} \leqslant b\hat{b}^{-1} \leqslant \beta, \quad \beta = \sqrt{b_{\max}/b_{\min}} \tag{6.98}$$

其中，

$$b_{\max} = \begin{bmatrix} \dfrac{\cos\psi}{\hat{m}_{11}-M_{11}} & \dfrac{\delta}{\hat{m}_{22}-M_{22}}\sin\psi - \dfrac{1}{\hat{m}_{33}+M_{33}}l\sin\psi \\[3mm] \dfrac{\sin\psi}{\hat{m}_{11}-M_{11}} & -\dfrac{\delta}{\hat{m}_{22}+M_{22}}\cos\psi + \dfrac{1}{\hat{m}_{33}-M_{33}}l\cos\psi \end{bmatrix}$$

$$b_{\min} = \begin{bmatrix} \dfrac{\cos\psi}{\hat{m}_{11}+M_{11}} & \dfrac{\delta}{\hat{m}_{22}+M_{22}}\sin\psi - \dfrac{1}{\hat{m}_{33}-M_{33}}l\sin\psi \\[3mm] \dfrac{\sin\psi}{\hat{m}_{11}+M_{11}} & -\dfrac{\delta}{\hat{m}_{22}-M_{22}}\cos\psi + \dfrac{1}{\hat{m}_{33}+M_{33}}l\cos\psi \end{bmatrix}$$

矩阵 d 表示未知有界干扰，并且由关于 d_u、d_v 和 d_r 的假设 6.4 可得

$$\| d - \hat{d} \| \leqslant D \tag{6.99}$$

其中，D 为可允许的最大的未建模不确定项。

针对模型参数不确定和未建模不确定项的欠驱动水面船舶，方程式（6.94）用参数的估计值可表示为

$$\ddot{p} = \hat{f} + \hat{b}u + \hat{d} \tag{6.100}$$

定义跟踪误差为

$$\tilde{p} = p - p_d \tag{6.101}$$

在全局滑模控制器设计中，通过引入一种非线性动态滑模面进行设计，能够消除滑模控制中的到达运动阶段抖振问题，使系统在响应的全过程都具有鲁棒性，克服了传统滑模变结构控制中到达模态不具有鲁棒性的缺点。定义关于输出点误差的全局动态滑模面为

$$s = \dot{\tilde{p}} + \Lambda\tilde{p} - \sigma(t) \tag{6.102}$$

其中，$\Lambda = \mathrm{diag}[\lambda_1, \lambda_2]$，$\lambda_i > 0$，$i = 1, 2$；$\sigma(t) = [\sigma_1(t), \sigma_2(t)]^{\mathrm{T}}$，$\sigma_i(t)$ 是为达到全局滑动模态而设计的力函数。$\sigma_i(t)$ 的设计也必须满足以下三个条件：

（1）$\sigma_i(0) = \dot{\tilde{p}}_{i0} + \lambda_i\tilde{p}_{i0}$；

（2）当 $t \to \infty$ 时，$\sigma_i(t) \to 0$；

（3）$\dot{\sigma}_i(t)$ 存在并且有界。

综上所述，$\sigma(t)$ 可选取为

$$\sigma(t) = \sigma(0)\mathrm{e}^{-\eta t} \tag{6.103}$$

其中，$\eta = [\eta_1, \eta_2]^{\mathrm{T}}$，$\eta_i > 0$。

全局动态滑模面可重写为

$$s = \dot{\tilde{p}} + \Lambda \tilde{p} - \sigma(0)\mathrm{e}^{-\eta t} \tag{6.104}$$

首先引入积分补偿，定义一个向量函数为

$$\xi = s + \Gamma \int_0^t s(t)\mathrm{d}\tau \tag{6.105}$$

其中，$\Gamma = \mathrm{diag}[\gamma_1, \gamma_2]$，$\gamma_i > 0$，$i = 1,2$。

则全局滑模控制律可设计为

$$u = \hat{b}^{-1}[-\hat{f} - \hat{d} + \ddot{p}_d - \Lambda \dot{\tilde{p}} + \dot{\sigma}(t) - K\xi - \Phi \mathrm{sgn}(\xi)] \tag{6.106}$$

其中，$K = \mathrm{diag}[k_1, k_2]$，$k_i > 0$，$i = 1,2$；$\Phi = \mathrm{diag}[\varphi_1, \varphi_2]$，$\varphi_i > 0$。

为了消除抖振，采用连续饱和函数 $\mathrm{sat}(\cdot)$ 代替非连续符号函数 $\mathrm{sgn}(\cdot)$：

$$\mathrm{sat}(s_i / \varepsilon_i) = \begin{cases} s_i / \varepsilon_i, & |s_i| \leqslant \varepsilon_i \\ \mathrm{sgn}(s_i), & |s_i| > \varepsilon_i \end{cases} \tag{6.107}$$

其中，ε_i 是正常数，在滑模面 s_i 周围定义了一个小的边界层。

注 6.5　考虑模型中的不确定参数和未建模不确定项，引入一个积分补偿来消除跟踪误差，但是必须确保积分补偿不会对滑模控制有影响。在全局滑模控制式（6.105）中，由于 $s(0) = 0$，可得到 $\xi(0) = 0$。由式（6.106）可以看出，如果满足滑动条件，则当 $t \geqslant 0$ 可获得 $\xi(t) = 0$。因此，在理论上，切换函数式（6.105）中引入的积分补偿不会影响滑模控制的作用。

2. 稳定性分析

定理 6.4　针对模型参数不确定和外界干扰的欠驱动水面船舶式（6.82）和式（6.83），考虑转船力矩对横向运动的影响，选取控制律式（6.106），在满足假设 6.3 和假设 6.4 时，跟踪误差是一致最终有界的。

证明　定义 Lyapunov 备选函数为

$$V = \frac{1}{2}\xi^{\mathrm{T}}\xi \tag{6.108}$$

对式（6.108）两边进行微分，并代入式（6.94）、式（6.104）和式（6.105），可得

$$\dot{V} = \xi^{\mathrm{T}}\dot{\xi} = \xi^{\mathrm{T}}(\dot{s} + \Gamma s)$$

$$= \xi^{\mathrm{T}}[\ddot{p} - \ddot{p}_d + \Lambda\dot{p} - \dot{\sigma}(t) + \Gamma s]$$

$$= \xi^{\mathrm{T}}[f + bu + d - \ddot{p}_d + \Lambda\dot{p} - \dot{\sigma}(t) + \Gamma s]$$

$$= \xi^{\mathrm{T}}\{f + b\hat{b}^{-1}[-\hat{f} - \hat{d} + \ddot{p}_d - \Lambda\dot{p} + \dot{\sigma}(t) - K\xi$$
$$- \Phi\,\mathrm{sgn}(\xi)] + d - \ddot{p}_d + \Lambda\dot{p} - \dot{\sigma}(t) + \Gamma s\}$$

$$= \xi^{\mathrm{T}}\{f - b\hat{b}^{-1}\hat{f} + d - b\hat{b}^{-1}\hat{d} + b\hat{b}^{-1}\ddot{p}_d - \ddot{p}_d$$
$$- b\hat{b}^{-1}\Lambda\dot{p} + \Lambda\dot{p} + b\hat{b}^{-1}\dot{\sigma}(t) - \dot{\sigma}(t)$$
$$- b\hat{b}^{-1}[K\xi + \Phi\,\mathrm{sgn}(\xi)] + \Gamma s\}$$

$$= \xi^{\mathrm{T}}\Big[f - \hat{f} + \left(1 - b\hat{b}^{-1}\right)\hat{f} + d - \hat{d} + \left(1 - b\hat{b}^{-1}\right)\hat{d}$$
$$+ \left(b\hat{b}^{-1} - 1\right)\ddot{p}_d + \left(1 - b\hat{b}^{-1}\right)\Lambda\dot{p} + (b\hat{b}^{-1} - 1)\dot{\sigma}(t)$$
$$+ (\Gamma - b\hat{b}^{-1}K)s - b\hat{b}^{-1}K\Gamma\int_0^t s(t)\mathrm{d}\tau - b\hat{b}^{-1}\Phi\,\mathrm{sgn}(\xi)\Big] \qquad (6.109)$$

由式（6.109）可得，如果选取

$$\Phi \geqslant F + (1 - \beta^{-1})\left|\hat{f}\right| + D + (1 - \beta^{-1})\left|\hat{d}\right| + (\beta - 1)\left|\ddot{p}_d\right|$$
$$+ (1 - \beta^{-1})\left|\Lambda\dot{p}\right| + (\beta - 1)\left|\dot{\sigma}(t)\right| + (\Gamma - \beta^{-1}K)|s|$$
$$- \beta^{-1}K\Gamma\int_0^t |s(t)|\mathrm{d}\tau + \beta\omega \qquad (6.110)$$

其中，ω 是正定矩阵。则可得

$$\dot{V} \leqslant -\Phi|\xi| \qquad (6.111)$$

从式（6.111）可以看出，通过选取合适的 Φ 可保证 $\dot{V}$ 是负定矩阵。因此，存在全局滑模控制律，并且在系统存在模型参数不确定和外界干扰时，能够确保其获得全局鲁棒性。证毕。

6.3.3　零动力稳定性分析

本小节设计一种全局滑模轨迹跟踪控制器使控制点 p 跟随参考轨迹，但是对于选取的控制点 p，船舶有可能在运动过程中在该点出现振荡。在这种情况下，振荡的出现可能会使船舶不稳定，船舶所有的变量可能出现振荡轨迹。因此，有必要对其进行零动力稳定性分析。

为了简便计算，选取船舶的航向进行稳定性分析。角度 θ 不同于船舶的航向

角，而是航向与控制点 p 处的速度向量之间的夹角，如图 6.23 所示。因此，控制点处的速度和加速度向量可表示为

$$\begin{cases} v_p = u_p \hat{t} \\ a_p = \dot{u}_p \hat{t} + \dfrac{u_p^2}{\rho} \hat{n} \end{cases} \qquad (6.112)$$

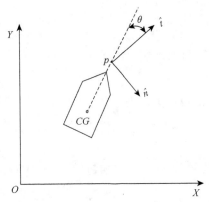

其中，u_p 和 $\dot{u}_p$ 分别表示控制点处的线速度和加速度；ρ 表示曲率半径；$\hat{t}$ 和 $\hat{n}$ 分别表示控制点的路径相切和垂直的单位向量。

由于船舶横向上没有直接驱动，只受到操舵的影响，所以选择这个自由度进行零动力稳定性分析是比较好的。从图 6.23 可以看出，船舶在重心处的速度和加速度可以用控制点处的线速度和加速度进行表示。

图 6.23　控制点 p 的速度和方向

综上所述，式（6.84）中船舶的横向速度可改写为

$$v = \dot{\theta} + \frac{u_p}{\rho}, \quad \dot{v} = \ddot{\theta} + \frac{\dot{u}_p}{\rho} \qquad (6.113)$$

为方便分析，假设未建模不确定 $d_v = 0$，把式（6.113）代入式（6.84），并且对其在 $\theta = 0$ 处线性化，可得

$$\ddot{\theta} + \frac{d_{22}}{m_{22}} \dot{\theta} + \frac{m_{22}\dot{u}_p + d_{22}u_p}{m_{22}l} \theta = -\frac{d_{22}r_p + m_{22}\dot{r}_p}{m_{22}} - \frac{\delta}{m_{22}} \tau_r \qquad (6.114)$$

其中，r_p 和 $\dot{r}_p$ 能够反映出控制点处运动方向的变化。

考虑速度恒定的曲线运动的稳定性，并且 $u_p = \bar{u}_p$，$\dot{u}_p = 0$，$\bar{u}_p$ 表示控制点 p 处的平均速度。因此，式（6.114）的特征方程可定义为

$$p^2 + \frac{d_{22}}{m_{22}} p + \frac{d_{22}}{m_{22}l} \bar{u}_p = 0 \qquad (6.115)$$

令 $\alpha = d_{22}/m_{22}$，对式（6.115）进行整理，可得

$$p^2 + \alpha p + \frac{\alpha}{l} \bar{u}_p = 0 \qquad (6.116)$$

因此，船舶的稳定性由方程式（6.116）的特征根决定，特征根可用式（6.117）进行计算：

$$r_{1,2} = -\frac{\alpha}{2} \pm \sqrt{\left(\frac{\alpha}{2}\right)^2 - \frac{\alpha}{l}\bar{u}_p} \tag{6.117}$$

注 6.6 从式（6.117）可以看出，如果 $\bar{u}_p > 0$，系统的零动力是稳定的。当 $0 < \bar{u}_p < \alpha l / 2$ 时，系统的二阶零动力具有过阻尼响应；当 $\bar{u}_p = \alpha l / 2$ 时，系统具有临界阻尼响应；当 $\bar{u}_p \geqslant \alpha l / 2$，系统具有欠阻尼响应。

6.3.4 仿真研究

本小节对所设计的控制器进行仿真，从而验证其正确性和有效性。

本节采用文献[13]中的一艘长为 1.25m 的船舶模型进行仿真，选择 $l = 0.75\text{m}$，即控制点 p 在船头上。船舶的模型参数为 $\hat{m}_{11} = 200\text{kg}$，$\hat{m}_{22} = 250\text{kg}$，$\hat{m}_{33} = 80\text{kg}\cdot\text{m}^2$，$\hat{d}_{11} = 70\text{kg/s}$，$\hat{d}_{22} = 100\text{kg/s}$，$\hat{d}_{33} = 50(\text{kg}\cdot\text{m}^2)/\text{s}$，$\delta = 0.1$。

假设模型参数最大不确定为 30%，本小节为研究控制器的性能，分别在 -20%，0 和 20% 的模型参数不确定进行仿真。未建模不确定项选取为 $\hat{d}_u = 0.8d_{u\max}$，$d_{u\max} = 2$，$\hat{d}_r = 0.8d_{r\max}$，$d_{r\max} = 3$。

控制点 p 的期望轨迹定义为

$$\begin{cases} x_{pd}(t) = x_0 + A\cos(\eta t/A) \\ y_{pd}(t) = y_0 + A\sin(\eta t/A) \end{cases} \tag{6.118}$$

其中，$x_0 = 0$，$y_0 = 0$，$A = 10$，$\eta = 1$。

初始条件取为

$$[x(0), y(0), \psi(0), u(0), v(0), r(0)] = [11, -3, \pi/2, 2, 0, 0]$$

控制参数为

$$\varGamma = \begin{bmatrix} 10 & 0 \\ 0 & 10 \end{bmatrix}, \quad \varLambda = \begin{bmatrix} 3 & 0 \\ 0 & 3 \end{bmatrix}, \quad K = \begin{bmatrix} 0.1 & 0 \\ 0 & 0.3 \end{bmatrix}, \quad \omega = \begin{bmatrix} 1 & 0 \\ 0 & 1 \end{bmatrix}, \quad \eta = \begin{bmatrix} 0.2 \\ 0.5 \end{bmatrix}, \quad \varepsilon = \begin{bmatrix} 0.04 \\ 0.04 \end{bmatrix}$$

仿真结果如图 6.24～图 6.27 所示。图 6.24 表示模型参数不确定在 -20%、0 和 20% 三种情况下输出控制点 p 的轨迹跟踪控制曲线，尽管存在模型参数不确定性，但船舶依然能够很好地跟踪上参考轨迹，所设计的控制器具有较好的鲁棒性。图 6.25 为船舶输出控制点 x_{pe} 和 y_{pe} 的路径跟踪误差曲线，可以看出，在三种模型参数不确定情况下，路径跟踪误差能够同时收敛到零。图 6.26 表示欠驱动水面船舶的纵向速度、横向速度和艏摇角速度曲线，这三个速度不同于船舶在控制点的速度。事实上，本小节所设计的控制器是控制船舶在 p 点位置和速度。并且从图 6.26 可以看出，由于在横向没有直接驱动，但是通过考虑舵对横向运动的影响，横向运动也能取得较好的效果。图 6.27 为控制律 τ_u 和 τ_r 的时间响应曲线。从图 6.27 可知，当模型参数不确定为 0 时，$\tau_u = 75\text{N}$；当模型参数不确定为 -20% 时，$\tau_u = 90\text{N}$；当模型参数不确定为 20% 时，$\tau_u = 60\text{N}$，由这三种情况可知，通过调整控制律 τ_u 能够补偿模型参数不确定，控制律 τ_r 在模型参数不确定的情况下变化较小。

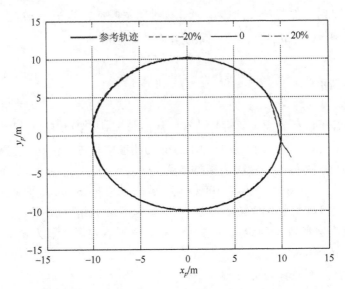

图 6.24　在模型参数不确定情况下欠驱动水面船舶在 p 点的轨迹跟踪控制曲线

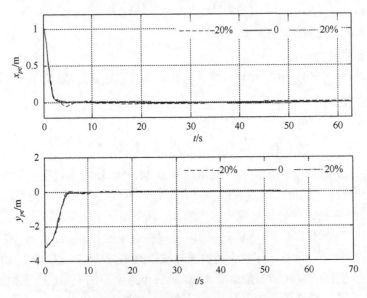

图 6.25　船舶在控制点 p 处的路径跟踪误差曲线

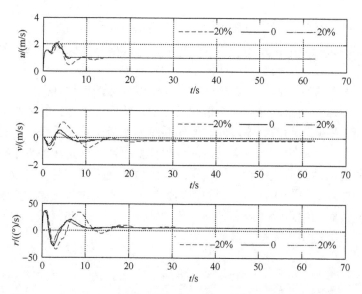

图 6.26　欠驱动水面船舶的纵向速度、横向速度和艏摇角速度曲线

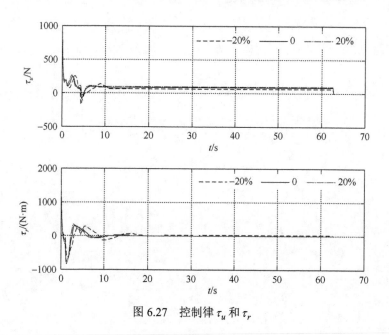

图 6.27　控制律 τ_u 和 τ_r

6.4　本 章 小 结

本章从运动学的角度出发,针对几种不同情况设计了欠驱动水面船舶轨迹跟踪控制器:①针对精确模型的欠驱动水面船舶轨迹跟踪控制问题,对运动学方程

进行矩阵转换，得到在船舶附体坐标系下的船舶纵向和横向速度，由于船舶的位置变量不能够在船舶附体坐标系下进行定义，因此引入速度误差的积分表示船舶的位置变化，所设计的控制器结构简单。②针对模型不确定和外界干扰的欠驱动水面船舶轨迹跟踪控制问题，在精确模型控制器设计的框架基础上，设计了非线性滑模轨迹跟踪控制器，并对时变干扰设计了自适应控制律。③考虑舵或全回转螺旋桨对船舶横向运动的影响，此时船舶系统为非最小相位系统。在控制器的设计中，引入了一个输出重定义点 p，并针对模型参数不确定和外界干扰的情况，设计了一种全局动态非线性滑模轨迹跟踪控制器，使系统在整个响应过程中都具有鲁棒性。仿真结果表明，所设计的控制器能够在模型精确、模型不确定、舵或全回转螺旋桨对横向运动影响和外界干扰的情况下，使船舶跟踪上设定的参考轨迹，船舶各状态跟踪误差一致最终有界。

第7章　欠驱动水面船舶的编队控制

前几章对单艘欠驱动水面船舶的镇定、轨迹跟踪和路径跟踪问题进行了研究，本章将考虑多艘船舶的编队控制问题。随着计算机技术和无线通信网络技术的发展，编队控制也取得了突飞猛进的发展，在无人机、舰船、水下机器人、航天器、车辆和移动机器人等领域都有很好的应用。近年来，海洋开发和安全越来越受到人们的关注，船舶进行编队控制有以下几方面的优点：①经济上，船舶之间可以相互进行补给，减少停靠码头次数，节省时间和能耗；②军事上，舰船编队航行能够以一定的战斗队形行进，根据实际需要进行队形变换；③安全上，船队的出现能够抵御更多大自然的风险，并且军舰为商船进行护航，能够使其免受海盗的侵扰，保护船员和货物安全；④海上搜救和资源探索方面，船舶编队具有较强的环境识别能力，比单艘船舶要有更高的效率。综上所述，船舶编队控制能够完成单一船舶难以完成的任务，增强了系统的容错性和鲁棒性。

编队控制主要有以下三种常用的方法，即基于行为法、虚拟结构法、领导者-跟随者方法。本章基于领导者-跟随者方法编队控制策略，结合单艘船的轨迹跟踪控制和路径跟踪控制方法，对欠驱动水面船舶编队控制问题进行以下几方面的研究：①精确模型的欠驱动水面船舶非线性滑模编队控制；②模型参数不确定和未建模不确定项影响的欠驱动水面船舶鲁棒自适应全局滑模编队控制；③领导船速度未知的欠驱动水面船舶全局滑模编队控制；④网络通信受限的欠驱动水面船舶分层编队控制。

7.1　精确模型的欠驱动水面船舶非线性滑模编队控制

本节研究由多艘欠驱动水面船舶组成的编队控制问题，基于领导者-跟随者方法建立船舶的编队控制数学模型，采用 Lyapunov 直接法和滑模控制结合，分别对运动学模型和动力学模型进行设计，提出一种欠驱动水面船舶非线性滑模编队控制方法。本节在设计时，假定船舶数学模型是精确的，没有考虑模型参数不确定和未建模不确定项的影响。

7.1.1　问题描述

1. 欠驱动水面船舶数学模型

对于由 n 艘欠驱动水面船舶组成的编队，为了能够运用领导者-跟随者方法建立欠驱动水面船舶编队控制数学模型，首先给出编队中第 i 艘船舶的运动学和动力学模型：

$$\begin{cases} \dot{x}_i = u_i \cos\psi_i - v_i \sin\psi_i \\ \dot{y}_i = u_i \sin\psi_i + v_i \cos\psi_i \\ \dot{\psi}_i = r_i \\ m_{11i}\dot{u}_i - m_{22i}v_i r_i + d_{11i}u_i = \tau_{ui} \\ m_{22i}\dot{v}_i + m_{11i}u_i r_i + d_{22i}v_i = 0 \\ m_{33i}\dot{r}_i + (m_{22i} - m_{11i})u_i v_i + d_{33i}r_i = \tau_{ri} \end{cases} \tag{7.1}$$

其中，x_i、y_i 和 ψ_i 分别表示第 i 艘船舶的位置和方向；u_i、v_i 和 r_i 分别表示第 i 艘船舶的纵向速度、横向速度和艏摇角速度；m_{11i}、m_{22i} 和 m_{33i} 分别表示第 i 艘船舶在纵向、横向和艏摇角的惯性和附加质量；d_{11i}、d_{22i} 和 d_{33i} 分别表示船舶在纵向、横向和艏摇角方向上的水动力阻尼；纵向控制力 τ_{ui} 和艏摇控制力矩 τ_{ri} 为欠驱动水面船舶仅有的两个控制输入。

2. 基于领导者-跟随者方法的编队数学模型

领导者-跟随者方法编队控制结构图如图 7.1 所示，图 7.1 中，X-Y 表示大地坐标系，x-y 表示固定在领导船上的笛卡儿坐标系；(x_L, y_L) 和 (x_F, y_F) 分别表示领导船和跟随船的位置坐标；ψ_L 和 ψ_F 分别表示领导船和跟随船的航向；(u_L, u_F)、(v_L, v_F) 和 (r_L, r_F) 分别表示领导船和跟随船的纵向速度、横向速度和艏摇角速度。l 表示领导船与跟随船之间的相对距离；φ 表示跟随船相对于领导船的方向；l_x 和 l_y 分别表示两船之间的相对距离在 x 方向和 y 方向上的分量，具体定义如式（7.2）所示。

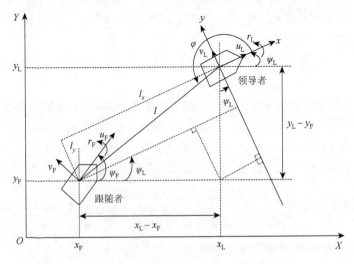

图 7.1　领导者-跟随者方法编队控制结构图

$$\begin{cases} l_x = -(x_L - x_F)\cos\psi_L - (y_L - y_F)\sin\psi_L \\ l_y = (x_L - x_F)\sin\psi_L - (y_L - y_F)\cos\psi_L \end{cases} \tag{7.2}$$

由图 7.1 可以看出，如果给定领导船的位置和方向，那么跟随船的位置就是唯一的。为了获得期望的队形，需要 $l_x \to l_x^d$，$l_y \to l_y^d$，其中，l_x^d 和 l_y^d 分别为 x 和 y 方向上的期望距离，为防止船舶出现倒航，也需要 $\psi_F \to \psi_L$。因此，引入领导船和跟随船之间的航向误差角，为

$$e_\psi = \psi_F - \psi_L \tag{7.3}$$

注 7.1　下标"L"和"F"分别表示领导船和跟随船，上标"d"表示期望值。

因此，基于领导者-跟随者方法的欠驱动水面船舶编队控制的运动学模型为

$$\begin{cases} \dot{l}_x = -u_L + u_F\cos e_\psi - v_F\sin e_\psi + l_y r_L \\ \dot{l}_y = -v_L + u_F\sin e_\psi + v_F\cos e_\psi - l_x r_L \\ \dot{e}_\psi = r_F - r_L \end{cases} \tag{7.4}$$

定义期望的相对距离 l_x^d 和 l_y^d 分别为

$$\begin{cases} l_x^d = l^d \cos\varphi^d \\ l_y^d = l^d \sin\varphi^d \end{cases} \tag{7.5}$$

对式（7.5）两边求导满足

$$\begin{cases} \dot{l}_x^d = \dot{l}^d \cos\varphi^d - l^d \dot{\varphi}^d \sin\varphi^d \\ \dot{l}_y^d = \dot{l}^d \sin\varphi^d + l^d \dot{\varphi}^d \cos\varphi^d \end{cases} \tag{7.6}$$

定义相对距离误差 e_x 和 e_y 分别为

$$\begin{cases} e_x = l_x^d - l_x \\ e_y = l_y^d - l_y \end{cases} \tag{7.7}$$

对式（7.7）两边进行微分，并把式（7.4）和式（7.6）代入其中可得

$$\begin{cases} \dot{e}_x = -u_F\cos e_\psi + v_F\sin e_\psi + e_y r_L + f_1 \\ \dot{e}_y = -u_F\sin e_\psi - v_F\cos e_\psi - e_x r_L + f_2 \end{cases} \tag{7.8}$$

其中，

$$\begin{cases} f_1 = u_L - l^d \dot{\varphi}^d \sin\varphi^d - l^d r_L \sin\varphi^d \\ f_2 = v_L + l^d \dot{\varphi}^d \cos\varphi^d + l^d r_L \cos\varphi^d \end{cases} \tag{7.9}$$

综上所述，基于领导者-跟随者方法的欠驱动水面船舶编队控制模型为

$$\begin{cases} \dot{e}_x = -u_F \cos e_\psi + v_F \sin e_\psi + e_y r_L + f_1 \\ \dot{e}_y = -u_F \sin e_\psi - v_F \cos e_\psi - e_x r_L + f_2 \\ \dot{e}_\psi = r_F - r_L \\ m_{11F}\dot{u}_F - m_{22F}v_F r_F + d_{11F}u_F = \tau_{uF} \\ m_{22F}\dot{v}_F + m_{11F}u_F r_F + d_{22F}v_F = 0 \\ m_{33F}\dot{r}_F + (m_{22F} - m_{11F})u_F v_F + d_{33F}r_F = \tau_{rF} \end{cases} \tag{7.10}$$

假设 7.1　　l^d、φ^d、u_L、v_L 和 r_L 为已知光滑的，f_1 和 f_2 为光滑有界函数。

假设 7.2　　欠驱动水面船舶的艏摇角速度 r_F 是有界输入有界输出的。

注 7.2　　欠驱动水面船舶的艏摇角速度是有界输入有界输出的，已经在第 4 章中证明，详细参见 4.2 节。

本节控制目标：考虑由 n 艘欠驱动水面船舶组成的编队控制，在满足假设 7.1 和假设 7.2 时，设计非线性滑模控制律 τ_{uF} 和 τ_{rF}，使跟随船能够跟踪上领导船，并与之保持一定的距离和方向，从而获得期望的队形，即 $l_x \to l_x^d$、$l_y \to l_y^d$ 和 $\psi_F \to \psi_L$。

7.1.2　控制器设计

基于领导者-跟随者方法解决欠驱动水面船舶的编队控制问题，如果明确领导船的期望轨迹和领导船与跟随船之间的相对距离和方向，则跟随船的位置就是唯一的，因此欠驱动水面船舶的编队控制最终归结为单艘船的轨迹跟踪控制设计，仅需要结合编队误差模型设计跟随船的轨迹跟踪控制律。在设计时，对相对误差运动学和跟随船的动力学分别进行设计。

1. 编队模型运动学控制设计

由式（7.10）可以看出，相对距离误差 e_x 和 e_y 由跟随船的纵向速度 u_F 和横向速度 v_F 决定，而艏摇角速度 r_F 决定了跟随船的方向。为了更好地分析，采用全局坐标变换对式（7.10）的前两项进行坐标变换 (z_1, z_2) 可得

$$\begin{cases} z_1 = e_x \cos e_\psi + e_y \sin e_\psi \\ z_2 = e_x \sin e_\psi - e_y \cos e_\psi \end{cases} \tag{7.11}$$

对式（7.11）两边进行微分，并把式（7.10）代入其中，得

$$\begin{cases} \dot{z}_1 = -u_F + f_1 \cos e_\psi + f_2 \sin e_\psi - r_F z_2 \\ \dot{z}_2 = v_F + f_1 \sin e_\psi - f_2 \cos e_\psi + r_F z_1 \end{cases} \tag{7.12}$$

则欠驱动水面船舶编队控制数学模型改写为

$$
\begin{cases}
\dot{z}_1 = -u_{\mathrm{F}} + f_1\cos e_\psi + f_2\sin e_\psi - r_{\mathrm{F}} z_2 \\
\dot{z}_2 = v_{\mathrm{F}} + f_1\sin e_\psi - f_2\cos e_\psi + r_{\mathrm{F}} z_1 \\
\dot{e}_\psi = r_{\mathrm{F}} - r_{\mathrm{L}} \\
m_{11\mathrm{F}}\dot{u}_{\mathrm{F}} - m_{22\mathrm{F}} v_{\mathrm{F}} r_{\mathrm{F}} + d_{11\mathrm{F}} u_{\mathrm{F}} = \tau_{u\mathrm{F}} + \tau_{wu\mathrm{F}} \\
m_{22\mathrm{F}}\dot{v}_{\mathrm{F}} + m_{11\mathrm{F}} u_{\mathrm{F}} r_{\mathrm{F}} + d_{22\mathrm{F}} v_{\mathrm{F}} = \tau_{wv\mathrm{F}} \\
m_{33\mathrm{F}}\dot{r}_{\mathrm{F}} + (m_{22\mathrm{F}} - m_{11\mathrm{F}}) u_{\mathrm{F}} v_{\mathrm{F}} + d_{33\mathrm{F}} r_{\mathrm{F}} = \tau_{r\mathrm{F}} + \tau_{wr\mathrm{F}}
\end{cases}
\tag{7.13}
$$

在式（7.13）中，(z_1, z_2) 表示领导船和跟随船之间的位置误差，u_{F} 和 v_{F} 作为方程的输入，为了计算需要可以选取 u_{F}，v_{F} 的虚拟控制量分别为

$$
\begin{cases}
\alpha_{u\mathrm{F}} = k_1 z_1 + f_1\cos e_\psi + f_2\sin e_\psi \\
\alpha_{v\mathrm{F}} = -k_2 z_2 - f_1\sin e_\psi + f_2\cos e_\psi
\end{cases}
\tag{7.14}
$$

把式（7.14）代入（7.13）可得

$$
\begin{cases}
\dot{z}_1 = -k_1 z_1 - r_{\mathrm{F}} z_2 \\
\dot{z}_2 = -k_2 z_2 + r_{\mathrm{F}} z_1
\end{cases}
\tag{7.15}
$$

选取 Lyapunov 备选函数为

$$
V_1 = \frac{1}{2}(z_1^2 + z_2^2)
\tag{7.16}
$$

其中，$V_1 \geqslant 0$，当且仅当 $z_1 = z_2 = 0$ 时，$V = 0$。对式（7.16）两边求导，可得

$$
\dot{V}_1 = z_1\dot{z}_1 + z_2\dot{z}_2 = -k_1 z_1^2 - k_2 z_2^2 \leqslant 0
\tag{7.17}
$$

因此，位置误差系统 (z_1, z_2) 渐近稳定，即 (e_x, e_y) 渐近稳定。

2. 欠驱动水面船舶动力学设计

在设计控制器时，第一步先设计跟随船的纵向控制律 $\tau_{u\mathrm{F}}$，第二步通过设计转船控制律 $\tau_{r\mathrm{F}}$ 间接控制船舶在横向上的运动，从而实现用两个控制输入实现船舶 3 个自由度的运动。首先定义渐近稳态平面 S，选取 Lyapunov 备选函数为 $V = 1/2(S^{\mathrm{T}} S)$，当 $\dot{V} = S\dot{S} \leqslant -\gamma |S| \leqslant 0$ 时，确保船舶编队系统 Lyapunov 稳定。

1）$\tau_{u\mathrm{F}}$ 设计

定义纵向速度跟踪误差为

$$
u_{\mathrm{e}} = u_{\mathrm{F}} - \alpha_{u\mathrm{F}}
\tag{7.18}
$$

则有

$$
\dot{u}_{\mathrm{e}} = \frac{m_{22\mathrm{F}}}{m_{11\mathrm{F}}} v_{\mathrm{F}} r_{\mathrm{F}} - \frac{d_{11\mathrm{F}}}{m_{11\mathrm{F}}} u_{\mathrm{F}} + \frac{1}{m_{11\mathrm{F}}} \tau_{u\mathrm{F}} - \alpha_{u\mathrm{F}}
\tag{7.19}
$$

考虑船舶的位置变量不能在船舶附体坐标系下进行定义，因此采用速度误差的积分表示船舶位置变化，定义滑模面为

$$
S_1 = u_{\mathrm{e}} + \lambda_1\int_0^t u_{\mathrm{e}}(\tau)\mathrm{d}\tau, \quad \lambda_1 > 0
\tag{7.20}
$$

对式（7.20）求导可得

$$\dot{S}_1 = \dot{u}_e + \lambda_1 u_e$$

$$= \frac{m_{22F}}{m_{11F}} v_F r_F - \frac{d_{11F}}{m_{11F}} u_F + \frac{1}{m_{11F}} \tau_{uF} - \dot{\alpha}_{uF} + \lambda_1 (u_F - \alpha_{uF}) \tag{7.21}$$

则跟随船的纵向控制律为

$$\tau_{uF} = -m_{22F} v_F r_F + d_{11F} u_F + m_{11F} \dot{\alpha}_{uF} - \lambda_1 m_{11F} u_e - \eta_1 \mathrm{sat}(S_1 / \Delta_1) \tag{7.22}$$

$$\mathrm{sat}(S_1 / \Delta_1) = \begin{cases} 1, & S_1 > \Delta_1 \\ S_1 / \Delta_1, & |S_1 / \Delta_1| \leqslant 1 \\ -1, & S_1 < -\Delta_1 \end{cases} \tag{7.23}$$

其中，$\Delta_i > 0$，在滑模面 S_i 周围定义了一个小的边界层。

定义 Lyapunov 备选函数为

$$V_2 = \frac{1}{2} m_{11F} S_1^2 \tag{7.24}$$

则有

$$\dot{V}_2 = m_{11F} S_1 \dot{S}_1$$

$$= m_{11F} S_1 (\dot{u}_e + \lambda_1 u_e)$$

$$= m_{11F} S_1 \left[\frac{m_{22F}}{m_{11F}} v_F r_F - \frac{d_{11F}}{m_{11F}} u_F + \frac{1}{m_{11F}} \tau_{uF} - \dot{\alpha}_{uF} + \lambda_1 (u_F - \hat{u}_F) \right]$$

$$= S_1 [-\eta_1 \mathrm{sat}(S_1 / \Delta_1)] \tag{7.25}$$

由式（7.25）可知，$\dot{V}_2$ 是负定的，根据饱和函数式（7.23），如果选取 $\eta_1 = m_{11F}\gamma_1$，$\gamma_1 > 0$，则可得

$$\dot{V}_2 = m_{11F} s_1 \dot{s}_1 \leqslant -m_{11F}\gamma_1 |S_1| \tag{7.26}$$

2）τ_{rF} 设计

定义横向跟踪误差为

$$v_e = v_F - \alpha_{vF} \tag{7.27}$$

则有

$$\dot{v}_e = -\frac{m_{11F}}{m_{22F}} u_F r_F - \frac{d_{22F}}{m_{22F}} v_F - \dot{\alpha}_{vF} \tag{7.28}$$

$$\ddot{v}_e = -\frac{m_{11F}}{m_{22F}} (\dot{u}_F r_F + u_F \dot{r}_F) - \frac{d_{22F}}{m_{22F}} \dot{v}_F - \ddot{\alpha}_{vF} \tag{7.29}$$

定义关于横向跟踪误差的二阶滑动平面为

$$S_2 = \dot{v}_e + 2\lambda_2 v_e + \lambda_2^2 \int_0^t v_e(\tau) \mathrm{d}\tau , \quad \lambda_2 > 0 \tag{7.30}$$

对式（7.30）两边进行微分，并把式（7.28）和式（7.29）代入其中，可得

$$\dot{S}_2 = \ddot{v}_e + 2\lambda_2 \dot{v}_e + \lambda_2^2 v_e$$

$$= -\frac{m_{11F}}{m_{22F}} \dot{u}_F r_F - \frac{d_{22F}}{m_{22F}} \dot{v}_F - \frac{m_{11F}}{m_{22F}} u_F \dot{r}_F - \ddot{\hat{v}}_F$$

$$+ 2\lambda_2 \left(-\frac{m_{11F}}{m_{22F}} u_F r_F - \frac{d_{22F}}{m_{22F}} v_F - \dot{\hat{v}}_F \right) + \lambda_2^2 (v_F - \hat{v}_F) \tag{7.31}$$

令

$$P = m_{11F}(m_{22F} - m_{11F})u_F^2 v_F + (m_{11F} d_{33F} - 2\lambda_2 m_{11F} m_{33F})u_F r_F - m_{11F} m_{33F} \dot{u}_F r_F$$

$$- d_{22F} m_{33F} \dot{v}_F - m_{22F} m_{33F} \ddot{\alpha}_{vF} + (\lambda_2^2 m_{22F} m_{33F} - 2\lambda_2 d_{22F} m_{33F})v_F$$

$$- (2\lambda_2 + \lambda_2^2)m_{22F} m_{33F} \dot{\alpha}_{vF} \tag{7.32}$$

$$Q = m_{11F} u_F \tag{7.33}$$

则跟随船的艏摇方向控制律 τ_{rF} 为

$$\tau_{rF} = \frac{P - \eta_2 \mathrm{sat}(S_2 / \Delta_2)}{Q} \tag{7.34}$$

值得注意的是，如果 $Q = 0$，此时控制律 τ_{rF} 是奇异的。这就要求在控制器设计时 $u_F \neq 0$。一般来说，船舶在实际航行中 $u_F > 0$，在仿真设计中通常采用 MATLAB 命令 $\mathrm{pinv}(Q) \equiv Q^+$ 来代替 Q。

定义 Lyapunov 备选函数为

$$V_3 = \frac{1}{2} m_{22F} m_{33F} S_2^2 \tag{7.35}$$

对式（7.35）两边微分，则有

$$\dot{V}_3 = m_{22F} m_{33F} S_2 \dot{S}_2 = m_{22F} m_{33F} S_2 \left(\frac{Q \tau_{rF} - P}{m_{22F} m_{33F}} \right)$$

$$= S_2[-\eta_2 \mathrm{sat}(S_2 / \Delta_2)] \tag{7.36}$$

由式（7.36）可知，当 $|S_2 / \Delta_2| > 1$ 时，S_2 在边界层外面，并且 $\mathrm{sat}(S_2 / \Delta_2) = \mathrm{sgn}(S_2)$。如果 $\eta_2 = m_{33F}\gamma_2$，$\gamma_2 > 0$，则 $\dot{V}_2$ 满足

$$\dot{V}_3 = m_{33F} S_2 \dot{S}_2 \leqslant -m_{33F} \gamma_2 |S_2| \tag{7.37}$$

7.1.3　稳定性分析

定理 7.1　考虑由 n 艘欠驱动水面船舶组成的编队控制问题，选取纵向控制律式（7.22）和艏摇运动控制律式（7.34），如果满足假设 7.1 和假设 7.2，通过选择合适的控制参数，则可获得期望的编队队形。

证明　定义 Lyapunov 备选函数为

$$V_4 = V_2 + V_3 = \frac{1}{2}(m_{11F}s_1^2 + m_{33F}s_2^2) \tag{7.38}$$

对式（7.38）两边微分，并把式（7.26）和式（7.36）代入其中，可得

$$\dot{V}_4 = S_1[-\eta_1 \mathrm{sat}(S_1 / \Delta_1)] + S_2[-\eta_2 \mathrm{sat}(S_2 / \Delta_2)]$$

$$\leqslant -m_{11F}\gamma_1|S_1| - m_{33F}\gamma_2|S_2| \leqslant 0 \tag{7.39}$$

由于船舶的位置变量不能在船舶附体坐标系下进行定义，采用速度误差的积分表示船舶的位置变化，可得

$$\begin{cases} u_e \to 0 \Rightarrow \int_0^t u_e(\tau)\mathrm{d}\tau \to 0 \\ v_e \to 0 \Rightarrow \int_0^t v_e(\tau)\mathrm{d}\tau \to 0 \end{cases} \tag{7.40}$$

由式（7.40）可知

$$\begin{cases} e_x \to 0 \\ e_y \to 0 \end{cases} \tag{7.41}$$

因此，在控制律式（7.22）和式（7.34）下，跟随船能够以一定的距离和方向跟踪上领导船，从而获得期望的编队队形。证毕。

本节在设计艏摇方向控制律 τ_{rF} 时是通过引入关于横向跟踪误差的二阶滑动平面得到的，因此需要对跟随船的艏摇角速度 r_F 进行稳定性分析。实际上，艏摇角速度 r_F 是有界输入有界输出的。

定义 Lyapunov 备选函数为

$$V_5 = \frac{1}{2}r_F^2 \tag{7.42}$$

则有

$$\dot{V}_5 = r_F \dot{r}_F = r_F\left[\frac{(m_{11F} - m_{22F})}{m_{33F}}u_F v_F - \frac{d_{33F}}{m_{33F}}r_F + \frac{1}{m_{33F}}\tau_{rF}\right]$$

$$= -\frac{d_{33F}}{m_{33F}}r_F^2 + \frac{(m_{11F} - m_{22F})}{m_{33F}}u_F v_F r_F + \frac{1}{m_{33F}}\tau_{rF}r_F$$

$$\leqslant -\rho_r V_5 + \mu_r \tag{7.43}$$

定义

$$\rho_r := \frac{2d_{33F}}{m_{33F}},$$

$$\mu_r := \frac{(m_{11F} - m_{22F})}{m_{33F}}u_F v_F r_F + \frac{1}{m_{33F}}\tau_{rF}r_F \text{。}$$

当 $|r_F| > [(m_{11F} - m_{22F})u_F v_F + \tau_{rF}]/d_{33F}$ 时，$\dot{V}_5 < 0$。因此，欠驱动跟随船的艏摇角速度 r_F 是有界输入有界输出的。

7.1.4　仿真研究

本小节对上述所设计的控制器进行仿真，从而验证其正确性和有效性。考虑由三艘欠驱动水面船舶组成的编队控制，并且指定其中一艘为领导船，其余两艘为跟随船（跟随船 2，跟随船 3），假设这三艘船是相同的，采用文献[184]中船舶模型参数：

$$m_{11i} = 120 \times 10^3 \, \text{kg}, \quad m_{22i} = 177.9 \times 10^3 \, \text{kg}, \quad m_{33i} = 636 \times 10^5 \, \text{kg} \cdot \text{m}^2$$

$$d_{11i} = 215 \times 10^2 \, \text{kg/s}, \quad d_{22i} = 147 \times 10^3 \, \text{kg/s}, \quad d_{33i} = 802 \times 10^4 (\text{kg} \cdot \text{m}^2)/\text{s}$$

跟随船和领导船之间期望的相对距离和方向分别为

$$l_{12}^d = l_{13}^d = 20 \text{m}, \quad \varphi_{12}^d = \pi/2, \quad \varphi_{13}^d = -\pi/2$$

编队中，各船舶的初始条件为

$$[x_1(0), y_1(0), \psi_1(0), u_1(0), v_1(0), r_1(0)] = [0, 0, 0, 0, 0, 0]$$

$$[x_2(0), y_2(0), \psi_2(0), u_2(0), v_2(0), r_2(0)] = [10, 30, 0, 0, 0, 0]$$

$$[x_3(0), y_3(0), \psi_3(0), u_3(0), v_3(0), r_3(0)] = [20, -30, 0, 0, 0, 0]$$

控制参数选取为

$$k_1 = 0.5, \quad k_2 = 0.55, \quad \lambda_1 = 3, \quad \lambda_2 = 10, \quad \Delta_1 = 0.05, \quad \Delta_2 = 0.1, \quad \gamma_1 = 0.36, \quad \gamma_2 = 1$$

仿真结果如图 7.2～图 7.5 所示。图 7.2 表示三艘欠驱动水面船舶在二维平面下的编队控制航迹，其中，船舶 1 作为领导船以速度 $u_1 = 2\text{m/s}$ 航行，其余两艘船作为跟随船。由图 7.2 可以看出，船舶的航迹分为三段，在前 30s 为曲线，30～80s 为直线，80s 以后为圆形轨迹。尽管领导船动态变化，但船舶依然能够保持良好的队形。图 7.3 表示编队中领导船和跟随船的相对距离误差和相对航向角误差（e_x^{12}：跟随船 2 与领导船在 x 轴方向跟踪误差。e_x^{13}：跟随船 3 与领导船在 x 轴方向跟踪误差。e_y^{12}：跟随船 2 与领导船在 y 轴方向跟踪误差。e_y^{13}：跟随船 3 与领导船在 y 轴方向跟踪误差。e_ψ^{12}：跟随船 2 与领导船的航向角 ψ 跟踪误差。e_ψ^{13}：跟随船 3 与领导船的航向角 ψ 跟踪误差），由图 7.3 中可明显地看出，相对距离在 x 方向上的分量和方向都能够收敛到零，相对距离在 y 方向上的分量收敛到一个小的恒定值。图 7.4 为跟随船速度跟踪误差曲线（u_{e2}：跟随船 2 纵向速度跟踪误差。v_{e2} 跟随船 2 横向速度跟踪误差。r_{e2} 跟随船 2 艏摇（转首）角速度跟踪误差；u_{e3}：跟随船 3 纵向速度跟踪误差。v_{e3}：跟随船 3 横向速度跟踪误差。r_{e3}：跟随船 3 艏摇（转首）角速度跟踪误差），各船舶速度误差能够收敛到零，横向速度误差也收敛到一个小的恒定值。图 7.5 表示跟随船的控制律 τ_u 和 τ_r（τ_{u2}：跟随船 2 控制律 τ_{u2}。

τ_{r2}：跟随船 2 控制律 τ_{r2}。τ_{u3}：跟随船 3 控制律 τ_{u3}。τ_{r3}：跟随船 3 控制律 τ_{r3}），由于初始速度为零，初始误差比较大，并且是不规则的，在初始阶段控制输入变化比较频繁，幅值也比较大。考虑实际中驱动器的饱和现象，本节在仿真中考虑控制律幅值的限制。由于在 30s 和 80s 处船舶的航迹发生变化，可以从图 7.5 中看出 τ_u 和 τ_r 有明显的变化。

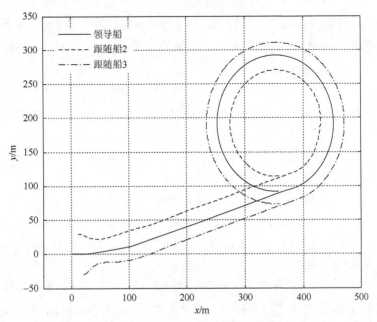

图 7.2　二维平面下的编队控制航迹

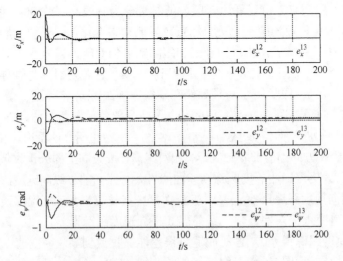

图 7.3　跟随船和领导船之间的相对距离误差和相对航向角误差

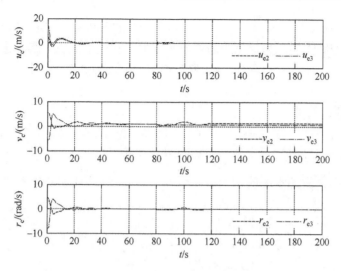

图 7.4　跟随船速度跟踪误差曲线

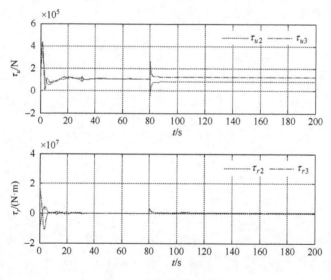

图 7.5　跟随船的控制律

7.2　模型参数不确定和未建模不确定项影响的欠驱动水面船舶鲁棒自适应全局滑模编队控制

在 7.1 节基础上，本节基于领导者-跟随者方法编队控制策略，设计一组欠驱动水面船舶的编队控制，针对编队中船舶的模型参数不确定和未建模不确定项的影响，设计基于全局滑模的鲁棒自适应编队控制器。全局滑模的作用：一是能够在初始阶段估计误差比较大时保证系统具有全局鲁棒性；二是在估计误差范围内提高系统的控制性能。为避免跟随船航向在编队行驶中出现振荡，选取跟随船输出控制点 p 与船舶质心不重合，从而确保跟随船准确跟踪领导船。

7.2.1 问题描述

1. 模型参数不确定的欠驱动水面船舶数学模型

针对一组欠驱动水面船舶组成的编队，给出第 i 艘船舶的运动学和动力学模型分别为

$$\begin{cases} \dot{x}_i = u_i\cos\psi_i - v_i\sin\psi_i \\ \dot{y}_i = u_i\sin\psi_i + v_i\cos\psi_i \\ \dot{\psi}_i = r_i \\ \dot{u}_i = f_{ui}^{\mathrm{T}}\chi_{ui}(\upsilon_i) + g_{ui}\tau_{ui} + \tau_{wui} \\ \dot{v}_i = f_{vi}^{\mathrm{T}}\chi_{vi}(\upsilon_i) + \tau_{wvi} \\ \dot{r}_i = f_{ri}^{\mathrm{T}}\chi_{ri}(\upsilon_i) + g_{ri}\tau_{ri} + \tau_{wri} \end{cases} \tag{7.44}$$

其中，

$$\upsilon_i = (u_i, v_i, r_i)$$

$$f_{ui} = \left[\frac{m_{22i}}{m_{11i}}, \frac{d_{ui}}{m_{11i}}, \frac{d_{u2i}}{m_{11i}}, \frac{d_{u3i}}{m_{11i}}\right]^{\mathrm{T}}$$

$$f_{vi} = \left[\frac{m_{11i}}{m_{22i}}, \frac{d_{vi}}{m_{22i}}, \frac{d_{v2i}}{m_{22i}}, \frac{d_{v3i}}{m_{22i}}\right]^{\mathrm{T}}$$

$$f_{ri} = \left[\frac{m_{11i}-m_{33i}}{m_{33i}}, \frac{d_{ri}}{m_{33i}}, \frac{d_{r2i}}{m_{33i}}, \frac{d_{r3i}}{m_{33i}}\right]^{\mathrm{T}}$$

$$\chi_{ui}(\upsilon_i) = [v_i r_i, -u_i, -|u_i|u_i, -|u_i|^2 u_i]^{\mathrm{T}}$$

$$\chi_{vi}(\upsilon_i) = [-u_i r_i, -v_i, -|v_i|v_i, -|v_i|^2 v_i]^{\mathrm{T}}$$

$$\chi_{ri}(\upsilon_i) = [u_i v_i, -r_i, -|r_i|r_i, -|r_i|^2 r_i]^{\mathrm{T}}$$

$$g_{ui} = \frac{1}{m_{11i}}$$

$$g_{ri} = \frac{1}{m_{33i}}$$

其中，$f_{ui} \in \mathbb{R}^{n_u}$、$f_{vi} \in \mathbb{R}^{n_v}$ 和 $f_{ri} \in \mathbb{R}^{n_r}$ 为未知的恒定向量，n_u、n_v 和 n_r 为已知维数；$\chi_{ui}(\upsilon_i) \in \mathbb{R}^{n_u}$、$\chi_{vi}(\upsilon_i) \in \mathbb{R}^{n_v}$ 和 $\chi_{ri}(\upsilon_i) \in \mathbb{R}^{n_r}$ 为已知光滑速度函数向量；g_{ui} 和

g_{ri} 为未知非零控制系数，船舶在横向上没有直接驱动，第 i 艘船仅有的两个控制输入为纵向运动控制力 τ_{ui} 和艏摇运动控制力矩 τ_{ri}，因此模型是欠驱动的。τ_{wui}、τ_{wvi} 和 τ_{wri} 表示第 i 艘船中的未建模不确定项，包括外界环境干扰和测量噪声。

2. 欠驱动水面船舶编队控制模型

基于领导者-跟随者方法编队控制策略的欠驱动水面船舶编队结构如图 7.6 所示。l 表示领导船与跟随船之间的相对距离；l_x 和 l_y 分别表示两船之间相对距离在 x 方向和 y 方向上的分量；φ 表示跟随船相对于领导船的方向；p 为控制点，为跟随船不在船舶质心处的任意一点，为方便计算可以选择船首位置；$\bar{x}_F$、$\bar{y}_F$ 和 $\bar{\psi}_F$ 分别为船舶在该点的位置和方向；d 表示控制点 p 与船舶质心之间的距离；x_L、y_L 和 ψ_L 分别表示领导船的位置和方向；x_F、y_F 和 ψ_F 表示跟随船的位置和方向；下标 "L" 和 "F" 分别表示领导者和跟随者；(u_L, v_L, r_L) 和 (u_F, v_F, r_F) 分别表示领导船和跟随船的纵向速度、横向速度和艏摇角速度。

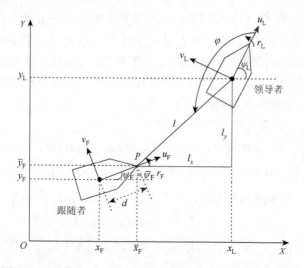

图 7.6　带有控制点 p 的领航者-跟随者方法船舶编队结构图

跟随船和领导船的运动学模型分别为

$$\begin{cases} \dot{x}_F = u_F \cos\psi_F - v_F \sin\psi_F \\ \dot{y}_F = u_F \sin\psi_F + v_F \cos\psi_F \\ \dot{\psi}_F = r_F \end{cases} \tag{7.45}$$

$$\begin{cases} \dot{x}_L = u_L \cos\psi_L - v_L \sin\psi_L \\ \dot{y}_L = u_L \sin\psi_L + v_L \cos\psi_L \\ \dot{\psi}_L = r_L \end{cases} \tag{7.46}$$

选取控制点 p，则控制坐标转换为

$$\begin{cases} \overline{x}_F = x_F + d\cos\psi_F \\ \overline{y}_F = y_F + d\sin\psi_F \end{cases} \tag{7.47}$$

令 $\overline{\psi}_F = \psi_F$，则

$$\begin{bmatrix} \dot{\overline{x}}_F \\ \dot{\overline{y}}_F \\ \dot{\overline{\psi}}_F \end{bmatrix} = \begin{bmatrix} \cos\psi_F & -\sin\psi_F & -d\sin\psi_F \\ \sin\psi_F & \cos\psi_F & d\cos\psi_F \\ 0 & 0 & 1 \end{bmatrix} \begin{bmatrix} u_F \\ v_F \\ r_F \end{bmatrix} \tag{7.48}$$

假设领导船的位置和方向确定，则跟随船的位置是唯一的。因此，为了获得期望的队形，就需要使 $l \to l^d$，$\varphi \to \varphi^d$，其中，上标"d"为期望。为了控制方便和消除奇异点，本节把欠驱动水面船舶的编队控制从 (l, φ) 转化为对 (l_x, l_y) 的控制。如图7.6所示，l_x 和 l_y 分别为

$$\begin{cases} l_x = -l\cos(\varphi + \psi_L) = x_L - \overline{x}_F = x_L - x_F - d\cos\psi_F \\ l_y = -l\sin(\varphi + \psi_L) = y_L - \overline{y}_F = y_L - y_F - d\sin\psi_F \end{cases} \tag{7.49}$$

注7.3　从式（7.49）可以看出，跟随船上的控制点 p 的选择与质心不重合，即 $d \neq 0$。如果 $d = 0$，输出 l_x 和 l_y 就不会受到状态 ψ_F 变化的影响，这种情况下，所设计的镇定输出控制律也与状态 ψ_F 相互独立，这种独立性将会对欠驱动水面船舶的零动态稳定性产生不好的影响，在跟踪过程中可能出现航向在质点处出现振荡，这在实际中是不允许的。

对式（7.49）两边进行微分，可得

$$\begin{cases} \dot{l}_x = u_L\cos\psi_L - v_L\sin\psi_L - u_F\cos\psi_F + v_F\sin\psi_F + r_F d\sin\psi_F \\ \dot{l}_y = u_L\sin\psi_L + v_L\cos\psi_L - u_F\sin\psi_F - v_F\cos\psi_F - r_F d\cos\psi_F \end{cases} \tag{7.50}$$

定义 l^d 为期望的相对距离，其在 x 和 y 方向的分量 l_x^d 和 l_y^d 分别为

$$\begin{cases} l_x^d = -l^d\cos(\varphi^d + \psi_L) \\ l_y^d = -l^d\sin(\varphi^d + \psi_L) \end{cases} \tag{7.51}$$

则有

$$\begin{cases} \dot{l}_x^d = -\dot{l}^d\cos(\varphi^d + \psi_L) + l^d\dot{\varphi}^d\sin(\varphi^d + \psi_L) + l^d r_L\sin(\varphi^d + \psi_L) \\ \dot{l}_y^d = -\dot{l}^d\sin(\varphi^d + \psi_L) - l^d\dot{\varphi}^d\cos(\varphi^d + \psi_L) - l^d r_L\cos(\varphi^d + \psi_L) \end{cases} \tag{7.52}$$

定义编队控制误差为

$$\begin{bmatrix} e_1 \\ e_2 \\ e_3 \end{bmatrix} = \begin{bmatrix} \cos\psi_F & \sin\psi_F & 0 \\ -\sin\psi_F & \cos\psi_F & 0 \\ 0 & 0 & 1 \end{bmatrix} \begin{bmatrix} l_x - l_x^d \\ l_y - l_y^d \\ \psi_L - \psi_F \end{bmatrix} \tag{7.53}$$

对式（7.53）进行微分，可得

$$
\begin{cases}
\dot{e}_1 = -u_F + u_L \cos e_3 - v_L \sin e_3 + e_2 r_F - l^d r_L \sin(\varphi^d + e_3) + \eta_1 \\
\dot{e}_2 = -v_F + u_L \sin e_3 + v_L \cos e_3 - e_1 r_F - d r_F + l^d r_L \cos(\varphi^d + e_3) + \eta_2 \quad (7.54) \\
\dot{e}_3 = r_L - r_F
\end{cases}
$$

其中，

$$
\begin{cases}
\eta_1 = \dot{l}^d \cos(\varphi^d + e_3) - l^d \dot{\varphi}^d \sin(\varphi^d + e_3) \\
\eta_2 = \dot{l}^d \sin(\varphi^d + e_3) + l^d \dot{\varphi}^d \cos(\varphi^d + e_3)
\end{cases}
$$

综上所述，由式（7.54）结合跟随船的动力学模型式（7.44）得到一组欠驱动水面船舶的编队控制数学模型为

$$
\begin{cases}
\dot{e}_1 = -u_F + u_L \cos e_3 - v_L \sin e_3 + e_2 r_F - l^d r_L \sin(\varphi^d + e_3) + \eta_1 \\
\dot{e}_2 = -v_F + u_L \sin e_3 + v_L \cos e_3 - e_1 r_F - d r_F + l^d r_L \cos(\varphi^d + e_3) + \eta_2 \\
\dot{e}_3 = r_L - r_F \\
\dot{u}_F = f_{uF}^T \chi_{uF}(\upsilon_F) + g_{uF} \tau_{uF} + \tau_{wuF} \\
\dot{v}_F = f_{vF}^T \chi_{vF}(\upsilon_F) + \tau_{wvF} \\
\dot{r}_F = f_{rF}^T \chi_{rF}(\upsilon_F) + g_{rF} \tau_{rF} + \tau_{wrF}
\end{cases}
\quad (7.55)
$$

假设 7.3　l^d、φ^d、$\dot{l}^d$、$\dot{\varphi}^d$ 有界，即 $|l^d - \dot{l}^d| < \varepsilon_1$，$|\varphi^d - \dot{\varphi}^d| < \varepsilon_2$，其中，$\varepsilon_1$、$\varepsilon_2$ 为任意小的正数。

假设 7.4　存在参数 g_{ui0}、g_{ri0}、$g_{ui\max}$ 和 $g_{ri\max}$，满足 $g_{ui0} \leqslant |g_{ui}| \leqslant g_{ui\max}$、$g_{ri0} \leqslant |g_{ri}| \leqslant g_{ri\max}$。

假设 7.5　未建模不确定项 τ_{wui}、τ_{wvi} 和 τ_{wri}，分别满足 $|\tau_{wui}| \leqslant \tau_{wui\max} < \infty$、$|\tau_{wvi}| \leqslant \tau_{wvi\max} < \infty$ 和 $|\tau_{wri}| \leqslant \tau_{wri\max} < \infty$。

本节控制目标：考虑一组欠驱动水面船舶组成的编队控制，考虑船舶中参数不确定性和未建模不确定项的影响，采用领导者-跟随者方法的编队控制策略，结合单艘欠驱动水面船舶的数学模型，通过选取合适的领航者，在满足假设 7.3～假设 7.5 时，设计控制律 τ_{uF} 和 τ_{rF}，使船队按照期望的队形航行。

7.2.2　控制器设计

本小节基于领导者-跟随者方法建立了欠驱动水面船舶编队控制数学模型，把编队控制问题转化为单艘船舶的轨迹跟踪控制问题，以下分别对跟随船的运动学模型和动力学模型进行设计。

1. 编队控制运动学模型设计

首先假设 α_{uF}、α_{vF} 和 α_{rF} 分别为 u_F、v_F 和 r_F 的虚拟控制量,定义 Lyapunov 备选函数为

$$V_1 = \frac{1}{2}e_1^2 \qquad (7.56)$$

对式(7.56)两边进行微分,可得

$$\dot{V}_1 = e_1[-u_F + u_L\cos e_3 - v_L\sin e_3 + e_2 r_F - l^d r_L\sin(\varphi^d + e_3) + \eta_1] \qquad (7.57)$$

选取虚拟控制量 α_{uF} 为

$$\alpha_{uF} = k_1 e_1 + u_L\cos e_3 - v_L\sin e_3 - l^d r_L\sin(\varphi^d + e_3) + \eta_1 \qquad (7.58)$$

由于船舶是欠驱动的,在横向上没有控制输入,所以定义 Lyapunov 备选函数为

$$V_2 = \frac{1}{2}e_2^2 + 1 - \cos e_3 \qquad (7.59)$$

对式(7.59)两边进行微分,并把式(7.55)代入其中,可得

$$\begin{aligned}
\dot{V}_2 &= e_2\dot{e}_2 + \dot{e}_3\sin e_3 \\
&= e_2[-v_F + u_L\sin e_3 + v_L\cos e_3 - e_1 r_F - dr_F + l^d r_L\cos(\varphi^d + e_3) + \eta_2] \\
&\quad + (r_L - r_F)\sin e_3
\end{aligned} \qquad (7.60)$$

选取虚拟控制量 α_{vF} 和 α_{rF} 分别为

$$\alpha_{vF} = k_2 e_2 + u_L\sin e_3 + v_L\cos e_3 + l^d r_L\cos(\varphi^d + e_3) + \eta_2 \qquad (7.61)$$

$$\alpha_{rF} = k_3\sin e_3 + r_L + \bar{\eta}_w \qquad (7.62)$$

定义

$$|\bar{\eta}_w| \leqslant \frac{-e_2\beta}{1 + d|e_2|} \qquad (7.63)$$

其中,$\beta = -k_3 d\sin e_3 - dr_L$。

为证明 (e_1, e_2, e_3) 是渐近稳定的,定义如下 Lyapunov 备选函数:

$$V_3 = \frac{1}{2}e_1^2 + \frac{1}{2}e_2^2 + 1 - \cos e_3 \qquad (7.64)$$

则有

$$\dot{V}_3 = e_1\dot{e}_1 + e_2\dot{e}_2 + \dot{e}_3\sin e_3$$

$$= e_1[-u_F + u_L\cos e_3 - v_L\sin e_3 + e_2 r_F - l^d r_L\sin(\varphi^d + e_3) + \eta_1]$$

$$+ e_2[-v_F + u_L\sin e_3 + v_L\cos e_3 - e_1 r_F - dr_F + l^d r_L\cos(\varphi^d + e_3) + \eta_2]$$

$$+ \sin e_3(r_L - r_F)$$

$$= -k_1 e_1^2 - k_2 e_2^2 - k_3\sin^2 e_3 + e_2\beta - \bar{\eta}_w(de_2 + \sin e_3)$$

$$\leqslant -k_1 e_1^2 - k_2 e_2^2 - k_3\sin^2 e_3 + e_2\beta + |\bar{\eta}_w|(d\,|e_2|+1) \tag{7.65}$$

由式（7.63）可知

$$|\bar{\eta}_w|(d\,|e_2|+1) + e_2\beta \leqslant 0 \tag{7.66}$$

则 $\dot{V}_3$ 可进一步表示为

$$\dot{V}_3 \leqslant -k_1 e_1^2 - k_2 e_2^2 - k_3\sin^2 e_3 \leqslant 0 \tag{7.67}$$

因此，可得 (e_1, e_2, e_3) 是渐近稳定的。

2. 编队控制动力学模型设计

在滑模面选取中，由于船舶的位置变量不能够在船舶附体坐标系下进行定义，采用速度误差的积分表示船舶的位置变化。针对船舶的欠驱动特性，分两步分别设计纵向运动控制律 τ_{uF} 和艏摇运动控制律 τ_{rF}。

1）τ_{uF} 设计

定义纵向速度误差为

$$u_e = u_F - \alpha_{uF} \tag{7.68}$$

对式（7.68）两边微分，并把式（7.55）和式（7.58）代入其中，可得

$$\dot{u}_e = f_{uF}^T \chi_{uF}(\upsilon_F) + g_{uF}\tau_{uF} + \tau_{wuF} - \dot{\alpha}_{uF} \tag{7.69}$$

定义全局动态滑模面为

$$s_1 = u_e + \lambda_1\int_0^t u_e(\tau)\mathrm{d}\tau - f_1(t) \tag{7.70}$$

其中，$\lambda_1 > 0$，$f_1(t)$ 是为了达到全局滑模而设计的函数。$f_1(t)$ 的设计满足三个条件：① $f_1(0) = \dot{u}_{e0} + \lambda_1 u_{e0}$，$u_{e0}$ 和 $\dot{u}_{e0}$ 为 $t = 0$ 时的误差；② $t \to \infty$ 时，$f_1(t) \to 0$；③ $\dot{f}_1(t)$ 存在且有界。因此，$f_1(t)$ 可选取为

$$f_1(t) = f_1(0)\mathrm{e}^{-\zeta_1 t}, \quad \zeta_1 > 0 \tag{7.71}$$

对式（7.70）两边进行微分，可得

$$\dot{s}_1 = \dot{u}_e + \lambda_1 u_e - \dot{f}_1(t)$$

$$= f_{uF}^T \chi_{uF}(\upsilon_F) + g_{uF}\tau_{uF} + \tau_{wuF} - \dot{\alpha}_{uF} + \lambda_1 u_e - \dot{f}_1(t) \tag{7.72}$$

则可得到自适应全局滑模控制律 τ_{uF} 为

$$\tau_{uF} = -g_{uF}^{-1}[\hat{f}_{uF}^{\mathrm{T}}\chi_{uF}(\upsilon_F) + \hat{\tau}_{wuF\max}\varpi(s_1) - \dot{\alpha}_{uF} + \lambda_1 u_e - \dot{f}_1(t)] - \gamma_1\mathrm{sat}(s_1/\varDelta_1) \quad (7.73)$$

其中，$\gamma_1 > 0$，$\varDelta_1 > 0$，在滑模面 S_1 周围定义了一个小的边界层；上标"∧"为估计值。

注 7.4　$\varpi(0)$ 为一个光滑函数，并且满足以下条件：$\varpi(0) = 0$ 且 $|\xi| \leqslant \xi\varpi(0) + \delta$，$\forall \xi \in \mathbb{R}$。本小节采用文献中的 $\varpi(\xi) = \tanh\left(\dfrac{\kappa\xi}{\delta}\right)$，其中，$\kappa = \mathrm{e}^{-(\kappa+1)}$，并且可以计算出 $\kappa = 0.2785$。

选取模型参数不确定和未建模不确定项自适应律为

$$\dot{\hat{f}}_{uF}^{\mathrm{T}} = \Gamma_{uF}[-s_1\chi_{uF}(\upsilon_F) - \sigma_{uF}(\hat{f}_{uF}^{\mathrm{T}} - f_{uF0}^{\mathrm{T}})] \quad (7.74)$$

$$\dot{\hat{\tau}}_{wuF\max} = \gamma_{wu}[s_1\varpi(s_1) - \sigma_{wuF}(\hat{\tau}_{wuF\max} - \tau_{wuF\max 0})] \quad (7.75)$$

其中，$\Gamma_{uF} > 0$，$\gamma_{wu} > 0$，$\sigma_{uF} \geqslant 0$，$\sigma_{wuF} \geqslant 0$，$\tau_{wuF\max 0}$ 为控制器设计参数。

定义 Lyapunov 备选函数为

$$V_{s_1} = \frac{1}{2}s_1^2 \quad (7.76)$$

对式（7.76）两边进行微分，可得

$$\begin{aligned}
\dot{V}_{s_1} &= s_1\dot{s}_1 \\
&= s_1\left[f_{uF}^{\mathrm{T}}\chi_{uF}(\upsilon_F) + g_{uF}\tau_{uF} + \tau_{wuF} - \dot{\alpha}_{uF} + \lambda_1 u_e - \dot{f}_1(t)\right] \\
&= s_1\left[f_{uF}^{\mathrm{T}}\chi_{uF}(\upsilon_F) - \hat{f}_{uF}^{\mathrm{T}}\chi_{uF}(\upsilon_F) + \tau_{wuF} - \hat{\tau}_{wuF\max}\varpi(s_1) - \gamma_1 g_{uF}\mathrm{sat}(s_1/\varDelta_1)\right] \\
&\leqslant -\gamma_1 g_{uF}|s_1| + s_1\left[f_{uF}^{\mathrm{T}}\chi_{uF}(\upsilon_F) - \hat{f}_{uF}^{\mathrm{T}}\chi_{uF}(\upsilon_F) + \tau_{wuF} - \hat{\tau}_{wuF\max}\varpi(s_1)\right] \quad (7.77)
\end{aligned}$$

其中，$\tilde{f}_{uF}^{\mathrm{T}} = f_{uF}^{\mathrm{T}} - \hat{f}_{uF}^{\mathrm{T}}$。

2）τ_{rF} 设计

定义艏摇角速度误差为

$$r_e = r_F - \alpha_{rF} \quad (7.78)$$

对式（7.78）两边微分，并把式（7.55）和式（7.58）代入其中，可得

$$\dot{r}_e = f_{rF}^{\mathrm{T}}\chi_{rF}(\upsilon_F) + g_{rF}\tau_{rF} + \tau_{wrF} - \dot{\alpha}_{rF} \quad (7.79)$$

定义全局动态滑模面为

$$s_2 = r_e + \lambda_2\int_0^t r_e(\tau)\mathrm{d}\tau - f_2(t) \quad (7.80)$$

则有

$$\dot{s}_2 = \dot{r}_e + \lambda_2 r_e - \dot{f}_2(t)$$

$$= f_{rF}^{T}\chi_{rF}(\upsilon_F) + g_{rF}\tau_{rF} + \tau_{wrF} - \dot{\alpha}_{rF} + \lambda_2 r_e - \dot{f}_2(t) \tag{7.81}$$

可得到自适应全局滑模控制律 τ_{rF} 为

$$\tau_{rF} = -g_{rF}^{-1}\Big[\hat{f}_{rF}^{T}\chi_{rF}(\upsilon_F) + \hat{\tau}_{wrF\max}\varpi(s_2) - \dot{\alpha}_{rF} + \lambda_2 r_e - \dot{f}_2(t)\Big] - \gamma_2\mathrm{sat}(s_2/\Delta_2) \tag{7.82}$$

其中，$\gamma_2 > 0$，$\Delta_2 > 0$。

选取自适应律为

$$\dot{\hat{f}}_{rF}^{T} = \Gamma_{rF}[-s_2\chi_{rF}(\upsilon_F) - \sigma_{rF}(\hat{f}_{rF}^{T} - f_{rF0}^{T})] \tag{7.83}$$

$$\dot{\hat{\tau}}_{wrF\max} = \gamma_{wr}[s_2\varpi(s_2) - \sigma_{wrF}(\hat{\tau}_{wrF\max} - \tau_{wrF\max 0})] \tag{7.84}$$

其中，$\Gamma_{rF} > 0$，$\gamma_{wr} > 0$，$\sigma_{rF} \geqslant 0$，$\sigma_{wrF} \geqslant 0$，$\tau_{wrF\max 0}$ 为控制器设计参数。

定义 Lyapunov 备选函数为

$$V_{s_2} = \frac{1}{2}s_2^2 \tag{7.85}$$

对式（7.85）两边进行微分，可得

$$\dot{V}_{s_2} = s_2\dot{s}_2$$

$$= s_2\Big[f_{rF}^{T}\chi_{rF}(\upsilon_F) + g_{rF}\tau_{rF} + \tau_{wrF} - \dot{\alpha}_{rF} + \lambda_2 r_e - \dot{f}_2(t)\Big]$$

$$= s_2\Big[f_{rF}^{T}\chi_{rF}(\upsilon_F) - \hat{f}_{rF}^{T}\chi_{rF}(\upsilon_F) + \tau_{wrF} - \hat{\tau}_{wrF\max}\varpi(s_2) - \gamma_2 g_{rF}\mathrm{sat}(s_2/\Delta_2)\Big]$$

$$\leqslant -\gamma_2 g_{rF}\,|\,s_2\,| + s_2\Big[f_{rF}^{T}\chi_{rF}(\upsilon_F) - \hat{f}_{rF}^{T}\chi_{rF}(\upsilon_F) + \tau_{wrF} - \hat{\tau}_{wrF\max}\varpi(s_2)\Big] \tag{7.86}$$

其中，$\tilde{f}_{rF}^{T} = f_{rF}^{T} - \hat{f}_{rF}^{T}$。

7.2.3　稳定性分析

定理 7.2　针对由一组欠驱动水面船舶组成的编队控制，考虑模型参数不确定和未建模不确定项，选取控制律式（7.73）和式（7.82），自适应律式（7.74）、式（7.75）和式（7.83）、式（7.84），如果满足假设 7.3～假设 7.5，则通过选取合适的控制参数能够使闭环系统的所有信号是一致最终有界的，从而能够获得期望的编队队形。

证明　定义如下 Lyapunov 备选函数：

$$V = V_{s_1} + V_{s_2} + \frac{1}{2}\Big(\tilde{f}_{uF}^{\mathrm{T}} \Gamma_{uF}^{-1} \tilde{f}_{uF} + \tilde{f}_{rF}^{\mathrm{T}} \Gamma_{rF}^{-1} \tilde{f}_{rF} + \gamma_{wu}^{-1} \tilde{\tau}_{wuF\,max}^2 + \gamma_{wr}^{-1} \tilde{\tau}_{wrF\,max}^2 \Big) \qquad (7.87)$$

其中，$\tilde{f}_{uF} = f_{uF} - \hat{f}_{uF}$；$\tilde{f}_{rF} = f_{rF} - \hat{f}_{rF}$；$\tilde{\tau}_{wuF\,max} = \tau_{wuF\,max} - \hat{\tau}_{wuF\,max}$；$\tilde{\tau}_{wrF\,max} = \tau_{wrF\,max} - \hat{\tau}_{wrF\,max}$。

对式（7.87）两边进行微分并把式（7.74）、式（7.75）、式（7.77）、式（7.83）、式（7.84）和式（7.86）代入其中，可得

$$\begin{aligned}
\dot{V} &= \dot{V}_{s_1} + \dot{V}_{s_2} + \tilde{f}_{uF}^{\mathrm{T}} \Gamma_{uF}^{-1} \dot{\hat{f}}_{uF} + \tilde{f}_{rF}^{\mathrm{T}} \Gamma_{rF}^{-1} \dot{\hat{f}}_{rF} + \gamma_{wu}^{-1} \tilde{\tau}_{wuF\,max} \dot{\hat{\tau}}_{wuF\,max} + \gamma_{wr}^{-1} \tilde{\tau}_{wrF\,max} \dot{\hat{\tau}}_{wrF\,max} \\
&= s_1 \tilde{f}_{uF}^{\mathrm{T}} \chi_{uF}(\upsilon_F) + s_2 \tilde{f}_{rF}^{\mathrm{T}} \chi_{rF}(\upsilon_F) + s_1 \tau_{wuF} - s_1 \hat{\tau}_{wuF\,max} \varpi(s_1) + s_2 \tau_{wrF} \\
&\quad - s_2 \hat{\tau}_{wrF\,max} \varpi(s_2) - \gamma_1 g_{uF} s_1 \mathrm{sat}(s_1/\Delta_1) - \gamma_2 g_{rF} s_2 \mathrm{sat}(s_2/\Delta_2) \\
&\quad + \tilde{f}_{uF}^{\mathrm{T}}[-s_1 \chi_{uF}(\upsilon_F) - \sigma_{uF}(\hat{f}_{uF}^{\mathrm{T}} - f_{uF0}^{\mathrm{T}})] + \tilde{f}_{rF}^{\mathrm{T}}[-s_2 \chi_{rF}(\upsilon_F) - \sigma_{rF}(\hat{f}_{rF}^{\mathrm{T}} - f_{rF0}^{\mathrm{T}})] \\
&\quad + \tilde{\tau}_{wuF\,max}[s_1 \varpi(s_1) - \sigma_{wuF}(\hat{\tau}_{wuF\,max} - \tau_{wuF\,max\,0})] \\
&\quad + \tilde{\tau}_{wrF\,max}[s_2 \varpi(s_2) - \sigma_{wrF}(\hat{\tau}_{wrF\,max} - \tau_{wrF\,max\,0})] \\
&\leqslant -\gamma_1 g_{uF} |s_1| - \gamma_2 g_{rF} |s_2| + \tau_{wuF\,max}[|s_1| - s_1 \varpi(s_1)] + \tau_{wrF\,max}[|s_2| - s_2 \varpi(s_2)] \\
&\quad - \sigma_{uF} \big\| \tilde{f}_{uF} \big\|_2^2 - \sigma_{uF} \tilde{f}_{uF}^{\mathrm{T}}(\hat{f}_{uF}^{\mathrm{T}} - f_{uF0}^{\mathrm{T}}) - \sigma_{rF} \big\| \tilde{f}_{rF} \big\|_2^2 - \sigma_{rF} \tilde{f}_{rF}^{\mathrm{T}}(\hat{f}_{rF}^{\mathrm{T}} - f_{rF0}^{\mathrm{T}}) - \sigma_{wuF} \tilde{\tau}_{wuF}^2 \\
&\quad - \sigma_{wuF} \tilde{\tau}_{wuF\,max}(\hat{\tau}_{wuF\,max} - \tau_{wuF\,max\,0}) - \sigma_{wrF} \tilde{\tau}_{wrF\,max}^2 - \sigma_{wrF} \tilde{\tau}_{wuF\,max}(\hat{\tau}_{wrF\,max} - \tau_{wrF\,max})
\end{aligned}$$
$$\qquad (7.88)$$

根据以下不等式：

$$\begin{cases}
\tilde{f}_{uF}^{\mathrm{T}}(\hat{f}_{uF}^{\mathrm{T}} - f_{uF0}^{\mathrm{T}}) \leqslant -\dfrac{1}{2}\Big[\big\| \tilde{f}_{uF}^{\mathrm{T}} \big\|_2^2 + \big\| f_{uF}^{\mathrm{T}} - f_{uF0}^{\mathrm{T}} \big\|_2^2 \Big] \\[2mm]
\tilde{f}_{rF}^{\mathrm{T}}(\hat{f}_{rF}^{\mathrm{T}} - f_{rF0}^{\mathrm{T}}) \leqslant -\dfrac{1}{2}\Big[\big\| \tilde{f}_{rF}^{\mathrm{T}} \big\|_2^2 + \big\| f_{rF}^{\mathrm{T}} - f_{rF0}^{\mathrm{T}} \big\|_2^2 \Big] \\[2mm]
\tilde{\tau}_{wuF\,max}(\hat{\tau}_{wuF\,max} - \tau_{wuF\,max\,0}) \leqslant -\dfrac{1}{2}[\tau_{wuF\,max}^2 + (\tau_{wuF\,max} - \tau_{wuF\,max\,0})^2] \\[2mm]
\tilde{\tau}_{wrF\,max}(\hat{\tau}_{wrF\,max} - \tau_{wrF\,max\,0}) \leqslant -\dfrac{1}{2}[\tau_{wrF\,max}^2 + (\tau_{wrF\,max} - \tau_{wrF\,max\,0})^2] \\[2mm]
0 < |s_1| - s_1 \varpi(s_1) = |s_1| - s_1 \tanh\Big(\dfrac{\kappa s_1}{\delta}\Big) \leqslant 0.2785\delta \\[2mm]
0 < |s_2| - s_2 \varpi(s_2) = |s_2| - s_2 \tanh\Big(\dfrac{\kappa s_2}{\delta}\Big) \leqslant 0.2785\delta
\end{cases} \qquad (7.89)$$

$\dot{V}$ 可进一步表示为

$$\dot{V} \leqslant -\gamma_1 g_{uF} |s_1| - \gamma_2 g_{rF} |s_2| + 0.2785\delta(\tau_{wuF\,max} + \tau_{wrF\,max}) - \sigma_{uF} \left\| \tilde{f}_{uF} \right\|_2^2$$

$$+ \frac{1}{2}\sigma_{uF}\left[\left\| \tilde{f}_{uF}^{\mathrm{T}} \right\|_2^2 + \left\| f_{uF}^{\mathrm{T}} - f_{uF0}^{\mathrm{T}} \right\|_2^2 \right] - \sigma_{rF} \left\| \tilde{f}_{rF} \right\|_2^2 + \frac{1}{2}\sigma_{rF}\left[\left\| \tilde{f}_{rF}^{\mathrm{T}} \right\|_2^2 + \left\| f_{rF}^{\mathrm{T}} - f_{rF0}^{\mathrm{T}} \right\|_2^2 \right]$$

$$- \sigma_{wuF}\tilde{\tau}_{wuF\,max}^2 + \frac{1}{2}\sigma_{wuF}[\tilde{\tau}_{wuF\,max}^2 + (\tau_{wuF\,max} - \tau_{wuF\,max0})^2]$$

$$- \sigma_{wrF}\tilde{\tau}_{wrF\,max}^2 + \frac{1}{2}\sigma_{wrF}[\tilde{\tau}_{wrF\,max}^2 + (\tau_{wrF\,max} - \tau_{wrF\,max0})^2]$$

$$\leqslant -\frac{1}{2}\sigma_{uF}\left\| \tilde{f}_{uF} \right\|_2^2 - \frac{1}{2}\sigma_{rF}\left\| \tilde{f}_{rF} \right\|_2^2 - \frac{1}{2}\sigma_{wuF}\tilde{\tau}_{wuF\,max}^2 - \frac{1}{2}\sigma_{wrF}\tilde{\tau}_{wrF\,max}^2$$

$$+ \frac{1}{2}\sigma_{wuF}(\tau_{wuF\,max} - \tau_{wuF\,max0})^2 + \frac{1}{2}\sigma_{wrF}(\tau_{wrF\,max} - \tau_{wrF\,max0})^2$$

$$+ \frac{1}{2}\sigma_{uF}\left\| f_{uF}^{\mathrm{T}} - f_{uF0}^{\mathrm{T}} \right\|_2^2 + \frac{1}{2}\sigma_{rF}\left\| f_{rF}^{\mathrm{T}} - f_{rF0}^{\mathrm{T}} \right\|_2^2 - \gamma_1 g_{uF}|s_1| - \gamma_2 g_{rF}|s_2|$$

$$+ 0.2785\delta(\tau_{wuF\,max} + \tau_{wrF\,max}) \tag{7.90}$$

定义

$$\mu := \min\left[\frac{\sigma_{uF}}{\lambda_{\max}(\Gamma_{uF}^{-1})}, \frac{\sigma_{rF}}{\lambda_{\max}(\Gamma_{rF}^{-1})}, \frac{\sigma_{wuF}}{\gamma_{wu}^{-1}}, \frac{\sigma_{wrF}}{\gamma_{wr}^{-1}} \right]$$

$$\rho := \frac{1}{2}\sigma_{wuF}(\tau_{wuF\,max} - \tau_{wuF\,max0})^2 + \frac{1}{2}\sigma_{wrF}(\tau_{wrF\,max} - \tau_{wrF\,max0})^2 + \frac{1}{2}\sigma_{uF}\left\| f_{uF}^{\mathrm{T}} - f_{uF_0}^{\mathrm{T}} \right\|_2^2$$

$$+ \frac{1}{2}\sigma_{rF}\left\| f_{rF}^{\mathrm{T}} - f_{rF0}^{\mathrm{T}} \right\|_2^2 - \gamma_1 g_{uF}|s_1| - \gamma_2 g_{rF}|s_2| + 0.2785\delta(\tau_{wuF\,max} + \tau_{wrF\,max})$$

则有

$$\dot{V} \leqslant -\mu V + \rho \tag{7.91}$$

定义 $\Phi = \dfrac{\rho}{\mu}$，则式（7.91）可改写为

$$V(t) \leqslant \Phi + [V(0) - \Phi]e^{-\mu t} \tag{7.92}$$

由式（7.92）可以看出，当 $t \to \infty$ 时，$V \to \Phi$。因此，闭环系统的所有信号是一致最终有界的，并且可通过调整控制参数使 Φ 尽可能小。证毕。

7.2.4　仿真研究

1. 固定队形

本小节对所设计的编队控制器进行仿真，从而验证其正确性和有效性。考虑由四艘欠驱动水面船舶组成的编队控制，船舶之间期望的相对距离和航向角分别为

$$l_{12}^d = l_{13}^d = l_{14}^d = 20\text{m}, \quad \varphi_{12}^d = \pi/2, \quad \varphi_{13}^d = -\pi/2, \quad \varphi_{14}^d = -\pi/2$$

假设这四艘船是相同的，采用文献[184]中的船舶模型参数，选取 $d = 15\text{m}$，$f_{ui0} = 0.7f_{ui}$，$f_{ri0} = 0.7f_{ri}$，$g_{ui0} = 0.7g_{ui}$，$g_{ri0} = 0.7g_{ri}$，$\tau_{wui\max0} = 0.7\tau_{wui\max}$，$\tau_{wui\max} = 2$，$\tau_{wri\max0} = 0.7\tau_{wri\max}$，$\tau_{wri\max} = 3$。

编队中各船舶的初始条件为

$$[x_1(0), y_1(0), \psi_1(0), u_1(0), v_1(0), r_1(0)] = [0, 0, 0, 5, 0, 0.001]$$

$$[x_2(0), y_2(0), \psi_2(0), u_2(0), v_2(0), r_2(0)] = [0, 50, 0, 0, 0, 0]$$

$$[x_3(0), y_3(0), \psi_3(0), u_3(0), v_3(0), r_3(0)] = [0, -40, 0, 0, 0, 0]$$

$$[x_4(0), y_4(0), \psi_4(0), u_4(0), v_4(0), r_4(0)] = [0, -80, 0, 0, 0, 0]$$

控制参数取为

$$\Gamma_{ui} = 0.05 \times \text{eye}(4), \quad \Gamma_{ri} = 0.1 \times \text{eye}(4), \quad \gamma_{wui} = 10, \quad \gamma_{wri} = 5, \quad \sigma_{ui} = 0.02$$

$$\sigma_{ri} = 0.05, \quad \sigma_{wui} = 0.2, \quad \sigma_{wri} = 0.05, \quad k_1 = k_2 = k_3 = 3.2, \quad \lambda_1 = \lambda_2 = 1, \quad \Delta_1 = \Delta_2 = 0.07$$

$$\gamma_1 = 1.6, \quad \gamma_2 = 3, \quad \zeta_1 = \zeta_2 = 60$$

仿真结果如图 7.7～图 7.10 所示。图 7.7 表示船舶 1 作为领导船，其他三艘船作为跟随船在二维平面下船舶编队航迹。从图 7.7 中可以看出，领导船轨迹在前 80s 为曲线，80s 以后为直线，尽管存在模型参数不确定和外界干扰的影响，但编队依然能够保持很好的队形。图 7.8 为领导船与跟随船之间的相对距离误差和相对航向角误差（e_x^{12}：跟随船 2 与领导船在 x 轴方向跟踪误差。e_x^{13}：跟随船 3 与领导船在 x 轴方向跟踪误差。e_x^{14}：跟随船 4 与领导船在 x 轴方向跟踪误差。e_y^{12}：跟随船 2 与领导船在 y 轴方向跟踪误差。e_y^{13}：跟随船 3 与领导船在 y 轴方向跟踪误差。e_y^{14}：跟随船 4 与领导船在 y 轴方向跟踪误差。e_ψ^{12}：跟随船 2 与领导船的航向角 ψ 跟踪误差。e_ψ^{13}：跟随船 3 与领导船的航向角 ψ 跟踪误差。e_ψ^{14}：跟随船 4 与领导船的航向角 ψ 跟踪误差）。从图 7.8 可以看出，由于初始状态误差比较大，在开始阶段船舶之间的相对距离和航向角误差也比较大，但经过一段时间后航向角误差能够收敛到零，说明了引入控制点 p 的有效性。由于横向上没有驱动，所以相对距离误差在 y 方向上的分量收敛到一个小的恒定值。图 7.9 为跟随船速度跟踪误差曲线（u_{e2}：跟随船 2 纵向速度跟踪误差。v_{e2} 跟随船 2 横向速度跟踪误差。r_{e2} 跟随船 2 艏摇（转首）角速度跟踪误差。u_{e3}：跟随船 3 纵向速度跟踪误差。v_{e3}：跟随船 3 横向速度跟踪误差。r_{e3}：跟随船 3 首摇（转首）角速度跟踪误差。u_{e4}：跟随船 4 纵向速度跟踪误差。v_{e4}：跟随船 4 横向速度跟踪误差。r_{e4}：跟随船 4 首摇（转首）角速度跟踪误差），如图 7.9 所示，各船舶速度跟踪误差能够收敛到零，横向速度跟踪误差也收敛到一个小的恒定值。图 7.10 是跟随船的纵向控制律 τ_{ui} 和艏摇方向控制律 τ_{ri} 的时间响应曲线（τ_{u2}：跟随船 2 控制律 τ_{u2}。τ_{r2}：跟随船 2 控制律 τ_{r2}。τ_{u3}：

跟随船 3 控制律 τ_{u3}。τ_{r3}：跟随船 3 控制律 τ_{r3}。τ_{u4}：跟随船 4 控制律 τ_{u3}。τ_{r4}：跟随船 4 控制律 τ_{r4}），可以看出，由于初始误差较大，跟随船舶的初始速度为零，在控制的初始阶段控制律的幅值比较大，为避免出现控制律饱和现象，本小节采取限制其幅值大小来解决该问题，最后 τ_{ui} 和 τ_{ri} 趋于恒定值。

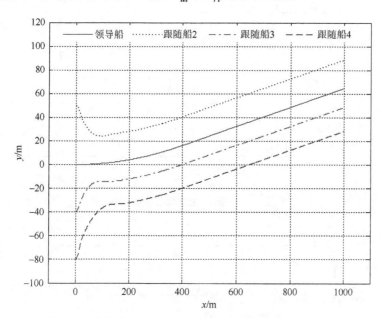

图 7.7　二维平面下 4 艘船舶编队航迹

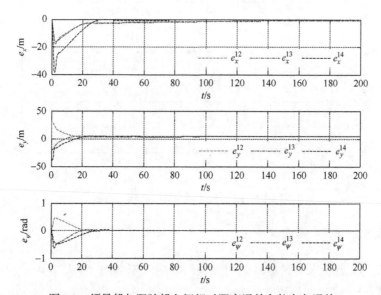

图 7.8　领导船与跟随船之间相对距离误差和航向角误差

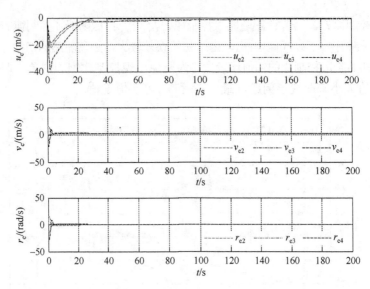

图 7.9　跟随船速度跟踪误差曲线

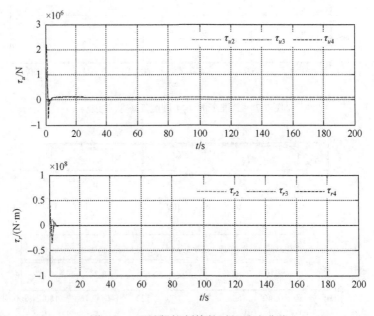

图 7.10　跟随船控制律的时间响应曲线

2. 队形变换

对四艘欠驱动水面船舶组成的编队由横向队形变成"V"字队形进行仿真，船舶编队在前 120s 的期望队形为

$$l_{12}^d = l_{13}^d = l_{14}^d = 20\text{m} , \quad \varphi_{12}^d = \pi/2 , \quad \varphi_{13}^d = -\pi/2 , \quad \varphi_{14}^d = -\pi/2$$

在 120s 后的期望队形为

$$l_{12}^d = l_{13}^d = l_{14}^d = 20\text{m} , \quad \varphi_{12}^d = 5\pi/6 , \quad \varphi_{13}^d = -5\pi/6 , \quad \varphi_{14}^d = -5\pi/6$$

编队中各船舶的初始条件为

$$[x_1(0), y_1(0), \psi_1(0), u_1(0), v_1(0), r_1(0)] = [0, 0, 0, 5, 0, 0]$$
$$[x_2(0), y_2(0), \psi_2(0), u_2(0), v_2(0), r_2(0)] = [-20, 38.3, 0, 0, 0, 0]$$
$$[x_3(0), y_3(0), \psi_3(0), u_3(0), v_3(0), r_3(0)] = [0, -46, 0, 0, 0, 0]$$
$$[x_4(0), y_4(0), \psi_4(0), u_4(0), v_4(0), r_4(0)] = [-60, -63, 0, 0, 0, 0]$$

仿真结果如图 7.11～图 7.14 所示，尽管船舶编队队形动态变化，但仍然可以获得较好的编队队形，这归功于所设计的编队控制器具有很好的鲁棒性和自适应能力。

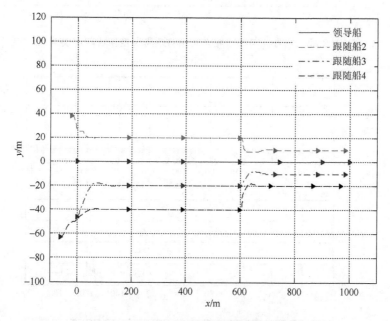

图 7.11 二维平面下船舶编队变队形航迹

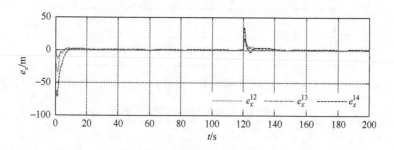

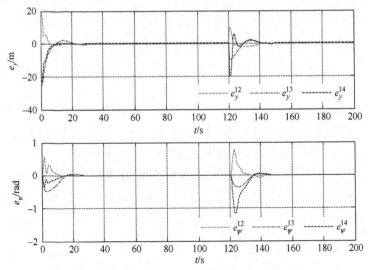

图 7.12 领导船与跟随船之间相对距离误差和航向角误差

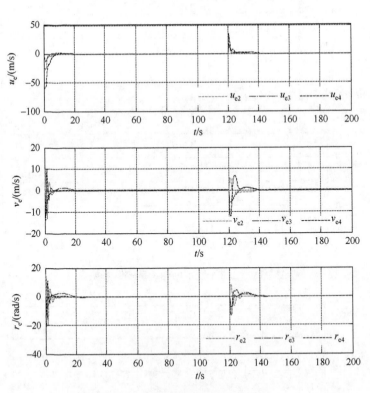

图 7.13 跟随船速度跟踪误差曲线

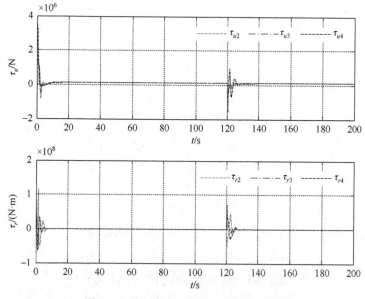

图 7.14　跟随船控制律的时间响应曲线

7.3　领导船速度未知的欠驱动水面船舶全局滑模编队控制

在领导者-跟随者方法中，通常都是假设领导者的速度可通过测量或网络通信传输获得，然而在多数情况下跟随船无法获取领导船的速度信息。许多船舶没有装配速度检测装置，即使船舶之间通过通信设备传输速度信号，由于跟随船需要实时获得领导船的速度信息，网络通信流量比较大，占用较大的带宽，并且会出现丢包和延时情况。因此，设计仅使用位置信息的船舶编队控制器具有较高的实用意义。

7.3.1　问题描述

1. 欠驱动水面船舶数学模型

针对一组欠驱动水面船舶组成的编队控制，首先给出第 i 艘船舶的 3 自由度运动学模型和动力学模型：

$$\begin{cases} \dot{x}_i = u_i \cos\psi_i - v_i \sin\psi_i \\ \dot{y}_i = u_i \sin\psi_i + v_i \cos\psi_i \\ \dot{\psi}_i = r_i \\ \dot{u}_i = f_{ui}^{\mathrm{T}} \chi_{ui}(\upsilon_i) + g_{ui}\tau_{ui} + d_{ui}(t) \\ \dot{v}_i = f_{vi}^{\mathrm{T}} \chi_{vi}(\upsilon_i) + d_{vi}(t) \\ \dot{r}_i = f_{ri}^{\mathrm{T}} \chi_{ri}(\upsilon_i) + g_{ri}\tau_{ri} + d_{ri}(t) \end{cases} \tag{7.93}$$

其中，

$$f_{ui} = \left[\frac{m_{22i}}{m_{11i}}, \frac{d_{ui}}{m_{11i}}, \frac{d_{u2i}}{m_{11i}}, \frac{d_{u3i}}{m_{11i}}\right]^{\mathrm{T}}$$

$$f_{vi} = \left[\frac{m_{11i}}{m_{22i}}, \frac{d_{vi}}{m_{22i}}, \frac{d_{v2i}}{m_{22i}}, \frac{d_{v3i}}{m_{22i}}\right]^{\mathrm{T}}$$

$$f_{ri} = \left[\frac{m_{11i}-m_{33i}}{m_{33i}}, \frac{d_{ri}}{m_{33i}}, \frac{d_{r2i}}{m_{33i}}, \frac{d_{r3i}}{m_{33i}}\right]^{\mathrm{T}}$$

$$\eta_i = (x_i, y_i, \psi_i)$$

$$\upsilon_i = (u_i, v_i, r_i)$$

$$\chi_{ui}(\upsilon_i) = [v_i r_i, -u_i, -|u_i|u_i, -|u_i|^2 u_i]^{\mathrm{T}}$$

$$\chi_{vi}(\upsilon_i) = [-u_i r_i, -v_i, -|v_i|v_i, -|v_i|^2 v_i]^{\mathrm{T}}$$

$$\chi_{ri}(\upsilon_i) = [u_i v_i, -r_i, -|r_i|r_i, -|r_i|^2 r_i]^{\mathrm{T}}$$

$$g_{ui} = \frac{1}{m_{11i}}, \quad g_{ri} = \frac{1}{m_{33i}}$$

其中，$\eta_i = (x_i, y_i, \psi_i)$ 分别表示编队中第 i 艘船舶在大地坐标系下的位置和航向；$\upsilon_i = (u_i, v_i, r_i)$ 分别表示第 i 艘船舶在船舶附体坐标系下船舶的纵向速度、横向速度和艏摇角速度；m_{11i}、m_{22i} 和 m_{33i} 分别表示第 i 艘船舶在船舶附体坐标系下在纵向、横向和艏摇角上的固有质量和附加质量；d_{ui}、d_{vi}、d_{ri}、d_{uji}、d_{vji} 和 $d_{rji}(j=2,3)$，分别表示第 i 艘船舶在纵向、横向和艏摇角方向上的水动力阻尼；由于船舶是一个欠驱动系统，只有两个控制输入来控制 3 自由度船舶的平面运动，即第 i 艘船舶的纵向推进力 τ_{ui} 和转船力矩 τ_{ri}；$d_{ui}(t)$、$d_{vi}(t)$ 和 $d_{ri}(t)$ 表示第 i 艘船舶的未建模不确定项，如环境干扰和测量噪声等。

2. 领导者-跟随者船舶编队控制结构

考虑由两艘欠驱动水面船舶组成的领导者-跟随者船舶编队，如图 7.15 所示，X-Y 为大地坐标系，x_b-y_b 表示船舶附体坐标系。在编队中，考虑领导船的位置和航向已知，速度信息未知的情况，而跟随者的位置、航向角和速度都是已知的。为了解决领导船的速度不可知问题，引入一艘虚拟船舶进行设计。参考船产生参考轨迹并与领导船之间保持一定的相对距离 l 和航向角 φ，本小节设计的重心就是采用虚拟船舶去跟踪参考船产生的参考轨迹，跟随船通过跟踪虚拟船舶达到与领导船之间保持期望队形的目的。最理想的情况就是，虚拟船舶能够完全跟踪参考船，从而跟随船和领导船之间能够保持期望的编队队形。为了避免跟随船航向出现振荡，引入控制点 p。如图 7.15 所示，p 是在 x_b 轴上与船舶质心之间距离为 d 的任意点。

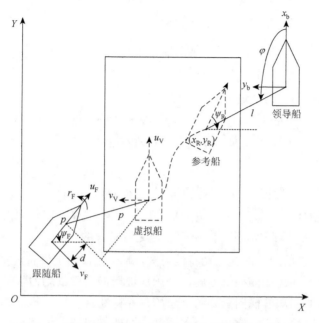

图 7.15　考虑虚拟船舶的领导者-跟随者船舶编队结构图

注 7.5　下标 L、F、R 和 V 分别表示领导船、跟随船、参考船和虚拟船舶。

3. 参考船设计

参考船与领导船之间的位置关系可表示为

$$\eta_R = \eta_L + R(\psi_L)\gamma \tag{7.94}$$

$$R(\psi_L) = \begin{bmatrix} \cos\psi_L & \sin\psi_L & 0 \\ \sin\psi_L & \cos\psi_L & 0 \\ 0 & 0 & 1 \end{bmatrix} \tag{7.95}$$

其中，$\eta_R = (x_R, y_R, \psi_R)$ 表示参考船的位置和艏摇角方向；$R(\psi_L)$ 是坐标变换矩阵；ψ_L 表示领导船的艏摇角；$\gamma = [l\cos\varphi, l\sin\varphi, 0]^T$。

由式（7.93）可知

$$\dot{\eta}_L = R(\psi_L)\upsilon_L \tag{7.96}$$

其中，$\upsilon_L = [u_L, v_L, r_L]^T$。

对式（7.94）两边进行时间微分可得

$$\begin{cases} \dot{x}_R = (u_L - \gamma_y r_L)\cos\psi_L - (v_L + \gamma_x r_L)\sin\psi_L \\ \dot{y}_R = -(u_L - \gamma_y r_L)\sin\psi_L + (v_L + \gamma_x r_L)\cos\psi_L \\ \dot{\psi}_R = \dot{\psi}_L = r_L \end{cases} \tag{7.97}$$

其中，$\gamma_x = l\cos\varphi$；$\gamma_y = l\cos\varphi$。

把式（7.97）写成矩阵的形式为

$$\dot{\eta}_R = R(\psi_L)\upsilon_R, \tag{7.98}$$

其中，$\upsilon_R = [u_L - \gamma_y r_L, v_L + \gamma_x r_L, r_L]^T$。

在设计控制器之前，进行如下假设：

假设 7.6　参考船的 x_R、$\dot{x}_R$、$\ddot{x}_R$、y_R、$\dot{y}_R$、$\ddot{y}_R$、$\dot{\psi}_R$ 和 $\ddot{\psi}_R$ 是有界的。

假设 7.7　参考船的速度是有界的，$\sup\limits_t \|\upsilon_R\| = \upsilon_R^M$。其中，$0 < \upsilon_R^M < \infty$ 是一个已知的上界。

假设 7.8　第 i 艘船舶的未建模不确定项 $d_{ui}(t)$、$d_{vi}(t)$ 和 $d_{ri}(t)$ 是有界的，并且分别满足 $|d_u(t)| \leqslant d_{u\max} < \infty$、$|d_v(t)| \leqslant d_{v\max} < \infty$，$|d_r(t)| \leqslant d_{r\max} < \infty$。

假设 7.9　第 i 艘船舶的横向速度 v_i 是无源有界的。

注 7.6　由水面船舶的欠驱动特性可知，船舶在横向上没有直接的控制力，为了解决欠驱动水面船舶的控制问题，必须保证横向速度的动力学是稳定的。实际上，欠驱动水面船舶的横向运动满足无源有界特性。

本小节控制目标：考虑由一组欠驱动水面船舶组成的编队控制问题，在满足假设 7.6～假设 7.9 的条件下，采用领导者-跟随者方法，结合欠驱动水面船舶的运动学模型和动力学模型式（7.93），设计全局滑模编队控制律 τ_{uF} 和 τ_{rF}，使跟随船能够跟踪虚拟船舶，最终达到在领导船速度未知的情况下能够保证船舶按照期望的编队队形航行。

7.3.2　控制器设计

基于领导者-跟随者方法分析设计一组欠驱动水面船舶的编队控制问题，首先需要明确领导船的期望轨迹和领导船与跟随船之间期望的相对距离和方向，并保证领导船和跟随船的航行方向是一致的，从而确保整个船队具有稳定的编队队形。本小节在进行编队控制设计时，假设领导船的位置 η_L 已知，速度 υ_L 未知，其动力学和控制律相对于跟随船是未知的。由式（7.99）可以看出，参考船的运动学方程与领导船的速度 $\upsilon_L = [u_L, v_L, r_L]^T$ 有关。引入一艘虚拟船舶，通过设计跟随船与虚拟船舶之间的运动关系，解决领导船速度不可知的问题。

1. 虚拟船舶设计

本小节设计虚拟船舶的运动控制问题，把跟随船与领导船之间的关系转换为虚拟船舶与领导船之间的位置关系，不存在速度信息的传递。对于虚拟船舶，必须跟踪上参考轨迹，从而设计跟随船与虚拟船舶之间的运动关系，这样才能够保持期望的编队队形。

由欠驱动水面船舶数学模型式（7.93）可知

$$\dot{\eta}_V = R(\psi_V)\upsilon_V \tag{7.99}$$

定义虚拟船舶的跟踪误差为

$$e_V = \eta_V - \eta_R \tag{7.100}$$

对式（7.100）进行时间微分，可得

$$\dot{e}_V = R(\psi_V)\upsilon_V - R(\psi_L)\upsilon_R \tag{7.101}$$

为了获得控制目标，引入一个滤波跟踪误差

$$\varphi_e = e_V + \delta \tag{7.102}$$

其中，$\delta = [\delta_1, \delta_2, \delta_3]^T$。对其进行微分，可得

$$\dot{\delta} = -\beta_1(\delta) - K\varphi_e \tag{7.103}$$

$$\beta_1(\delta) = \begin{bmatrix} \lambda_1 \tanh(\delta_1/\lambda_1) \\ \lambda_2 \tanh(\delta_2/\lambda_2) \\ \lambda_3 \tanh(\delta_3/\lambda_3) \end{bmatrix} \tag{7.104}$$

其中，结合实际应用 $\beta_1(\delta)$ 为饱和函数，用于调整虚拟船舶的最大速度限制；

$K = \begin{bmatrix} k_1 & 0 & 0 \\ 0 & k_2 & 0 \\ 0 & 0 & k_3 \end{bmatrix}$，$k_i > 0$，$\lambda_i > 0$ 是设计参数，并且有 $\delta_i(0) = 0(i = 1, 2, 3)$。

由式（7.99）可知虚拟船舶的速度为

$$\upsilon_V = R^{-1}(\psi_V)\dot{\eta}_V \tag{7.105}$$

则虚拟船舶的控制可设计为下面的形式：

$$\upsilon_V = R^{-1}(\psi_V)[\beta_1(\delta) + \beta_2(\delta)] \tag{7.106}$$

$$\beta_2(\delta) = \begin{bmatrix} k_1 \tanh(\delta_1/k_1) \\ k_2 \tanh(\delta_2/k_2) \\ k_3 \tanh(\delta_3/k_3) \end{bmatrix} \tag{7.107}$$

对式（7.102）两边进行微分并代入式（7.106）可得

$$\dot{\varphi}_e = -K\varphi_e - R(\psi_L)\upsilon_R + \beta_2(\delta) \tag{7.108}$$

定理 7.3　考虑虚拟船舶的跟踪控制式（7.103）和式（7.108），通过选择控制律式（7.106），从而跟踪参考船产生的参考轨迹。如果满足假设 7.6 和假设 7.7，则存在控制参数 $k_i > 0$，$\lambda_i > 0$，对于任意有界初始条件，使得闭环系统的所有信号是一致半全局实际渐近稳定的。

证明　定义 Lyapunov 备选函数为

$$V_V = \frac{1}{2}e_V^T e_V + \frac{1}{2}\varphi_e^T \varphi_e + \delta_{ch}^T \delta_{ch} \tag{7.109}$$

其中, δ_{ch} 是为了补偿式（7.108）中饱和函数 $\beta_2(\delta)$ 而引入的。为了计算方便，根据 $(\mathrm{d}/\mathrm{d}t)\ln[\cosh(x)]=\dot{x}\tanh(x)$，选取

$$\delta_{ch}=\left[\sqrt{k_1\ln[\cosh(\delta_1/k_1)]},\sqrt{k_2\ln[\cosh(\delta_2/k_2)]},\sqrt{k_3\ln[\cosh(\delta_3/k_3)]}\right] \quad (7.110)$$

对式（7.109）两边进行时间微分，把式（7.101）、式（7.103）和式（7.108）代入其中，可得

$$\begin{aligned}\dot{V}_V&=e_V^T\dot{e}_V+\varphi_e^T\dot{\varphi}_e+K^{-1}\dot{\delta}^T\beta_2(\delta)\\&=e_V^T\dot{e}_V+\varphi_e^T[-K\varphi_e-R(\psi_L)\upsilon_R+\beta_2(\delta)]+K^{-1}\dot{\delta}^T\beta_2(\delta)\\&=e_V^T\dot{e}_V-K\varphi_e^T\varphi_e-\varphi_e^TR(\psi_L)\upsilon_R-K^{-1}\beta_1(\delta)^T\beta_2(\delta)\end{aligned} \quad (7.111)$$

由 $\sup_t\|\upsilon_R\|=\upsilon_R^M$ 可知

$$\dot{V}_V\leqslant-\left(\min(k_i)+\frac{1}{2}-\frac{3V_R^M}{\|\varphi_e\|}\right)\|\varphi_e\|^2-K^{-1}\beta_1(\delta)^T\beta_2(\delta) \quad (7.112)$$

选取增益矩阵满足

$$\min(k_i)+\frac{1}{2}-\frac{3V_R^M}{\varepsilon}>0 \quad (7.113)$$

其中, $\varepsilon>0$ 为任意给定常数。

由以上可得 $\dot{V}_V$ 的边界如下：

$$\|\varphi_e\|^2\geqslant\varepsilon^2\Rightarrow\dot{V}_V\leqslant-\|\varphi_e\|^2-K^{-1}\beta_1(\delta)^T\beta_2(\delta)\leqslant0 \quad (7.114)$$

由式（7.109）可以看出, V_V 是正定和径向无界的。由于 $\frac{1}{\varepsilon}$ 是线性相关的，闭环系统的所有信号是一致半全局实际渐近稳定的。证毕。

注 7.7 通过对虚拟船舶的设计可以看出，虚拟船舶能够跟踪上参考船产生的参考轨迹，然后设计跟随船跟踪虚拟船舶，从而以一定的距离和方向保持期望的队形。因此，解决了跟随船对领导船速度信息的依赖，在特定的环境下能够起到关键的作用。

2. 跟随船运动学和动力学设计

通过以上对虚拟船舶的设计，本小节设计跟随船跟踪虚拟船舶的位置和方向，从而获得期望的编队。在跟随船中引入控制点 p，此点的位置可表示为

$$\begin{cases}x_{pF}=x_F+d\cos\psi_F\\y_{pF}=y_F+d\sin\psi_F\end{cases} \quad (7.115)$$

为实现跟随船能够跟踪上虚拟船舶，跟踪误差变量定义为

$$x_e = x_{pF} - x_V, \quad y_e = y_{pF} - y_V, \quad \rho = \sqrt{x_e^2 + y_e^2}, \quad \psi_e = \psi_F - \psi_V \quad (7.116)$$

其中，ρ 为跟随船与虚拟船舶之间的跟踪距离误差；ψ_e 为两艘船之间的角度跟踪误差。

1）推进控制律 τ_{uF} 设计

第一步，由式（7.116）可知

$$\begin{cases} x_e = \rho \cos\psi_V \\ y_e = \rho \sin\psi_V \end{cases} \quad (7.117)$$

定义 Lyapunov 备选函数为

$$V_1 = \frac{1}{2}\rho^2 \quad (7.118)$$

对其进行时间微分可得

$$\begin{aligned} \dot{V}_1 &= \rho\dot{\rho} = x_e\dot{x}_e + y_e\dot{y}_e \\ &= \rho(u_F \cos\psi_e - v_F \sin\psi_e - \dot{x}_V \cos\psi_V - \dot{y}_V \sin\psi_V) \\ &= \rho\left(2u_F \sin^2\frac{\psi_e}{2} - u_F - v_F \sin\psi_e - \dot{x}_V \cos\psi_V - \dot{y}_V \sin\psi_V\right) \quad (7.119) \end{aligned}$$

为避免奇异点出现，采用三角函数特性 $\cos(2x) = 2\sin^2 x - 1$，式（7.119）可转换为

$$\dot{V}_1 = \rho\left(2u_F \sin^2\frac{\psi_e}{2} - u_e - \alpha_u - v_F \sin\psi_e - \dot{x}_V \cos\psi_V - \dot{y}_V \sin\psi_V\right) \quad (7.120)$$

其中，速度跟踪误差 $u_e = u_F - \alpha_u$，α_u 是镇定函数。选取

$$\alpha_u = k_\rho\rho + 2u_F \sin^2\frac{\psi_e}{2} - v_F \sin\psi_e - \dot{x}_V \cos\psi_V - \dot{y}_V \sin\psi_V \quad (7.121)$$

其中，$k_\rho > 0$ 为常数。

把式（7.121）代入式（7.120）可得

$$\dot{V}_1 = -k_\rho\rho^2 - \rho u_e \quad (7.122)$$

第二步，全局滑模控制律设计。

纵向速度误差动力学方程可表示为

$$\dot{u}_e = f_{uF}^T \chi_{uF}(\upsilon_F) + g_{uF}\tau_{uF} + d_{uF}(t) - \dot{\alpha}_u \quad (7.123)$$

考虑船舶的欠驱动特性，定义一阶全局滑动平面为

$$s_1 = u_e + \zeta_1 \int_0^t u_e(\tau)\mathrm{d}\tau - \sigma_1(t) \quad (7.124)$$

其中，$\zeta_1 > 0$。船舶的位置变量不能在船舶附体坐标下进行定义，因此采用速度的积分进行表示。

在全局滑模控制中，因为状态轨迹从系统响应开始就被一个力函数 $\sigma_1(t)$ 限制在滑动状态上。这不仅简化了控制器的设计，而且提高了系统的鲁棒性。$\sigma_1(t)$ 的选取必须满足以下三个条件：① $\sigma_1(0) = \dot{u}_{e0} + \zeta_1 u_{e0}$，$u_{e0}$ 和 $\dot{u}_{e0}$ 是在 $t=0$ 时的误差；② 当 $t \to \infty$ 时，$\sigma_1(t) \to 0$；③ $\dot{\sigma}_1(t)$ 存在并且是有界的。

因此，本小节选取 $\dot{\sigma}_1(t)$ 为

$$\sigma_1(t) = \sigma_1(0)e^{-\mu_1 t}, \quad \mu_1 > 0 \tag{7.125}$$

对式（7.124）两边进行微分，并把式（7.123）代入其中，可得

$$\begin{aligned}
\dot{s}_1 &= \dot{u}_e + \zeta_1 u_e - \dot{\sigma}_1(t) \\
&= f_{uF}^T \chi_{uF}(\upsilon_F) + g_{uF}\tau_{uF} + d_{uF}(t) - \dot{\alpha}_u + \zeta_1 u_e - \dot{\sigma}_1(t)
\end{aligned} \tag{7.126}$$

为了减轻抖振的影响，本小节采用饱和函数代替滑模控制中的符号函数，则纵向控制律为

$$\tau_{uF} = g_{uF}^{-1}[-f_{uF}^T \chi_{uF}(\upsilon_F) - d_{uF}(t) + \dot{\alpha}_u - \zeta_1 u_e + \dot{\sigma}_1(t)] - \xi_1 \mathrm{sat}(s_1/\phi_1) \tag{7.127}$$

$$\mathrm{sat}(s_i/\phi_i) = \begin{cases} s_i/\phi_i, & |s_i/\phi_i| \leq 1 \\ \mathrm{sgn}(s_i), & |s_i/\phi_i| > 1 \end{cases}, \quad i=1,2, \quad \phi_i > 0 \tag{7.128}$$

其中，$\xi_1 > 0$。ϕ_1 定义了一个在 s_1 平面周围任意小的边界层。

定义 Lyapunov 备选函数为

$$V_2 = \frac{1}{2} g_{uF}^{-1} s_1^2 \tag{7.129}$$

对式（7.129）两边进行时间微分，并把式（7.127）代入其中，可得

$$\begin{aligned}
\dot{V}_2 &= g_{uF}^{-1} s_1 \dot{s}_1 \\
&= g_{uF}^{-1} s_1 \left[f_{uF}^T \chi_{uF}(\upsilon_F) + g_{uF}\tau_{uF} + d_{uF}(t) - \dot{\alpha}_u + \zeta_1 u_e - \dot{\sigma}_1(t) \right] \\
&= s_1[-\xi_1 \mathrm{sat}(s_1/\phi_1)] \\
&\leq -\xi_1 |s_1|
\end{aligned} \tag{7.130}$$

2）艏摇控制律 τ_{rF} 设计

艏摇运动误差动力学方程可表示为

$$\begin{cases} \dot{\psi}_e = r_F - \dot{\psi}_V \\ \dot{r}_F = f_{rF}^T \chi_{rF}(\upsilon_F) + g_{rF}\tau_{rF} + d_{rF}(t) \end{cases} \tag{7.131}$$

定义全局滑动平面 s_2 为

$$s_2 = \dot{\psi}_e + \zeta_2 \psi_e - \sigma_2(t), \quad \zeta_2 > 0 \tag{7.132}$$

其中，$\sigma_2(t)$ 选取同 $\sigma_1(t)$，取为 $\sigma_2(t) = \sigma_2(0)e^{-\mu_2 t}$，$\mu_2 > 0$。

对式（7.132）两边进行时间微分，并把式（7.131）代入其中，可得

$$\dot{s}_2 = \ddot{\psi}_e + \zeta_2\dot{\psi}_e - \dot{\sigma}_2(t)$$
$$= f_{rF}^{\mathrm{T}}\chi_{rF}(\upsilon_F) + g_{rF}\tau_{rF} + d_{rF}(t) - \ddot{\psi}_V + \zeta_2\dot{\psi}_e - \dot{\sigma}_2(t) \quad (7.133)$$

则艏摇控制律为

$$\tau_{rF} = g_{rF}^{-1}[-f_{rF}^{\mathrm{T}}\chi_{rF}(\upsilon_F) - d_{rF}(t) + \ddot{\psi}_V - \zeta_2\dot{\psi}_e + \dot{\sigma}_2(t)] - \xi_2\mathrm{sat}(s_2/\phi_2) \quad (7.134)$$

定义 Lyapunov 备选函数为

$$V_3 = \frac{1}{2}g_{rF}^{-1}s_2^2 \quad (7.135)$$

对式（7.135）两边进行时间微分，并把式（7.134）代入其中，可得

$$\dot{V}_3 = g_{rF}^{-1}s_2\dot{s}_2$$
$$= g_{rF}^{-1}s_2\left[f_{rF}^{\mathrm{T}}\chi_{rF}(\upsilon_F) + g_{rF}\tau_{rF} + d_{rF}(t) - \ddot{\psi}_V + \zeta_2\dot{\psi}_e - \dot{\sigma}_2(t)\right]$$
$$= s_2[-\xi_2\mathrm{sat}(s_2/\phi_2)]$$
$$\leqslant -\xi_2|s_2| \quad (7.136)$$

7.3.3　稳定性分析

定理 7.4　考虑一组欠驱动水面船舶组成的编队控制问题,结合单艘船舶的运动学模型和动力学模型式（7.93）,采用领导者-跟随者方法设计编队控制律式（7.127）和式（7.134）,如果满足假设 7.6～假设 7.9,通过选择合适的控制参数 K, λ_1, λ_2, λ_3, k_ρ, ζ_1, ζ_2, ξ_1, ξ_2, ϕ_1, ϕ_2, 使得整个闭环编队控制系统是半全局一致最终有界的。

证明　定义 Lyapunov 备选函数为

$$V = \frac{1}{2}\rho^2 + \frac{1}{2}\varphi_e^{\mathrm{T}}\varphi_e + \delta_{ch}^{\mathrm{T}}\delta_{ch} + \frac{1}{2}g_{uF}^{-1}s_1^2 + \frac{1}{2}g_{rF}^{-1}s_2^2 \quad (7.137)$$

对式（7.137）两边进行时间微分,把式（7.111）、式（7.121）、式（7.131）和式（7.136）代入其中,可得

$$\dot{V} = \rho\dot{\rho} + \varphi_e^{\mathrm{T}}\dot{\varphi}_e + K^{-1}\dot{\delta}^{\mathrm{T}}\beta_2(\delta) + g_{uF}^{-1}s_1\dot{s}_1 + g_{rF}^{-1}s_2\dot{s}_2$$
$$= -k_\rho\rho^2 - \rho u_e - K\varphi_e^{\mathrm{T}}\varphi_e - \varphi_e^{\mathrm{T}}R(\psi_L)\upsilon_R - K^{-1}\beta_1(\delta)^{\mathrm{T}}\beta_2(\delta)$$
$$\quad + s_1[-\xi_1\mathrm{sat}(s_1/\phi_1)] + s_2[-\xi_2\mathrm{sat}(s_2/\phi_2)]$$
$$\leqslant -k_\rho\rho^2 - \left(\min(k_i) + \frac{1}{2} - \frac{3V_R^M}{\|\varphi_e\|}\right)\|\varphi_e\|^2 - \rho u_e - K^{-1}\beta_1(\delta)^{\mathrm{T}}\beta_2(\delta)$$
$$\quad - \xi_1|s_1| - \xi_2|s_2|$$
$$\leqslant -\alpha V + \Phi \quad (7.138)$$

其中，α，Φ 为正常数。

定义

$$\alpha := -\rho u_e - K^{-1}\beta_1(\delta)^{\mathrm{T}}\beta_2(\delta) - \xi_1|s_1| - \xi_2|s_2|$$

$$\Phi := \min\left\{2k_\rho, \left[2\min(k_i) - 1 - \frac{6V_R^M}{\|r_e\|}\right]\right\}$$

则由式（7.138）可得

$$V \leqslant \frac{\alpha}{\Phi} + \left[V(0) - \frac{\alpha}{\Phi}\right]\mathrm{e}^{-\Phi t} \qquad (7.139)$$

由式（7.139）可知，当 $t \to \infty$，$V \to \alpha/\Phi$，因此编队闭环控制系统的所有信号是半全局一致最终有界的。通过调整参数可使 α/Φ 充分小，从而使跟踪误差也尽可能小。证毕。

7.3.4　仿真研究

1. 四艘船圆形编队队形

本小节对所设计的编队控制器进行仿真，从而验证其正确性和有效性。考虑由四艘欠驱动水面船舶组成的编队控制，假设这四艘船是相同的，采用文献[184]中的船舶模型参数。

选取 $d = 15\mathrm{m}$。每对领导船和跟随船之间期望的相对距离为 $l_{12} = l_{13} = l_{34} = 20\mathrm{m}$；期望的角度为 $\varphi_{12} = \pi/2$，$\varphi_{13} = -\pi/2$，$\varphi_{34} = -\pi/2$。

考虑环境干扰为 $d_{ui}(t) = d_{vi}(t) = d_{ri}(t) = 2 + 2\sin(0.1t)$。

编队中各船舶的初始条件为

$$[x_1(0), y_1(0), \psi_1(0), u_1(0), v_1(0), r_1(0)] = [0, 0, 0, 5, 0, 0.035]$$
$$[x_2(0), y_2(0), \psi_2(0), u_2(0), v_2(0), r_2(0)] = [-20, 20, 0, 0, 0, 0]$$
$$[x_3(0), y_3(0), \psi_3(0), u_3(0), v_3(0), r_3(0)] = [0, -40, 0, 0, 0, 0]$$
$$[x_4(0), y_4(0), \psi_4(0), u_4(0), v_4(0), r_4(0)] = [10, -80, 0, 0, 0, 0]$$

控制参数选取为

$$K = \mathrm{diag}\{5, 3, 0.8\}, \quad \lambda_1 = \lambda_2 = \lambda_3 = 4, \quad k_\rho = 10, \quad \zeta_1 = 1.5, \quad \zeta_2 = 7, \quad \xi_1 = \xi_2 = 2$$
$$\phi_1 = \phi_2 = 0.05, \quad \mu_1 = 60, \quad \mu_2 = 110$$

仿真结果如图 7.16～图 7.19 所示。图 7.16 表示四艘欠驱动水面船舶组成的编队在二维平面下的圆形航迹，根据图论内容，在仿真时设计船舶 2 和 3 跟踪领导船 1，船舶 4 跟踪船舶 3，尽管存在领导船速度未知和时变环境干扰，但船舶编队能够获得良好的队形。图 7.17 和图 7.18 分别为船舶的跟踪误差曲线（ρ_2：跟随船 2 与领导船间跟踪误差的 ρ 值。ρ_3：跟随船 3 与领导船跟踪误差的 ρ 值。ρ_4：跟随船

4 与领导船跟踪误差的 ρ 值。x_{e2}：跟随船 2 与领导船在 x 轴方向跟踪误差。x_{e3}：跟随船 3 与领导船在 x 轴方向跟踪误差。x_{e4}：跟随船 4 与领导船在 x 轴方向跟踪误差。y_{e2}：跟随船 2 与领导船在 y 轴方向跟踪误差。y_{e3}：跟随船 3 与领导船在 y 轴方向跟踪误差。y_{e4}：跟随船 4 与领导船在 y 轴方向跟踪误差。ψ_{e2}：跟随船 2 与领导船的航向角 ψ 跟踪误差。ψ_{e3}：跟随船 3 与领导船的航向角 ψ 跟踪误差。ψ_{e4}：

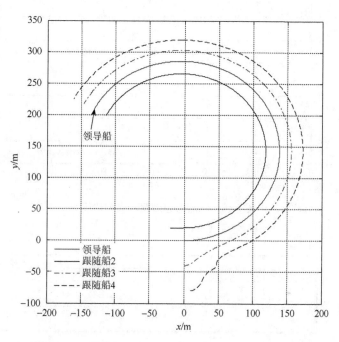

图 7.16　二维平面下四艘欠驱动水面船舶编队圆形航迹

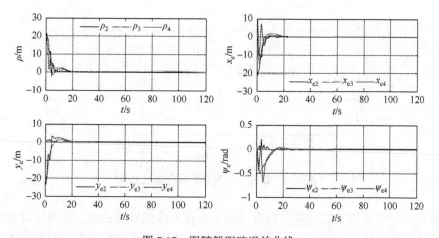

图 7.17　跟随船跟踪误差曲线

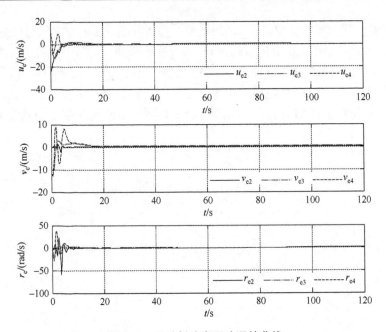

图 7.18 跟随船速度跟踪误差曲线

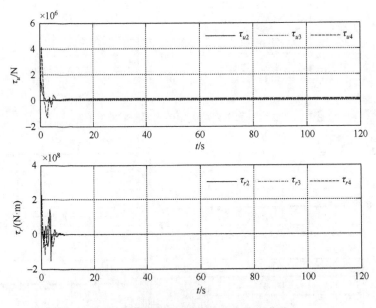

图 7.19 跟随船控制律的时间响应曲线

跟随船 4 与领导船的航向角 ψ 跟踪误差）和速度跟踪误差曲线，由图可以看出，各跟随船能够很好地跟踪上领导船，轨迹跟踪误差和速度跟踪误差都能收敛到一个小的恒定值，并且是有界的。图 7.19 为船舶的控制律时间响应曲线，如图 7.19 所示，由于各船舶的初始位置不规则，初始误差比较大，在控制的初始阶段船舶的控制律幅值比较大，考虑驱动器饱和的实际情况加入了幅值限制，随着编队获得期望队形，各控制律曲线能够收敛到恒定值。

2. 四艘船"V"字形编队

为了能够更好地验证所设计的考虑领导船速度未知的编队控制器性能，采用五艘船以舰船中常用的"V"字形编队进行仿真。仿真结果如图 7.20～图 7.23 所示。图 7.20 表示船舶编队在领导船航向变化时的编队队形，依然可以获得很好的编队队形。各船舶跟踪误差曲线如图 7.21 和图 7.22 所示（ρ_5：跟随船 5 与领导船跟踪误差的 ρ 值。x_{e5}：跟随船 5 与领导船在 x 轴方向跟踪误差。y_{e5}：跟随船 5 与领导船在 y 轴方向跟踪误差。ψ_{e5}：跟随船 5 与领导船的航向角 ψ 跟踪误差。u_{e5}：跟随船 5 纵向速度跟踪误差。v_{e5}：跟随船 5 横向速度跟踪误差。r_{e5}：跟随船 5 首摇（转首）角速度跟踪误差），轨迹跟踪误差和速度跟踪误差都能收敛到一个恒定值，并且有界。

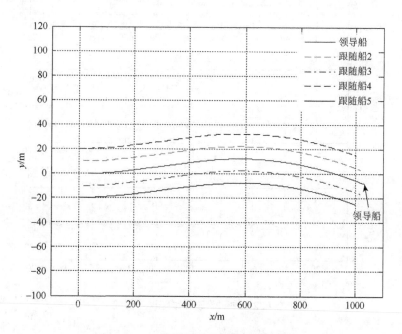

图 7.20　二维平面下五艘船舶编队航迹

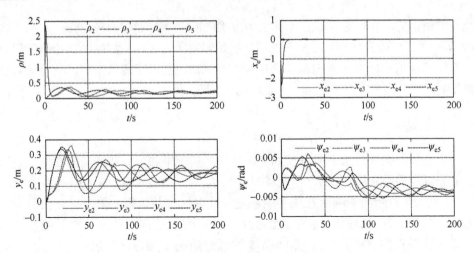

图 7.21　跟随船跟踪误差曲线

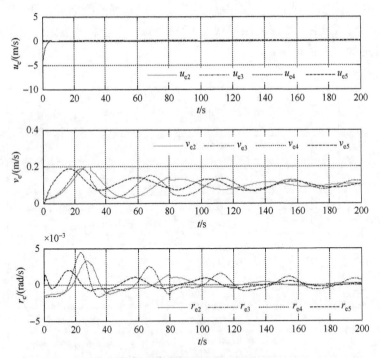

图 7.22　跟随船速度跟踪误差曲线

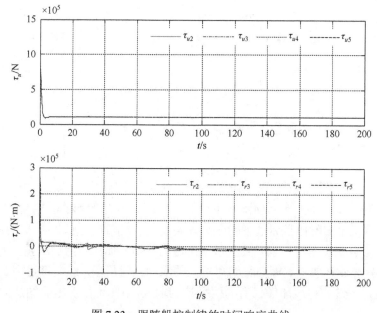

图 7.23　跟随船控制律的时间响应曲线

（τ_u：跟随船纵向控制律；　τ_r：跟随船转艏控制律）

7.4　网络通信受限的欠驱动水面船舶分层编队控制

　　船舶编队控制主要是基于领导者-跟随者方法编队控制结构，结合单艘船舶的运动数学模型，建立船舶编队控制数学模型，从而设计所需的编队控制器。在领导者-跟随者方法编队控制结构中，跟随船需要实时地获取领导船的信息，这主要通过无线网络通信。由于受网络带宽的限制，两船舶之间信息传输时就会不可避免地存在网络延时和丢包。考虑网络通信受限在自主车队、机器人编队控制和航天器编队等领域受到了广泛的关注，但是在船舶编队控制中鲜有文献出版。综上所述，本节针对模型参数不确定和网络受限的情况，建立编队控制数学模型，提出一种分层结构编队器，第一层为反馈线性化控制器，第二层为鲁棒动态输出反馈控制器。

7.4.1　问题描述

1. 欠驱动水面船舶的数学模型

　　本小节考虑一组由 n 艘欠驱动水面船舶组成的编队，并且假设第 i 艘船舶的 x_i-z_i 平面对称。忽略垂荡、横摇和纵摇三个自由度，只考虑水平面 3 自由度的第 i 艘欠驱动水面船舶的运动学模型和动力学模型，分别为

$$
\begin{cases}
\dot{x}_i = u_i \cos\psi_i - v_i \sin\psi_i \\[4pt]
\dot{y}_i = u_i \sin\psi_i + v_i \cos\psi_i \\[4pt]
\dot{\psi}_i = r_i \\[4pt]
\dot{u}_i = \dfrac{m_{22i}}{m_{11i}} v_i r_i - \dfrac{d_{11i}}{m_{11i}} u_i + \dfrac{1}{m_{11i}} \tau_{ui} \\[10pt]
\dot{v}_i = -\dfrac{m_{11i}}{m_{22i}} u_i r_i - \dfrac{d_{22i}}{m_{22i}} v_i \\[10pt]
\dot{r}_i = \dfrac{m_{11i} - m_{22i}}{m_{33i}} u_i v_i - \dfrac{d_{33i}}{m_{33i}} r_i + \dfrac{1}{m_{33i}} \tau_{ri}
\end{cases}
\tag{7.140}
$$

其中，(x_i, y_i) 表示在大地坐标系下船舶的位置；ψ_i 表示船舶的艏摇角；u_i、v_i 和 r_i 分别表示在船舶附体坐标系下船舶的纵向速度、横向速度和艏摇角速度；m_{11i}、m_{22i} 和 m_{33i} 分别表示在纵向、横向和艏摇角上的船舶惯性和附加质量；d_{11i}、d_{22i} 和 d_{33i} 分别表示在纵向、横向和艏摇角上的水动力阻尼项。纵向推进力 τ_{ui} 和转船推进力矩 τ_{ri} 是 3 自由度船舶仅有的两个控制输入，由此可以看出船舶是欠驱动的。

2. 船舶编队控制结构

受机器人编队设计思想的启发，并结合领导者-跟随者方法，本章研究了考虑通信限制下的欠驱动水面船舶编队控制，选取一对领导船和跟随船组成的编队进行设计，如图 7.24 中虚线框内所示。在编队中，跟随船需要获取领导船的信息，通过跟踪全局虚拟领导船的参考轨迹，与领导船之间保持一定的相对距离和相对方向，从而组成期望的编队队形。

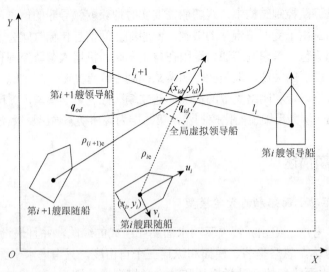

图 7.24　带有全局虚拟领导船的领导者-跟随者方法编队控制结构

全局虚拟领导船与领导船之间的相对位置可以表示为

$$q_{id} = q_{od}(s_{od}) + R(\psi_L)l_i \qquad (7.141)$$

其中，$q_{id} = [x_{id}, y_{id}]^T$ 代表全局虚拟领导船的位置；$q_{od}(s_{od}) = [x_{od}, y_{od}]^T$ 表示全局虚拟船舶产生的参考轨迹，$s_{od} \in \mathbb{R}$ 是轨迹参数，并且满足 u_{od}、$\dot{u}_{od}$ 和 $\ddot{u}_{od}$ 是有界的，$u_{od} = \sqrt{x_{od}'^2 + y_{od}'^2}\,\dot{s}_{od}$，$\sqrt{x_{od}'^2 + y_{od}'^2} > 0$，$x_{od}' = \dfrac{\partial x_{od}}{\partial s_{od}}$，$y_{od}' = \dfrac{\partial y_{od}}{\partial s_{od}}$；$l_i$ 是领导船相对于全局虚拟船舶之间的距离；ψ_L 为领导船的艏摇角；坐标变换矩阵 $R(\psi_i)$ 具体形式为

$$R(\psi_i) = \begin{bmatrix} \cos\psi_i & -\sin\psi_i \\ \sin\psi_i & \cos\psi_i \end{bmatrix} \qquad (7.142)$$

通过以上分析可知，为了确保跟随船能够跟踪上全局虚拟领导船，定义跟踪误差为

$$x_{ie} = x_{id} - x_i, \quad y_{ie} = y_{id} - y_i, \quad \rho_{ie} = \sqrt{x_{ie}^2 + y_{ie}^2}, \quad \psi_{ie} = \psi_{id} - \psi_i \quad (7.143)$$

其中，ρ_{ie} 为跟随船与全局虚拟领导船之间的跟踪误差；ψ_{ie} 是艏摇角跟踪误差；ψ_{id} 为跟随船相对于全局虚拟领导船的期望角度，为了使 ψ_{id} 的范围是 $(-\pi, \pi]$，本节选取 $\psi_{id} = 0.5[1 - \mathrm{sgn}(x_{ie})]\mathrm{sgn}(y_{ie}) \cdot \pi$，$\mathrm{sgn}(\cdot)$ 是符号函数，并且满足 $\mathrm{sgn}(0) = 1$。

3. 欠驱动水面船舶编队模型建立

针对船舶的欠驱动特性，船舶在横向上没有驱动，因此船舶编队模型的建立不能直接采用航天器编队或车队建模中的方法。为了解决欠驱动对编队控制的影响，本节假设横向速度 v_i 无源有界，分别对纵向控制和艏摇控制进行设计，采用分层控制思想，首先利用反馈线性化技术获得船舶的编队模型，最后建立考虑通信受限的船舶编队模型。

1）纵向控制

首先定义 Lyapunov 备选函数为

$$V_1 = \frac{1}{2}\rho_{ie}^2 \qquad (7.144)$$

对式（7.144）两边进行求导，并使式（7.141）代入其中，可得

$$\begin{aligned}
\dot{V}_1 &= \rho_{ie}\dot{\rho}_{ie} = x_{ie}\dot{x}_{ie} + y_{ie}\dot{y}_{ie} = \rho_{ie}(-u_i\cos\psi_{ie} - v_i\sin\psi_{ie} \\
&\quad + \dot{x}_{id}\cos\psi_{id} + \dot{y}_{id}\sin\psi_{id})
\end{aligned} \qquad (7.145)$$

为了避免出现奇异点的情况，本节利用三角函数特性 $\cos(2x) = 2\sin^2 x - 1$，把式（7.145）变换为

$$\dot{V}_1 = \rho_{ie}\left[-2u_i\sin^2\left(\frac{\psi_{ie}}{2}\right) + u_i - v_i\sin\psi_{ie} + \dot{x}_{id}\cos\psi_{id} + \dot{y}_{id}\sin\psi_{id}\right] \quad (7.146)$$

引入虚拟控制量 α_{iu}，并定义 $u_{ie} = u_i - \alpha_{iu}$，可得

$$\alpha_{iu} = -k_{i\rho}\rho_{ie} + 2u_i\sin^2\left(\frac{\psi_{ie}}{2}\right) + v_i\sin\psi_{ie} - \dot{x}_{id}\cos\psi_{id} - \dot{y}_{id}\sin\psi_{id} \quad (7.147)$$

其中，$k_{i\rho} > 0$。

把式（7.147）代入式（7.146），可得

$$\dot{V}_1 = \rho_{ie}\dot{\rho}_{ie} = \rho_{ie}\left[-2u_i\sin^2\left(\frac{\psi_{ie}}{2}\right) + u_{ie} + \alpha_{iu} - v_i\sin\psi_{ie} + \dot{x}_{id}\cos\psi_{id} + \dot{y}_{id}\sin\psi_{id}\right]$$

$$= -k_{i\rho}\rho_{ie}^2 - u_{ie}\rho_{ie} \quad (7.148)$$

则有

$$\dot{\rho}_{ie} = -k_{i\rho}\rho_{ie} - u_{ie} \quad (7.149)$$

对 u_{ie} 进行微分，可得

$$\dot{u}_{ie} = \dot{u}_i - \dot{\alpha}_{iu} = \frac{m_{22i}}{m_{11i}}v_ir_i - \frac{d_{11i}}{m_{11i}}u_i + \frac{1}{m_{11i}}\tau_{ui} - \dot{\alpha}_{iu}$$

$$= \frac{m_{22i}}{m_{11i}}v_ir_i - \frac{d_{11i}}{m_{11i}}(u_{ie} + \alpha_{iu}) + \frac{1}{m_{11i}}\tau_{ui} - \dot{\alpha}_{iu} \quad (7.150)$$

为建立通信受限的编队数学模型，采用分层建模方法。首先对式（7.150）进行反馈线性化，可得

$$\tau_{ui} = m_{11i}\left[-\frac{m_{22i}}{m_{11i}}v_ir_i + \frac{d_{11i}}{m_{11i}}\alpha_{iu} + \dot{\alpha}_{iu}\right] + u_{iu} \quad (7.151)$$

其中，u_{iu} 为虚拟的控制输入。把式（7.151）代入式（7.150）可得到纵向速度线性动态模型，为

$$\dot{u}_{ie} = -\frac{d_{11i}}{m_{11i}}u_{ie} + \frac{1}{m_{11i}}u_{iu} \quad (7.152)$$

2）艏摇控制

定义 Lyapunov 备选函数为

$$V_2 = \frac{1}{2}\psi_{ie}^2 \quad (7.153)$$

对式（7.153）进行时间微分，并定义 $r_{ie} = r_i - \alpha_{ir}$ 得

$$\dot{V}_2 = \psi_{ie}\dot{\psi}_{ie} = \psi_{ie}(\dot{\psi}_{id} - r_i) = \psi_{ie}(\dot{\psi}_{id} - r_{ie} - \alpha_{ri}) \quad (7.154)$$

因此，可取

$$\alpha_{ir} = k_{ir}\psi_{ie} + \dot{\psi}_{id} \tag{7.155}$$

其中，$k_{ir} > 0$。

把式（7.155）代入式（7.154），可得

$$\dot{V}_2 = \psi_{ie}\dot{\psi}_{ie} = -k_{ir}\psi_{ie}^2 - r_{ie}\psi_{ie} \tag{7.156}$$

由式（7.156）可得

$$\dot{\psi}_{ie} = -k_{ir}\psi_{ie} - r_{ie} \tag{7.157}$$

对 $r_{ie} = r_i - \alpha_{ir}$ 两边进行微分，可得

$$
\begin{aligned}
\dot{r}_{ie} = \dot{r}_i - \dot{\alpha}_{ir} &= \frac{m_{11i} - m_{22i}}{m_{33i}}u_i v_i - \frac{d_{33i}}{m_{33i}}r_i + \frac{1}{m_{33i}}\tau_{ri} - \dot{\alpha}_{ir} \\
&= \frac{m_{11i} - m_{22i}}{m_{33i}}u_i v_i - \frac{d_{33i}}{m_{33i}}(r_{ie} + \alpha_{ir}) + \frac{1}{m_{33i}}\tau_{ri} - \dot{\alpha}_{ir}
\end{aligned} \tag{7.158}
$$

同样，对式（7.158）进行反馈线性化，可得

$$\tau_{ri} = m_{33i}\left[-\frac{m_{11i} - m_{22i}}{m_{33i}}u_i v_i + \frac{d_{33i}}{m_{33i}}\alpha_{ir} + \dot{\alpha}_{ir} \right] + u_{ir} \tag{7.159}$$

把式（7.159）代入式（7.158）可得到船舶艏摇角速度线性动态模型如下：

$$\dot{r}_{ie} = -\frac{d_{33i}}{m_{33i}}r_{ie} + \frac{1}{m_{33i}}u_{ir} \tag{7.160}$$

4. 模型参数不确定的欠驱动水面船舶编队数学模型

由式（7.148）、式（7.152）、式（7.157）和式（7.160）可得到欠驱动水面船舶的编队控制模型为

$$
\begin{cases}
\dot{\rho}_{ie} = -k_{i\rho}\rho_{ie} - u_{ie} \\
\dot{\psi}_{ie} = -k_{ir}\psi_{ie} - r_{ie} \\
\dot{u}_{ie} = -\dfrac{d_{11i}}{m_{11i}}u_{ie} + \dfrac{1}{m_{11i}}u_{iu} \\
\dot{r}_{ie} = -\dfrac{d_{33i}}{m_{33i}}r_{ie} + \dfrac{1}{m_{33i}}u_{ir}
\end{cases} \tag{7.161}
$$

定义状态变量 $x_i(t) = [\rho_{ie}, \psi_{ie}, u_{ie}, r_{ie}]^{\mathrm{T}}$，输出变量 $y_i(t) = [\rho_{ie}, \psi_{ie}]^{\mathrm{T}}$ 和输入变量 $u_i(t) = [u_{iu}, u_{ir}]^{\mathrm{T}}$，$i = 1, 2, \cdots, n-1$，$n$ 为欠驱动水面船舶系统中船舶的个数。欠驱动水面船舶编队控制系统的状态空间方程可表示为

$$
\begin{cases}
\dot{x}(t) = Ax(t) + Bu(t) \\
y(t) = Cx(t)
\end{cases} \tag{7.162}
$$

其中，

$$x(t) = [x_1(t), x_2(t), \cdots, x_{n-1}(t)]^{\mathrm{T}}$$

$$u(t) = [u_1(t), u_2(t), \cdots, u_{n-1}(t)]^{\mathrm{T}}$$

$$y(t) = [y_1(t), y_2(t), \cdots, y_{n-1}(t)]^{\mathrm{T}}$$

$$A = \begin{bmatrix} A_1 & 0 & \cdots & 0 \\ 0 & A_2 & \cdots & 0 \\ \vdots & \ddots & \ddots & \vdots \\ 0 & \cdots & 0 & A_{n-1} \end{bmatrix}$$

$$B = \begin{bmatrix} B_1 & 0 & \cdots & 0 \\ 0 & B_2 & \cdots & 0 \\ \vdots & \ddots & \ddots & \vdots \\ 0 & \cdots & 0 & B_{n-1} \end{bmatrix}$$

$$C = \begin{bmatrix} C_1 & 0 & \cdots & 0 \\ 0 & C_2 & \cdots & 0 \\ \vdots & \ddots & \ddots & \vdots \\ 0 & \cdots & 0 & C_{n-1} \end{bmatrix}$$

$$A_i = \begin{bmatrix} -k_{i\rho} & -1 & 0 & 0 \\ 0 & -\dfrac{d_{11i}}{m_{11i}} & 0 & 0 \\ 0 & 0 & -k_{ir} & -1 \\ 0 & 0 & 0 & -\dfrac{d_{33i}}{m_{33i}} \end{bmatrix}$$

$$B_i = \begin{bmatrix} 0 & 0 \\ \dfrac{1}{m_{11i}} & 0 \\ 0 & 0 \\ 0 & \dfrac{1}{m_{33i}} \end{bmatrix}$$

$$C_i = \begin{bmatrix} 1 & 0 & 0 & 0 \\ 0 & 0 & 1 & 0 \end{bmatrix}$$

考虑模型参数不确定，第 i 艘船舶中不确定惯性和附加质量用 Δm_{11i}、Δm_{22i} 和 Δm_{33i} 表示；水动力阻尼不确定项可表示为 Δd_{11i}、Δd_{22i} 和 Δd_{33i}，则欠驱动水面船舶系统可写为

$$\begin{cases} \dot{x}(t) = (A + \Delta A)x(t) + (B + \Delta B)u(t) \\ y(t) = Cx(t) \end{cases} \tag{7.163}$$

其中，

$$\Delta A = \mathrm{diag}\{\Delta A_1, \Delta A_2, \cdots, \Delta A_{n-1}\}$$
$$\Delta B = \mathrm{diag}\{\Delta B_1, \Delta B_2, \cdots, \Delta B_{n-1}\}$$
$$\Delta A_1 = \Delta A_2 = \Delta A_i$$
$$\Delta B_1 = \Delta B_2 = \Delta B_i$$

$$\Delta A_i = \begin{bmatrix} 0 & 0 & 0 & 0 \\ 0 & -\dfrac{\Delta d_{11i}}{\Delta m_{11i}} & 0 & 0 \\ 0 & 0 & 0 & 0 \\ 0 & 0 & 0 & -\dfrac{\Delta d_{33i}}{\Delta m_{33i}} \end{bmatrix}$$

$$\Delta B_i = \begin{bmatrix} 0 & 0 \\ \dfrac{1}{\Delta m_{11i}} & 0 \\ 0 & 0 \\ 0 & \dfrac{1}{\Delta m_{33i}} \end{bmatrix}$$

5. 通信受限下的船舶编队模型

在由 n 艘欠驱动水面船舶组成的编队控制中，采用领导者-跟随者方法设计编队队形，为了获得期望的船舶编队，每艘跟随船都需要通过网络通信获取领导船的位置信息和速度信息。在网络通信中，由于受到网络带宽的限制，不可避免地存在通信延时和丢包。延时大小和丢包数与网络传输协议和传输数据量，以及通信带宽有关。网络限制下的欠驱动水面船舶编队控制结构图如图 7.25 所示。与 7.3 节中考虑领导船速度未知的情况不同，本节在设计时假设反馈信号 $y(t)$ 是可测量的，包含领导船的信息，并且通过通信网络传输给相应的跟随船。在采样周期内，如果跟随船能够成功接收到传输信息，则认为不存在网络延时。如果接收时间过长超出采样周期，则假设存在网络延时为 $\rho(t)$。在通常情况下，网络通信中还存在丢包现象，假设丢包数为 d，这种现象虽然通过网络优化可以处理，但是不能从根本上解决。因此，在设计时应加以考虑，则总的网络传输延时为 $\tau(t) = \rho(t) + dh$，即把 d 个丢包视为 d 个采样周期的延时，且 $\tau(t) \leqslant \tau_{\max}$。这种延时会在船舶编队中积累传递，会严重影响整个船舶编队的稳定性，因此在设计时应加以考虑，使欠驱动水面船舶编队数学模型更加符合实际应用情况。

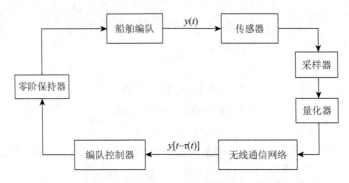

图 7.25　网络限制下的欠驱动水面船舶编队控制结构图

综上所述，考虑通信限制的欠驱动水面船舶编队控制数学模型为

$$\begin{cases} \dot{x}(t) = [A + DF(t)E_1]x(t) + [B + DF(t)E_2]u(t) \\ y(t) = Cx(t) \end{cases} \tag{7.164}$$

其中，

$$[\Delta A, \Delta B] = DF(t)[E_1, E_2]$$

$$D = \mathrm{diag}\left\{ \begin{bmatrix} 1 & 0 & 0 & 0 \\ 0 & 1 & 0 & 0 \\ 0 & 0 & 0 & 1 \end{bmatrix}^{\mathrm{T}}, \cdots, \begin{bmatrix} 1 & 0 & 0 & 0 \\ 0 & 1 & 0 & 0 \\ 0 & 0 & 0 & 1 \end{bmatrix}^{\mathrm{T}} \right\}$$

$$E_1 = \mathrm{diag}\left\{ \begin{bmatrix} 0 & 0 & 0 & 0 \\ 0 & 1 & 0 & 0 \\ 0 & 0 & 0 & 1 \end{bmatrix}, \cdots, \begin{bmatrix} 1 & 0 & 0 & 0 \\ 0 & 1 & 0 & 0 \\ 0 & 0 & 0 & 1 \end{bmatrix}^{\mathrm{T}} \right\}$$

$$E_2 = \left\{ \begin{bmatrix} 0 & 0 \\ 1 & 0 \\ 0 & 1 \end{bmatrix}, \cdots, \begin{bmatrix} 0 & 0 \\ 1 & 0 \\ 0 & 1 \end{bmatrix} \right\}$$

$F(t)$ 是包含 Lebesgue-measurable 函数的未知矩阵，并且满足 $F^{\mathrm{T}}(t)F(t) \leqslant I$。在设计控制器之前首先进行以下假设。

假设 7.10　参考轨迹 $q_{od}(s_{od})$ 是光滑的，并且 x_{id}、$\dot{x}_{id}$、y_{id}、$\dot{y}_{id}$、$\dot{\psi}_{id}$ 和 $\ddot{\psi}_{id}$ 是有界的。

假设 7.11　第 i 艘船的横向速度 v_i 是无源有界的。

本节的控制目标：针对通信限制下的欠驱动水面船舶编队控制问题，考虑单艘船舶的运动学模型和动力学模型式（7.140），在假设 7.10 和假设 7.11 下，首先采用反馈线性化建立带有通信延时的船舶编队数学模型，通过设计动态输出反馈控制器，构成分层编队控制器，确保闭环船舶编队系统的渐近稳定性，在通信延时下保证所有跟随船的跟踪误差 ρ_{ie} 和 ψ_{ie} 最终趋于零，并且满足以下性能指标：

$$J = \int_0^\infty [x^{\mathrm{T}}(t)Qx(t) + u^{\mathrm{T}}(t)Ru(t)]\mathrm{d}t \tag{7.165}$$

其中，Q 和 R 为给定的正定对称矩阵。

6. 保性能控制结构

考虑通信延时和模型参数不确定的欠驱动水面船舶编队控制系统式（7.164）和性能指标式（7.165），如果该不确定系统渐近稳定，并且性能指标满足 $J \leqslant J^*$，则 J^* 为闭环系统式（7.164）的保性能指标，$u(t)$ 称为保性能控制器。结合反馈线性化控制器式（7.151）和式（7.159），针对系统所需的性能指标式（7.165），通过设计动态输出反馈保性能控制器，构成本节设计的分层编队控制器，使船舶编队能够渐近稳定。

考虑动态输出反馈控制器模型为

$$\begin{cases} \dot{\hat{x}}(t) = A_{\mathrm{c}}\hat{x}(t) + B_{\mathrm{c}}y[t-\tau(t)] \\ u(t) = C_{\mathrm{c}}\hat{x}(t) \end{cases} \tag{7.166}$$

其中，$\hat{x}(t)$ 是控制器的状态；A_{c}、B_{c}、C_{c} 是待设计的基于模型的控制器参数，该控制器与反馈线性化控制器组成船舶编队分层控制器。

因此，定义 $z(t) = [x^{\mathrm{T}}(t), \hat{x}^{\mathrm{T}}(t)]^{\mathrm{T}}$，并参考式（7.164）和式（7.166），则闭环系统模型为

$$\dot{z}(t) = \begin{bmatrix} \dot{x}(t) \\ \dot{\hat{x}}(t) \end{bmatrix} = \begin{bmatrix} A+DF(t)E_1 & [B+DF(t)E_2]C_{\mathrm{c}} \\ 0 & A_{\mathrm{c}} \end{bmatrix} \begin{bmatrix} x(t) \\ \hat{x}(t) \end{bmatrix} + \begin{bmatrix} 0 & 0 \\ B_{\mathrm{c}}C & 0 \end{bmatrix} \begin{bmatrix} x(t-\tau(t)) \\ \hat{x}(t-\tau(t)) \end{bmatrix}$$
$$\tag{7.167}$$

对式（7.167）进行简化，可写为

$$\dot{z}(t) = [\bar{A} + DF(t)\bar{E}]z(t) + \bar{B}z[t-\tau(t)] \tag{7.168}$$

其中，$\bar{A} = \begin{bmatrix} A+DF(t)F_1 & [B+DF(t)E_2]C_{\mathrm{c}} \\ 0 & A_{\mathrm{c}} \end{bmatrix}$；$\bar{B} = \begin{bmatrix} 0 & 0 \\ B_{\mathrm{c}}C & 0 \end{bmatrix}$；$\bar{E} = [E_1, E_2C_{\mathrm{c}}]$。

则相应的性能指标为

$$J = \int_0^\infty [x^{\mathrm{T}}(t)Qx(t) + \hat{x}^{\mathrm{T}}(t)C_{\mathrm{c}}^{\mathrm{T}}RC_{\mathrm{c}}\hat{x}(t)]\mathrm{d}t$$
$$= \int_0^\infty [z^{\mathrm{T}}(t)\bar{C}^{\mathrm{T}}\bar{C}z(t)]\mathrm{d}t \tag{7.169}$$

其中，$\bar{C} = \begin{bmatrix} Q^{1/2} & \\ & R^{1/2}C_{\mathrm{c}} \end{bmatrix}$。

7.4.2 保性能稳定性分析

在给出本小节主要结论之前，首先介绍以下引理。

引理 7.1 （Schur 补性质）给定常数矩阵 A，$P = P^{\mathrm{T}} > 0$ 和 $Q = Q^{\mathrm{T}} > 0$，则 $A^{\mathrm{T}}PA + Q < 0$ 成立，当且仅当

$$\begin{bmatrix} -P^{-1} & A \\ A^{\mathrm{T}} & Q \end{bmatrix} < 0 \text{ 或 } \begin{bmatrix} Q & A^{\mathrm{T}} \\ A & -P^{-1} \end{bmatrix} < 0$$

引理 7.2 给定合适维数的矩阵 D 和 E，对称矩阵 Y，则有

$$Y + DF(t)E + E^{\mathrm{T}}F^{\mathrm{T}}(t)D^{\mathrm{T}} < 0$$

对于所有满足 $F^{\mathrm{T}}(t)F(t) \leqslant I$ 的矩阵 $F(t)$ 成立，当且仅当存在一个标量 $\varepsilon > 0$，使得

$$Y + \varepsilon DD^{\mathrm{T}} + \varepsilon^{-1}E^{\mathrm{T}}E < 0$$

定理 7.5 对于存在模型参数不确定和通信限制的闭环船舶编队系统式（7.168）和性能指标（7.169），如果存在对称正定矩阵 P 和矩阵 M，使得以下矩阵不等式

$$\begin{bmatrix} \varXi_1 & \varXi_2 \\ * & -M \end{bmatrix} < 0 \tag{7.170}$$

成立。其中，$\varXi_1 = \bar{C}^{\mathrm{T}}\bar{C} + \bar{M} + [\bar{A} + DF(t)\bar{E}]^{\mathrm{T}}P + P[\bar{A} + DF(t)\bar{E}]^{\mathrm{T}}$；$\bar{M} = [M, 0]$；$\varXi_2 = P\bar{B}$。

则该闭环船舶编队系统存在输出反馈保性能控制器。

证明 选取 Lyapunov 备选函数为

$$V[z(t)] = z^{\mathrm{T}}(t)Pz(t) + \int_{t-\tau}^{t} z^{\mathrm{T}}(\theta)Mz(\theta)\mathrm{d}\theta \tag{7.171}$$

由于 P 和 R 为正定对称矩阵，所以 $V[z(t)]$ 是正定的。沿闭环船舶编队系统式（7.168）的任意轨迹，对式（7.171）两边时间微分，可得

$$\dot{V}[z(t)] = 2z^{\mathrm{T}}(t)P\{[\bar{A} + DF(t)\bar{E}]z(t) + \bar{B}z[t - \tau(t)]\}$$
$$+ z^{\mathrm{T}}(t)Mz(t) - z^{\mathrm{T}}(t - \tau)Mz(t - \tau)$$
$$= \begin{bmatrix} z(t) \\ z(t - \tau) \end{bmatrix}^{\mathrm{T}} \begin{bmatrix} \varXi_2 - \bar{C}^{\mathrm{T}}\bar{C} - \bar{M} & \varXi_2 \\ * & -M \end{bmatrix} \begin{bmatrix} z(t) \\ z(t - \tau) \end{bmatrix} \tag{7.172}$$

由 Lyapunov 稳定性理论，并利用不等式（7.170）可得

$$\dot{V}[z(t)] < -z^{\mathrm{T}}(t)(\bar{C}^{\mathrm{T}}\bar{C} + M)z(t) \tag{7.173}$$

因此闭环船舶编队系统式（7.168）是渐近稳定的。

对式（7.173）两边从 $t = 0$ 到 $t = \infty$ 进行积分，可得

$$\int_0^\infty z^{\mathrm{T}}(t)(\bar{C}^{\mathrm{T}}\bar{C}+M)z(t) \leqslant \int_{-\tau}^0 z^{\mathrm{T}}(t)(\bar{C}^{\mathrm{T}}\bar{C}+M)z(t)\mathrm{d}t \tag{7.174}$$

综上所述,在不等式(7.170)成立时,闭环船舶编队系统式(7.168)存在输出反馈保性能控制器。证毕。

7.4.3 输出反馈保性能控制器设计

定理 7.6 具有性能指标式(7.169)的包含不确定和通信限制的闭环船舶编队系统式(7.168),矩阵不等式(7.170)对所有允许的不确定性成立,当且仅当存在一个标量 $\varepsilon > 0$,使得矩阵不等式

$$\begin{bmatrix} Y_1 & P\bar{B} \\ & -\bar{M} \end{bmatrix} < 0 \tag{7.175}$$

成立。其中,$Y_1 = \bar{A}^{\mathrm{T}}P + P\bar{A} + \varepsilon PDD^{\mathrm{T}}P + \varepsilon^{-1}\bar{E}^{\mathrm{T}}\bar{E} + \bar{C}^{\mathrm{T}}\bar{C} + \bar{M}$。

证明 矩阵不等式(7.175)可改写为

$$Y + \begin{bmatrix} PD \\ 0 \end{bmatrix} F \begin{bmatrix} \bar{E} & 0 \end{bmatrix} + \begin{bmatrix} \bar{E} & 0 \end{bmatrix}^{\mathrm{T}} F^{\mathrm{T}} \begin{bmatrix} PD \\ 0 \end{bmatrix}^{\mathrm{T}} < 0 \tag{7.176}$$

其中,$Y = \begin{bmatrix} \bar{C}^{\mathrm{T}}\bar{C} + \bar{M} + \bar{A}^{\mathrm{T}}P + P\bar{A}^{\mathrm{T}} & P\bar{B} \\ & -M \end{bmatrix}$。

由引理 7.1,式(7.176)对所有满足 $F^{\mathrm{T}}(t)F(t) \leqslant I$ 的模型参数不确定矩阵 $F(t)$ 成立,当且仅当存在一个标量 $\varepsilon > 0$,使得

$$Y + \varepsilon \begin{bmatrix} PD \\ 0 \end{bmatrix}\begin{bmatrix} PD \\ 0 \end{bmatrix}^{\mathrm{T}} + \varepsilon^{-1}\begin{bmatrix} \bar{E} & 0 \end{bmatrix}\begin{bmatrix} \bar{E} & 0 \end{bmatrix}^{\mathrm{T}} < 0 \tag{7.177}$$

成立,即

$$\begin{bmatrix} \bar{A}^{\mathrm{T}}P + P\bar{A} + \varepsilon PDD^{\mathrm{T}}P + \varepsilon^{-1}\bar{E}^{\mathrm{T}}\bar{E} + \bar{C}^{\mathrm{T}}\bar{C} + \bar{M} & P\bar{B} \\ & -\bar{M} \end{bmatrix} < 0 \tag{7.178}$$

成立。

利用矩阵的 Schur 补性质,式(7.178)进一步等价为

$$\begin{bmatrix} \bar{A}^{\mathrm{T}}P + P\bar{A} & 0 & Y_2 & PD & \bar{E}^{\mathrm{T}} & \bar{C}^{\mathrm{T}} \\ & -M & 0 & 0 & 0 & 0 \\ & & -M^{-1} & 0 & 0 & 0 \\ & & & -\varepsilon^{-1}I & 0 & 0 \\ & & & & -\varepsilon I & 0 \\ & & & & & -I \end{bmatrix} < 0 \tag{7.179}$$

其中，$Y_2 = [I \quad 0]^{\mathrm{T}}$。通过分析可知，式（7.179）关于未知变量 ε、P、M、A_c、B_c 和 C_c 并不是线性的，因此不能直接使用线性矩阵不等式的方法进行处理。首先对矩阵 P 及其逆矩阵 P^{-1} 进行如下划分：

$$\begin{cases} P = \begin{bmatrix} X & N \\ & W \end{bmatrix} \\ P^{-1} = \begin{bmatrix} R & \Gamma \\ & U \end{bmatrix} \end{cases} \tag{7.180}$$

其中，X、R、Γ、N 为正定矩阵。则由 $PP^{-1} = I$ 可得

$$\Gamma N^{\mathrm{T}} = I - RX \tag{7.181}$$

定义矩阵 Φ_1 和 Φ_2 为

$$\begin{cases} \Phi_1 = \begin{bmatrix} R & I \\ \Gamma^{\mathrm{T}} & 0 \end{bmatrix} \\ \Phi_2 = \begin{bmatrix} I & X \\ 0 & N^{\mathrm{T}} \end{bmatrix} \end{cases} \tag{7.182}$$

则得到变量替换公式为

$$\begin{cases} P\Phi_1 = \Phi_2 \\ \Phi_1^{\mathrm{T}} P \Phi_1 = \Phi_1^{\mathrm{T}} \Phi_2 = \begin{bmatrix} R & I \\ I & X \end{bmatrix} \end{cases} \tag{7.183}$$

定义新的变量为

$$\begin{cases} \hat{A} = NA_c\Gamma^{\mathrm{T}} + NB_c CR + XBC_c\Gamma^{\mathrm{T}} + XAR \\ \hat{B} = NB_c \\ \hat{C} = C_c\Gamma^{\mathrm{T}} \end{cases} \tag{7.184}$$

对于任意给定的正定对称矩阵 R、X 和可逆矩阵 Γ、N，根据式（7.184）可唯一确定输出反馈控制器的系数矩阵 A_c、B_c 和 C_c，并且矩阵不等式（7.179）等价于

$$\begin{bmatrix} \Pi_{11} & \Pi_{12} \\ & \Pi_{22} \end{bmatrix} < 0 \tag{7.185}$$

其中，

$$\Pi_{11} = \begin{bmatrix} AR + RA^{\mathrm{T}} + \hat{C}^{\mathrm{T}}B^{\mathrm{T}} + B\hat{C} & A + \hat{A}^{\mathrm{T}} & 0 & R \\ & A^{\mathrm{T}}X + XA + \hat{B}C + C^{\mathrm{T}}\hat{B}^{\mathrm{T}} & 0 & I \\ & & -M & 0 \\ & & & -M^{-1} \end{bmatrix}$$

$$\Pi_{12} = \begin{bmatrix} D & RE^{\mathrm{T}} & RQ^{1/2} & \hat{C}R^{1/2} \\ XD & E^{\mathrm{T}} & Q^{1/2} & 0 \\ 0 & 0 & 0 & 0 \\ 0 & 0 & 0 & 0 \end{bmatrix}$$

$$\Pi_{22} = \begin{bmatrix} -\varepsilon^{-1}I & 0 & 0 & 0 \\ & -\varepsilon I & 0 & 0 \\ & & -I & 0 \\ & & & -I \end{bmatrix}$$

综上，可以得到输出反馈保性能控制问题解的主要结论：

引理7.3 针对存在不确定和网络限制的船舶编队系统式（7.168）和性能指标式（7.169），存在输出反馈保性能控制器式（7.146），当且仅当存在一个标量 $\varepsilon > 0$，正定对称矩阵 R、X 和 M，矩阵 $\hat{A}$、$\hat{B}$ 和 $\hat{C}$，使得矩阵

$$\begin{bmatrix} \Pi_{11} & \Pi_{12} \\ & \Pi_{22} \end{bmatrix} < 0, \quad \begin{bmatrix} R & I \\ I & X \end{bmatrix} > 0 \qquad (7.186)$$

成立。

如果矩阵不等式（7.186）存在可行解，则可通过矩阵 $I - RX$ 的奇异值分解得到满足式（7.181）的可逆矩阵 Γ 和 N，按照矩阵式（7.183）即可得到正定矩阵 P，并且相应的控制器系数矩阵可由式（7.184）计算得到。证毕。

7.4.4 仿真研究

本小节对所设计的编队控制器进行仿真，为能够更好地验证存在模型不确定和网络限制下的控制器的有效性，考虑由七艘船组成的"V"字形编队队形，假设这七艘船是相同的，采用文献[184]中的船舶模型参数，包含网络诱导延时和丢包的总延时，取为 $\tau(t) = 0.1[1 + \sin(t)]$。每对领导船和跟随船之间期望相对距离为 $l_{12} = l_{13} = l_{24} = l_{35} = l_{46} = l_{57} = 60\mathrm{m}$，期望的航向角为 $\varphi_{12} = 5\pi/6$，$\varphi_{13} = -5\pi/6$，$\varphi_{24} - 5\pi/6$，$\varphi_{35} = -5\pi/6$，$\varphi_{46} = 5\pi/6$，$\varphi_{57} = -5\pi/6$。

各船舶的初始条件为

$$\begin{cases} [x_1(0), y_1(0), \psi_1(0), u_1(0), v_1(0), r_1(0)] = [0, 0, 0, 5, 0, 0] \\ [x_2(0), y_2(0), \psi_2(0), u_2(0), v_2(0), r_2(0)] = [10, 40, 0, 0, 0, 0] \\ [x_3(0), y_3(0), \psi_3(0), u_3(0), v_3(0), r_3(0)] = [10, -40, 0, 0, 0, 0] \\ [x_4(0), y_4(0), \psi_4(0), u_4(0), v_4(0), r_4(0)] = [-20, -80, 0, 0, 0, 0] \\ [x_5(0), y_5(0), \psi_5(0), u_5(0), v_5(0), r_5(0)] = [-20, -90, 0, 0, 0, 0] \\ [x_6(0), y_6(0), \psi_6(0), u_6(0), v_6(0), r_6(0)] = [-70, 120, 0, 0, 0, 0] \\ [x_7(0), y_7(0), \psi_7(0), u_7(0), v_7(0), r_7(0)] = [-70, -140, 0, 0, 0, 0] \end{cases}$$

控制器参数选取为

$$k_{i\rho} = k_{ir} = 1, \quad Q = 0.5I_{24\times24}, \quad R = 1, \quad F(t) = \begin{bmatrix} \sin t & 0 & 0 \\ 0 & \sin t & 0 \\ 0 & 0 & \sin t \end{bmatrix}$$

利用定理 7.2 和定理 7.3 可得到输出反馈保性能控制器参数矩阵为

$$A_{ci} = \begin{bmatrix} -10.3725 & -15.3710 & -5.7316 & 9.2591 \\ 13.5639 & 2.5162 & -6.3501 & -3.0873 \\ -7.0812 & 7.3057 & 5.0023 & -4.6314 \\ -1.6273 & -0.2135 & -2.5508 & 2.1526 \end{bmatrix}$$

$$B_{ci} = \begin{bmatrix} 0.0025 & -0.0034 \\ -0.0007 & -0.0037 \\ -0.0020 & -0.0018 \\ -0.0035 & -0.0064 \end{bmatrix}$$

$$C_{ci} = \begin{bmatrix} 0.2582 & 0.6257 & -0.4313 & -0.5537 \\ 3.0162 & -4.3910 & -2.5063 & 1.1641 \end{bmatrix} \times 10^2$$

　　仿真结果如图 7.26~图 7.29 所示（x_{e6}：跟随船 6 在 x 轴方向跟踪误差。x_{e7}：跟随船 7 在 x 轴方向跟踪误差。y_{e6}：跟随船 6 在 y 轴方向跟踪误差。y_{e7}：跟随船 7 在 y 轴方向跟踪误差。ψ_{e6}：跟随船 6 航向角 ψ 跟踪误差。ψ_{e7}：跟随船 7 航向角 ψ 跟踪误差。u_{e6}：跟随船 6 纵向速度跟踪误差。v_{e6}：跟随船 6 横向速度跟踪误差。r_{e6}：跟随船 6 首摇（转首）角速度跟踪误差。u_{e7}：跟随船 7 纵向速度跟踪误差。v_{e7}：跟随船 7 横向速度跟踪误差。r_{e7}：跟随船 7 首摇（转首）角速度跟踪误差。τ_{u6}：跟随船 6 控制律 τ_{u6}。τ_{r6}：跟随船 6 控制律 τ_{r6}。τ_{u7}：跟随船 7 控制律 τ_{u7}。τ_{r7}：跟随船 7 控制律 τ_{r7}）。为了能够更好地验证所设计的控制器的有效性，本小节在仿真时把领导船的轨迹分为直线和圆形。从图 7.26 和图 7.27 中可以看出，船舶在直线编队航行时，编队中各船舶的初始位置是不规则的，因此在初始阶段船舶的跟踪误差比较大，但是各船舶很快能够跟踪上相应的领导船。尽管存在模型参数不确定和网络通信限制，但船舶编队能够很好地保持所获得的"V"字形编队，轨迹跟踪误差和速度跟踪误差都能收敛到零。在 150s 处领导船的轨迹由直线变成圆形轨迹时，船舶组成的编队系统动态变化，开始的一段时间内各船舶跟踪误差比较大。经过一段时间的调整，编队中的船舶能够跟踪上领导船的轨迹，并且船舶编队系统存在模型参数不确定和网络限制的情况下，船舶编队依然能够获得很好的编队队形。但是由于模型参数不确定和网络限制的存在，船舶的轨迹跟踪误差和速度跟踪误差收敛到一个小的恒定值，并且误差是一致最终有界的。通过直线轨迹和圆形轨迹的仿真表明，所设计的分层编队控制器具有很好的鲁棒性。

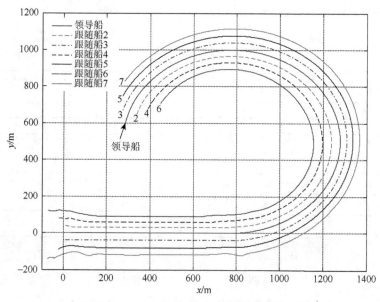

图 7.26　二维平面下七艘船的编队航迹

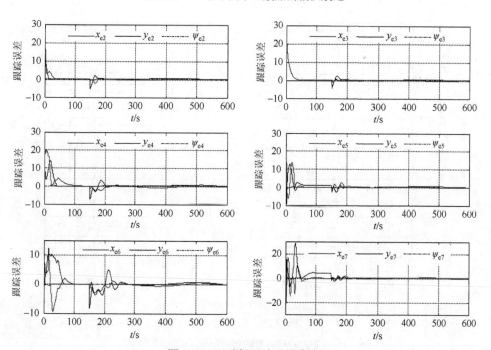

图 7.27　跟随船跟踪误差曲线

（x_{ei}、y_{ei} 的单位为 m，ψ_{ei} 的单位为 rad，$i = 2, 3, \cdots, 7$）

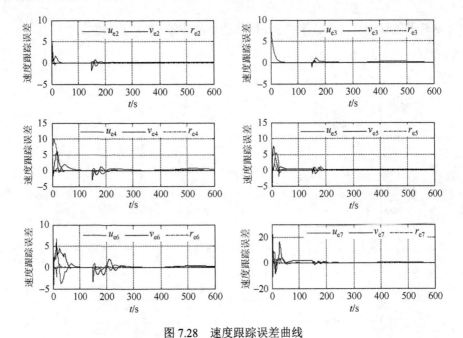

图 7.28　速度跟踪误差曲线

（u_{ei}、v_{ei} 的单位为 m/s，r_{ei} 的单位为 rad/s，$i = 2,3,\cdots,7$）

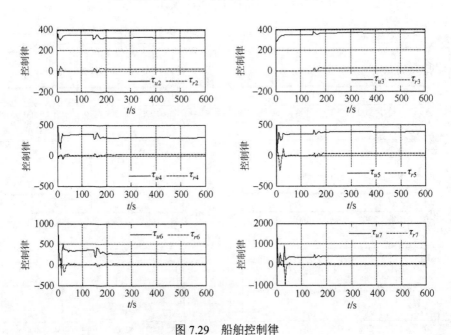

图 7.29　船舶控制律

（τ_{ei} 的单位为 N，τ_{ri} 的单位为 N·m，$i = 2,3,\cdots,7$）

7.5　本　章　小　结

本章考虑了一组欠驱动水面船舶的编队控制问题，基于领导者-跟随者方法编队控制策略，针对不同情况设计了欠驱动水面船舶编队控制器：①精确模型的欠驱动水面船舶非线性滑模编队控制；②模型参数不确定和未建模不确定项影响的欠驱动水面船舶鲁棒自适应全局滑模编队控制；③领导船速度未知的欠驱动水面船舶编队控制问题，通过引入虚拟船舶提出了一种全局滑模编队控制；④研究了通信受限情况下的欠驱动水面船舶编队控制问题，设计了分层编队控制器，该控制器第一层为反馈线性化控制器，第二层为动态输出反馈保性能控制器。

以上提出的编队控制方法能够保证欠驱动水面船舶编队系统的稳定性，仿真结果表明了控制算法的有效性。

参 考 文 献

[1] Kolmanovsky I，McClamroch N H. Developments in nonholonomic control problems[J]. IEEE Control Systems Magazine，1995，15（6）：20-36.

[2] Fossen T I. Guidance and Control of Ocean Vehicles[M]. Norway：John Wiley & Sons，1994.

[3] Jenabzadeh A，Safarinejadian B，Binazadeh T. Distributed tracking control of multiple nonholonomic mobile agents with input delay[J]. Transactions of the Institute of Measurement and Control，2019，41（3）：805-815.

[4] Do K D，Jie P. Control of Ships and Underwater Vehicles[M]. Berlin：Springer，2009.

[5] 郭晨, 汪洋, 孙富春, 等. 欠驱动水面船舶运动控制研究综述[J]. 控制与决策, 2009, 24（3）：321-329.

[6] Coron J M，Rosier L. A relation between continuous time-varying and discontinuous feedback stabilization[J]. Journal of Mathematical，Estimation，and Control，1994，4（1）：67-84.

[7] Brockett R W. Asymptotic stability and feedback stabilization[J]. Differential Geometric Control Theory，1983，27：181-191.

[8] Arnold V I. Geometrical Methods in the Theory of Ordinary Differential Eqautions[M]. Berlin：Springer，1983.

[9] Reyhanoglu M. Exponential stabilization of an underactuated autonomous surface vessel[J]. Automatica，1997，33（12）：2249-2254.

[10] Reyhanoglu M. Control and stabilization of an underactuated surface vessel[C]. Kobe：Proceedings of the 35th IEEE Conference on Decision and Control，1996.

[11] Laiou M C，Astolfi A. Discontinuous control of a high-order generalized chained system[J]. Systems & Control Letters，1999，37（5）：309-322.

[12] Fantoni I，Lozano R，Mazenc F，et al. Stabilization of a nonlinear underactuated hovercraft[J]. International Journal of Robust & Nonlinear Control，2015，10（8）：645-654.

[13] Ma B L. Global k-exponential asymptotic stabilization of underactuated surface vessels[J]. Systems & Control Letters，2009，58（3）：194-201.

[14] Xu R，Ozguner U. Sliding mode control of a class of underactuated systems[J]. Automatica，2008，44（1）：233-241.

[15] Cheng J，Yi J Q，Zhao D B. Stabilization of an underactuated surface vessel via discontinuous control[C]. Inc：Proceedings of the American Control Conference.American：Institute of Electrical and Electronics Engineers，2007.

[16] Zhang P F，Guo G. Stabilization of underactuated surface vessels: A continuous fractional power control method[J]. Applied Sciences-Basel，2018，74（7）：40-48.

[17] Pettersen K Y，Egeland O. Exponential stabilization of an underactuated surface vessel[C]. Kobe：Proceedings of the 35th IEEE Conference on Decision and Control，1996.

[18] Pettersen K Y, Egelan O. Robust control of an underactuated surface vessel with thruster dynamics[C]. Albuquerque: Proceedings of the 1997 American Control Conference, 1997.

[19] Pettersen K Y, Fossen T I. Underactuated ship stabilization using integral control: Experimental results with cybership I[J]. IFAC Proceedings Volumes, 1998, 31 (17): 125-130.

[20] Pettersen K Y, Fossen T I. Underactuated dynamic positioning of a ship-experimental results[J]. IEEE Transactions on Control Systems Technology, 2000, 8 (5): 856-863.

[21] Pettersen K Y, Nijmeijer H. Output feedback stabilization control of underactuated surface vessels[C]. Taiyuan: Proceedings of the 2012 24th Chinese Control and Decision Conference, 2012.

[22] Mazenc F, Pettersen K Y, Nijmeijer H. Global uniform asymptotic stabilization of an underactuated surface vessel[J]. IEEE Transactions on Automatic Control. 2002, 47 (10): 1759-1762.

[23] Mazenc F. Strict Lyapunov functions for time-varying systems[J]. Automatica, 2003, 39 (2): 349-353.

[24] Pettersen K Y, Mazenc F, Nijmeijer H. Global uniform asymptotic stabilization of an underactuated surface vessel: Experimental results[J]. IEEE Transactions on Control Systems Technology, 2004, 12 (6): 891-903.

[25] Pettersen K Y, Nijmeijer H. Semi-global practical stabilization and disturbance adaptation for an underactuated ship[C]. Sydney: Proceedings of 39th Conference on Decision and Control, 2000.

[26] 赵国良, 韩冰. 欠驱动水面船舶的光滑时变指数镇定[J]. 控制理论与应用, 2006, 23 (5): 787-790.

[27] M'Closkey R, Morin P. Time-varying homogeneous feedback: Design tools for the exponential stabilization of systems with drift[J]. International Journal of Control, 1998, 71 (5): 837-869.

[28] 廖煜雷, 庞永杰, 张铁栋. 欠驱动自治水面船的全局 K-指数镇定控制方法[J]. 哈尔滨工程大学学报, 2011, 32 (4): 417-422.

[29] Tian Y P, Li S. Smooth exponential stabilization of nonholonomic systems via time-varying feedback[C]. Sydney: Proceedings of the 39th IEEE Conference on Decision and Control, 2000.

[30] Tian Y P, Li S. Time-varying linear controllers for exponential tracking of non-holonomic systems in chained form[J]. Automatica, 2007, 17 (7): 631-647.

[31] Qu Z, Wang J, Plaisted C E, et al. Global-stabilizing near-optimal control design for nonholonomic chained systems[J]. IEEE Transactions on Automatic Control, 2006, 51 (9): 1440-1456.

[32] Dong W J, Guo Y. Global time-varying stabilization of an underactuated surface vessel[J]. IEEE Transactions on Automatic Control, 2005, 50 (6): 859-864.

[33] Ghommam J, Mnif F, Benali A, et al. Asymptotic backstepping stabilization of an underactuated surface vessel[J]. IEEE Transactions on Control Systems Technology, 2006, 14 (6): 1150-1157.

[34] Soro D, Lozano R. Semi-global practical stabilization of an underactuated surface vessel via nested saturation controller[C]. Denver: Proceedings of the American Control Conference, 2003.

[35] Aguiar A P, Hespanha J P, Pascoal A M. Switched seesaw control for the stabilization of underactuated vehicles[J]. Automatica, 2007, 43 (12): 1997-2008.

[36] Hespanha J P, Liberzon D, Teel A. On input-to-state stability of impulsive systems[C]. Seville:

Proceedings of the 44th conference on decision and control，2005.

[37] Kim T H，Basar T. Asymptotic stabilization of an underactuated surface vessel via logic-based control[C]. Anchorage：Proceedings of American Control Conference，2002.

[38] Greytak M，Hover F. Exponentially stable underactuated dynamic positioning of marine vehicle[C]. Detroit：Dynamic Positioning Conference，2007.

[39] Greytak M，Hover F. Underactuated point stabilization using predictive models with application to marine vehicles[C]. Nice：IEEE/RSJ International Conference on Intelligent Robots and Systems Acropolis Convention Center，2008.

[40] Lin X，Nie J，Jiao Y，et al. Adaptive fuzzy output feedback stabilization control for the underactuated surface vessel[J]. Applied Ocean Research，2018，74（5）：40-48.

[41] Liu Y，Guo C，Zhang C. Stabilization of underactuated surface vessel with genetic algorithm optimization[J]. Computer Engineering and Applications，2009，45（8）：204-207.

[42] 于瑞亭，朱齐丹，刘志林，等. 欠驱动不对称船舶全局 K 指数镇定的解耦实现[J]. 控制与决策，2012，27（5）：781-786.

[43] Jiang Z P. Global tracking control of underactuated ships by Lyapunov's direct method[J]. Automatica，2002，38（2）：301-309.

[44] Lee T C，Jiang Z P. New cascade approach for global exponential tracking of underactuated ships[J]. IEEE Transactions on Automatic Control，2004，49（12）：2297-2303.

[45] Godhavn J M. Nonlinear tracking of underactuated surface vessels[C]. Kobe：Proceedings of the 35th IEEE Conference on Decision and Control，1996.

[46] Pettersen K Y，Nijmeijer H. Tracking control of an underactuated surface vessel[C]. Florida：Proceedings of the 37th IEEE Conference on Decision and Control，1998.

[47] Jiang Z P，Nijmeijer H. A recursive technique for tracking control of nonholonomic systems in chain form[J]. IEEE Transactions on Automatic Control，1999，44（10）：265-279.

[48] Pettersen K Y，Nijmeijer H. Underactuated ship control：Theory and experiments[J]. International Journal of Control，2001，74（14）：1435-1446.

[49] Lefeber E，Pettersen K Y，Nijmeijer H. Tracking control of an underactuated ship[J]. IEEE Transactions on Control Systems Technology，2003，11（1）：52-61.

[50] Berge S P，Ohtsu K，Fossen T I. Nonlinear control of ships minimizing the position tracking errors [J]. Modeling Indentification and Control，1999，20（3）：177-187.

[51] Toussaint G J，Basar T，Bullo F. Tracking for nonlinear underactuated surface vessels with generalized forces[C]. Alaska：Proceedings of IEEE Conference on Control Applications，2000.

[52] Toussaint G，Basar T，Bullo F. H_∞-optimal tracking control techniques for nonlinear underactuated systems[C]. Alaska：Proceedings of IEEE Conference on Control Applications，2002.

[53] Toussaint G，Basar T，Bullo F. Motion planning for nonlinear underactuated vehicles using H_∞ techniques[C]. Arlington：Proceedings of the 2001 American Control Conference，2001.

[54] Cao K C，Tian Y P. A time-varying cascaded design for trajectory tracking control of nonholonomic systems[J]. International Journal of Control，2007，80（3）：14.

[55] Li T S, Yang Y S, Zheng Y F. Input-output linerization designs for straight-line tracking control of underactuated ships[J]. Systems Engineering and Electronics, 2004, 26 (7): 945-948.

[56] 周岗, 姚琼荟, 陈永冰, 等. 不完全驱动船舶直线航迹控制稳定性研究[J]. 自动化学报, 2007, 33 (4): 378-384.

[57] Sorensen A J, Sagatun S I, Fossen T I. Design of a dynamic positioning system using model based control[J]. Control Engineering Practice, 1996, 4 (3): 359-368.

[58] Do K D, Jiang Z P, Pan J. Underactuated ship global tracking under relaxed conditions[J]. IEEE Transactions on Automatic Control, 2002, 47 (9): 1529-1536.

[59] Fossen T I, Strand J P. Passive nonlinear observer design for ships using Lyapunov methods: Experimental results with a supply vessel[J]. Automatica, 1999, 35 (1): 13-16.

[60] Do K D, Jiang Z P, Pan J. Global partial-state feedback and output-feedback tracking controllers for underactuated ships[J]. Systems & Control Letters, 2005, 54 (10): 1015-1036.

[61] Ihle I A F, Skjetne R, Fossen T I. Output feedback control for maneuvering systems using observer backstepping[C]. Limassol: Proceedings of the 13th Mediterranean Conference on Control and Automation, 2005.

[62] Skjetne R, Smogeli N, Fossen T I. A nonlinear ship maneuvering model: Identification and adaptive control with experiments for a model ship[J]. Modeling, Identification and Control, 2004, 25 (1): 3-27.

[63] Wahl A, Gilles E. Track-keeping on waterways using model predictive control[C]. Fukuoka: Proceedings of the IFAC Conference on Control Applications in Marine Systems, 1998.

[64] Perez T. Ship Motion Control: Course Keeping and Roll Stabilisation Using Rudder and Fins[M]. Berlin: Springer, 2005.

[65] McNinch L C, Muske K R, Ashrafiuon H. Model-based predictive control of an unmanned surface vessel[C]. Hawaii: Proceedings of the 11th IASTED International Conference on Intelligent Systems and Control, 2008.

[66] Li Z, Sun J, Oh S R. Path following for marine surface vessels with rudder and roll constraints: An mpc approach[C]. St. Louis: Proceedings of American Control Conference, 2009.

[67] Oh S R, Sun J. Path following of underactuated marine surface vessels using line-of-sight based model predictive control[J]. Ocean Engineering, 2010, 37 (2): 289-295.

[68] Do K D, Pan J. State-and output-feedback robust path-following controllers for underactuated ships using Serret-Frenet frame[J]. Ocean Engineering, 2004, 31 (5-6): 587-613.

[69] Wang X F, Zou Z J, Li T S, et al. Nonlinear model predictive controller with disturbance observer for path following of underactuated ships[J]. Journal of Wuhan University of Technology (Transportation Science & Engineering), 2009, 33 (5): 1020-1024.

[70] Wang X F, Zou Z J, Li T S, et al. Adaptive path following controller of underactuated ships using serret-frenet frame[J]. Journal of Shanghai Jiaotong University (Science), 2010, 15 (3): 334-339.

[71] Slotine J, Li W P. Applied Nonlinear Control[M]. Beijing: China Machine Press, 2006.

[72] Bu R X, Liu Z J, Hu J Q. Straight-path tracking control of underactuated ships using dynamic nonlinear sliding[J]. Journal of Tsinghua University (Sci&Tech), 2007, 47 (s2): 1880-1883.

[73] Ashrafiuon H, Muske K R, McNinch L C. Sliding-mode tracking control of surface vessels[J].

IEEE transactions on industrial electronics，2008，55（11）：4004-4012.

[74] Muske K R，Ashrafiuon H，Haas G，et al. Identification of a control oriented nonlinear dynamic USV model[C]. Seattle：Proceedings of the 2008 American Control Conference，2008.

[75] Elmokadem T，Zribi M，Youcef-Toumi K. Trajectory tracking sliding mode control of underactuated AUVs[J]. Nonlinear Dynamics，2016，84（2）：1079-1091.

[76] Meng W，Guo C，Liu Y，et al. Sliding mode trajectory tracking control of underactuated surface vessels[C]. Xiamen：International Conference on Automatic Control and Artificial Intelligence，2012.

[77] Qin Z H，Lin Z，Li P，et al. Sliding-mode control of underactuated ship based on LOS guidance[J]. Journal of Central South University（Science and Technology），2016，47（10）：3605-3611.

[78] 秦朝宇，李伟，宁君. 基于非奇异终端滑模的船舶航迹跟踪自抗扰控制[J]. 上海海事大学学报，2016，37（3）：13-17.

[79] Sun F C，Sun Z Q，Woo P Y. Stable neural-network-based adaptive control for sampled-data nonlinear systems[J]. IEEE Transactions on Neural Networks，1998，9（5）：956-968.

[80] 汪洋. 基于动态神经模糊模型的欠驱动水面船舶运动控制[D]. 大连：大连海事大学，2010.

[81] Liu Y，Guo C，Shen Z P，et al. Stable adaptive neural network control of path following for underactuated ships[J]. Control Theory and Applications，2010，27（2）：169-174.

[82] Behal A，Dawson D M，Dixon W E，et al. Tracking and regulation control of an underactuated surface vessel with nonintegrable dynamic[J]. IEEE transactions on automatic control，2002，47（3）：495-500.

[83] Skjetne R，Fossen T I. Nonlinear maneuvering and control of ships[C]. Honolulu：Proceedings of MTS/IEEE OCEANS，2001.

[84] Skjetne R，Fossen T I，Kokotovic P V. Adaptive maneuvering，with experiments，for a model ship in a marine control laboratory[J]. Automatica，2005，41（2）：289-298.

[85] Skjetne R，Fossen T I，Kokotovic P V. Robust output maneuvering for a class of nonlinear systems[J]. Automatica，2004，40（3）：373-383.

[86] Do K D，Pan J. Global tracking control of underactuated ships with off-diagonal terms[C]. Maui：Proceedings of 42nd IEEE Conference on Decision and Control，2003.

[87] Do K D，Pan J. Global way point tracking control of underactuated ships under relaxed assumptions[C]. Maui：Proceedings of 42nd IEEE Conference on Decision and Control，2003.

[88] Do K D，Pan J. Global tracking control of underactuated ships with nonzero off-diagonal terms in their system matrices[J]. Automatica，2005，41（1）：87-95.

[89] Fredriksen E，Pettersen K Y. Global exponential way-point maneuvering of ships：Theory and experiments[J]. Automatica，2006，42（4）：677-687.

[90] Moreira L，Fossen T I，Soares C G. Path following control system for a tanker ship model[J]. Ocean Engineering，2007，34（14-15）：2074-2085.

[91] Burger M，Pavlov A，Borhaug E，et al. Straight line path following for formations of underactuated surface vessels under influence of constant ocean currents[C]. St. Louis：Proceedings of the American Control Conference，2009.

[92] Peng Y，Han J D，Song Q. Tracking control of underactuated surface ships：Using unscented

Kalman filter to estimate the uncertain parameters[C]. Harbin: Proceedings of IEEE Conference on Mechatronics and Automation, 2007.

[93] Wang X F, Zou Z J, Li T S, et al. Path following control of underactuated ships based on UKF[J]. Journal of Shanghai Jiaotong University (Science), 2010, 15 (1): 108-113.

[94] Behal A, Dawwon D M, Xian B, et al. Adaptive tracking control of underactuated surface vessel[C]. Mexico City: Proceedings of the IEEE Intentional Conference on Control Applications, 2001.

[95] Wang N, Sun Z, Zheng Z J, et al. Finite-time sideslip observer-based adaptive fuzzy path-following control of underactuated marine vehicles with time-varying large sideslip[J]. International Journal of Fuzzy Systems, 2018, 20 (6): 1767-1778.

[96] Liu C, Chen Philip C L, Zou Z J, et al. Adaptive NN-DSC control design for path following of underactuated surface vessels with input saturation[J]. Neurocomputing, 2017, 267: 466-474.

[97] Do K D, Pan J. Underactuated ship global tracking without measurement of velocities[C]. Denver: Proceedings of the American Control Conference, USA, 2003.

[98] Do K D, Pan J. Underactuated ships follow smooth paths with integral actions and without velocity measurements for feedback: theory and experiments[J]. IEEE Transactions on Control Systems Technology, 2006, 14 (2): 308-322.

[99] Do K D, Jiang Z P, Pan J. Robust and adaptive path following for underactuated ships[J]. Automatica, 2004, 40 (6): 929-944.

[100] Li J H, Lee P M, Jun B H, et al. Point to point navigation of underactuated ships[J]. Automatica, 2008, 44 (12): 3201-3205.

[101] Li Z, Sun J, Oh S R. Design, analysis and experimental validation of robust nonlinear path following control of marine surface vessels[J]. Automatica, 2009, 45 (7), 1649-1658.

[102] Pettersen K Y, Nijmeijer H. Global practical stabilization and tracking for an underactuated ship: A combined averaging and backstepping approach[J]. Modeling, Identification and Control, 1999, 20 (4): 189-199.

[103] Do K D, Jiang Z P, Pan J. Universal controllers for stabilization and tracking of underactuated ships[J]. Systems & Control Letters, 2002, 47 (4): 299-317.

[104] Ghommam J, Mnif F, Derbel N. Global stabilisation and tracking control of underactuated surface vessels[J]. IET Control Theory & Applications, 2010, 4 (1): 71-88.

[105] Reynolds C W. Flocks, herds, and schools: A distributed behavioral model[J]. Computer Graphics, 1987, 21 (4): 25-34.

[106] Vicsek T, Czirook A, Jacob E, et al. Novel type of phase transition in a system of self-driven particles[J]. Physical Review Letters, 1995, 75 (6): 1226-1229.

[107] Couzin I D, Krause J, Feanks N R, et al. Effective leadership and decision making in animal groups on the move[J]. Nature, 2005, 433 (7025): 513-516.

[108] Couzin I D, Krause J, James R. Collective memory and spatial sorting in animal groups[J]. Journal of Theoretical Biology, 2002, 218 (1): 1-11.

[109] Kang W, Xi N, Sparks A. Theory and applications of formation control in a perceptive reference frame[C]. Sydney: Proceedings of 39th IEEE Conference on Decision and Control, 2000.

[110] Jenabzadeh A, Safarinejadian B. Distributed estimation and control of multiple nonholonomic

mobile agents with external disturbances[J]. Journal of the Franklin Institute, 2009, 356 (2): 957-997.

[111] Binetti P, Ariyur K B, Krstic M, et al. Formation flight optimization using extremum seeking feedback[J]. Journal of Guidance, Control, and Dynamics, 2003, 26 (1): 132-142.

[112] Stilwell D J, Bishop B E. Platoons of underwater vehicles[J]. IEEE Control Systems Magzine, 2000, 20 (6): 45-52.

[113] Scharf D P, Hadaegh F Y, Ploen S R. A survey of space formation flying guidance and control (part 2) [C]. Denver: Proceedings of the American Control Conference, 2004.

[114] Serrani A. Robust coordinated control of satellite formations subject to gravity perturbations[C]. Denver: Proceedings of the American Control Conference, 2003.

[115] Robertson A, Corazzini T, How J P. Formation sensing and control technologies for a separated spacecraft interferometer[C]. Philadelphia: Proceedings of the American Control Conference, 1998.

[116] Khatib O. Real-time obstacle avoidance for manipulators and mobile robots[J]. International Journal of Robotics Research, 1986, 5 (1): 90-98.

[117] Leonard N E, Fiorelli E. Virtual leaders, artificial potentials and coordinated control of groups[C]. Orlando: Proceedings of the 40th IEEE Conference on Decision and Control, 2001.

[118] Do K D. Output-feedback formation tracking control of unicycle-type mobile robots with limited sensing ranges[J]. Robotics and Autonomous Systems, 2009, 57 (1): 34-47.

[119] Do K D. Practical formation control of multiple underactuated ships with limited sensing ranges[J]. Robotics and Autonomous Systems, 2011, 59 (6): 457-471.

[120] Do K D. Formation control of underactuated ships with elliptical shape approximation and limited communication ranges[J]. Automatica, 2012, 48 (7): 1380-1388.

[121] Tan K H, Lewis M A. Virtual structures for high-precision cooperative mobile robotic control[C]. Osaka: Proceedings of the IEEE/RSJ International Conference Intelligent Robots and Systems, 1996.

[122] Lewis M A, Tan K H. High precision formation control of mobile robots using virtual structures[J]. Autonomous Robots, 1997, 4 (4): 387-403.

[123] Beard R W, Lawton J, Hadaegh F Y. A coordination architecture for spacecraft formation control[J]. IEEE Transactions on Control Systems Technology, 2001, 9 (6): 777-790.

[124] Egerstedt M, Hu X. Formation constrained multi-agent control[J]. IEEE Transactions on Robotics and Automation, 2001, 17 (6): 947-951.

[125] Ren W, Beard R W. Formation feedback control for multiple spacecraft via virtual structures[J]. IEEE Proceedings of Control Theory and Applications, 2004, 151 (3): 357-368.

[126] Ren W, Beard R W. Virtual structure based spacecraft formation control with formation feedback[C]. Callfornia: AIAA Guidance, Navigation, and Control Conference and Exhibit, 2002.

[127] Ren W, Beard R. Decentralized scheme for spacecraft formation flying via the virtual structure approach[J]. Journal of Guidance, Control, and Dynamics, 2004, 27 (1): 73-82.

[128] Xin M, Balakrishnan S N, Pernicka H J. Position and attitude control of deep-space spacecraft formation flying via virtual structure and theta-D technique [J]. Journal of Dynamic Systems Measurement and Control-Transactions of the Asme. 2007, 129 (5): 689-698.

[129] Ren W, Beard R W, Atkins E M. A survey of consensus problems in multi-agent coordination[C]. Portland: Proceedings of American Control Conference, 2005.

[130] Skjetne R, Moi S, Fossen T I. Nonlinear formation control of marine craft[C]. Nassau: Proceedings of 41st IEEE Conference on Decision and Control, 2002.

[131] Ihle I A F. Coordinated Control of Marine Craft[D]. Norway: Norwegian University of Science and Technology, 2006.

[132] Ihle I A F, Jouffroy J, Fossen T I. Formation control of marine craft using constraint functions[C]. Washington: Proceedings of the MTS/IEEE OCEANS, 2005.

[133] Ihle I A F, Skjetne R, Fossen T I. Nonlinear formation control of marine craft with experimental results[C]. Nassau: Proceedings of IEEE Conference on Decision and Control, Bahamas, 2004.

[134] Ihle I A F, Jouffroy J, Fossen T I. Formation control of marine surface craft: A Lagrangian approach[J]. IEEE Journal of Oceanic Engineering, 2006, 31 (4): 922-934.

[135] Ihle I A F, Arcak M, Fossen T I. Passivity-based designs for synchronized path-following designs for synchronized path following[J].Automatica, 2007, 43 (9): 1508-1518.

[136] Ihle I A F, Jouffroy J, Fossen T I. Robust formation control of marine craft using lagrange multipliers[M]. Berlin: Group Coordination and Coordinative Control, Springer, 2006.

[137] Ihle I A F, Jouffroy J, Fossen T I. Robust combined position and formation control for marine surface craft[C]. Kyoto: Proceedings of the 17th International Symposium on Mathematical Theory of Networks and Systems, 2006.

[138] Yoo S J, Park J B, Choi Y H. Adaptive formation tracking control of electrically driven multiple mobile robots[J]. IET Control Theory and Application, 2010, 4 (8): 1489-1500.

[139] Ghommam J, Mnif F. Coordinated path following control for a group of underactuated surface vessels[J]. IEEE Transactions on industrial electronics, 2009, 56 (10): 3951-3963.

[140] Balch T, Arkin R C. Behavior-based formation control for multi-robot teams[J]. IEEE Transactions on Robotics and Automation, 1998, 14 (6): 926-939.

[141] Arrichiello F, Chiaverini S, Fossen T I. Formation control of underactuated surface vessels using the null-space-based behavioral control[M]. Berlin: Springer, 2006.

[142] Antonelli G, Chiaverini S. Fault tolerant kinematic control of platoons of autonomous robots[C]. New Orleans: Proceedings of the IEEE International Conference on Robotics and Automation, 2004.

[143] Stilwell D J, Bishop B E, Sylvester C A. Redundant manipulator techniques for partially decentralized path planning and control of a platoon of autonomous vehicles[J]. IEEE Transactions on Systems, Man, and Cybernetics, Part B (Cybernetics), 2005, 35 (4): 842-848.

[144] Reif J H, Wang H. Social potential fields: A distributed behavioral control for autonomous robots[J]. Robotics and Autonomous Systems, 1999, 27 (3): 171-194.

[145] Monteiro S, Bicho E. A dynamical systems approach to behavior based formation control[C]. Washington: Proceedings of the IEEE International Conference on Robotics and Automation, 2002.

[146] Ge S S, Fua C H, Lim K W. Multi-robot formations: queues and artificial potential trenches[C]. New Orleans: Proceedings of the IEEE International Conference on Robotics and Automation,

2004.

[147] Wang P K C. Navigation strategies for multiple autonomous robots moving in formation[J]. Journal of Robotic Systems, 1991, 8 (2): 177-195.

[148] Sheikholeslam S, Desoer C A. Control of interconnected nonlinear dynamical systems: The platoon problem[J]. IEEE Transactions on Automatic Control, 1992, 37 (6): 806-810.

[149] Encarnação P, Pascoal A. Combined trajectory tracking and path following: an application to the coordinated control of autonomous marine craft[C]. Orlando: Proceedings of 40th IEEE Conference on Decision and Control, 2001, 1: 964-969.

[150] Encarnacao P, Pascoal A. Combined trajectory tracking and path following for marine craft[C]. Croatia: Proceedings of 9th Mediterranean Conference on Control and Automation, 2001.

[151] Desai J P, Ostrowski J, Kumar V. Controlling formations of multiple mobile robots[C]. Belgium: Proceedings of the IEEE International Conference on Robotics and Automation, 1998.

[152] Takahashi H, Nishi H, Ohnishi K. Autonomous decentralized control for formation of multiple mobile robots considering ability of robot[J]. IEEE Transactions on Industrial Electronics, 2004, 51 (6): 1272-1279.

[153] Fahimi F, SiddaReddy R, Nataraj C. Formation controllers for underactuated surface vessels and zero dynamics stability[J]. Control and Intelligent Systems, 2008, 36 (3): 277-287.

[154] Fahimi F. Nonlinear model predictive formation control for groups of autonomous surface vessels[J]. International Journal of Control, 2007, 80 (8): 1248-1259.

[155] Fahimi F. Sliding-mode formation control for underactuated surface vessels[J]. IEEE Transactions on Robotics, 2007, 23 (3): 617-622.

[156] Schoerling D, Van K C, Fahimi F, et al. Experimental test of a robust formation controller for marine unmanned surface vessels[J]. Autonomous Robots, 2010, 28 (2): 213-230.

[157] Fahimi F. Towards full formation control of an autonomous helicopters group[C]. Big Sky: IEEE Aerospace Conference Proceedings, 2007.

[158] Fahimi F. Full formation control of autonomous helicopters groups[J]. Robotica, 2008, 26 (2): 143-156.

[159] Fahimi F, Saffarian M. The control point concept for nonlinear trajectory tracking control of autonomous helicopters with fly bar[J]. International Journal of Control, 2011, 84 (2): 242-252.

[160] Skjetne R. The maneuvering problem[D]. Norway: Norwegian University of Science and Technology, 2005.

[161] Ghabcheloo R. Coordinated path following of multiple autonomous vehicles[D]. Portugal: Instituto Superior Técnico, Universidade Técnica de Lisboa, 2007.

[162] Børhaug E. Nonlinear control and synchronization of mechanical systems[D]. Norway: Norwegian University of Science and Technology, 2008.

[163] Breivik M, Hovstein V E, Fossen T I. Ship formation control: A guided leader-follower approach[C]. Korea: Proceedings of the 17th IFAC World Congress, 2008.

[164] Breivik M. Topics in guided motion control of marine vehicles[D]. Norway: Norwegian University of Science and Technology, 2010.

[165] Kyrkjebø E. Motion coordination of mechanical systems: Leader-follower synchronization of Euler-Lagrange systems using output feedback control[D]. Norway: Norwegian University of

Science and Technology，2007.

[166] Aguiar A P，Hespanha J P. Trajectory tracking and path-following of underactuated autonomous vehicles with parametric modeling uncertainty[J]. IEEE Transactions on Automatic Control，2007，52（8）：1362-1379.

[167] 彭周华. 舰船编队的鲁棒自适应控制[D]. 大连：大连海事大学，2011.

[168] Spry S，Hedrick J K. Formation control using generalized coordinates[C]. Bahamas：Proceedings of IEEE International Conference on Decision and Control，2004.

[169] Kyrkjebø E，Pettersen K Y. Ship replenishment using synchronization control[C]. Spain：Proceedings of 6th IFAC Conference on Manoeuvring and Control of Marine Craft，2003.

[170] Kyrkjebø E，Wondergem M，Pettersen K Y，et al. Experimental results on synchronization control of ship rendezvous operations[J]. IFAC，2004，37（10）：453-458.

[171] Kyrkjebø E，Panteley E，Chaillet A，et al. A virtual vehicle approach to underway replenishment[C]. Norway：Lecture notes in control and information sciences，2006.

[172] Kyrkjebø E，Pettersen K Y，Wondergem M，et al. Output synchronization control of ship replenishment operations：Theory and experiments[J]. Control Engineering Practice，2007，15（6）：741-755.

[173] Borhaug E，Pavlov A，Pettersen K Y. Cross-track formation control of underactuated surface vessels[C]. San Diego：Proceedings of 45th IEEE Conference on Decision and Control，2006.

[174] Borhaug E，Pavlov A，Ghabcheloo R，et al. Formation control of underactuated marine vehicles with communication constraints[C]. Saint Paul：Proceedings of 7th IFAC Conference on Manoeuvring and Control of Marine Craft，2006.

[175] Børhaug E，Pavlov A，Panteley E，et al. Straight line path following for formations of underactuated marine surface vessels[J]. IEEE Transactions on Control Systems Technology，2011，19（3）：493-506.

[176] Dong W，Farrell J A. Formation control of multiple underactuated surface vessels[J]. IET Control Theory & Applications，2008，2（12）：1077-1085.

[177] Ghommam J，Mnif F，Poisson G. Nonlinear formation control of a group of underactuated ships[C]. Aberdeen：OCEANS 2007 Europe，2007.

[178] 林安辉，蒋德松，曾建平. 具有未知动态的船舶编队输出反馈控制[J]. 控制理论与应用，2017，34（9）：1222-1229.

[179] Wang H，Wang D，Peng Z. Neural network based adaptive dynamic surface control for cooperative path following of marine surface vehicles via state and output feedback[J]. Neurocomputing，2014，133（8）：170-178.

[180] 林安辉，蒋德松，曾建平. 具有输入饱和的欠驱动船舶编队控制[J]. 自动化学报，2018，44（8）：1496-1504.

[181] Slotine J J，Li W，Hall P. Applied Nonlinear Control：United States edition[M]. Prentice-Hall Englewood Cliffs：Pearson Schweiz Ag，1990.

[182] 卢强，孙元章. 电力系统非线性控制[M]. 北京：科学出版社，1993.

[183] Khalil H K. Nonlinear Systems，3rd ed. [M]. Upper Saddle River：Prentice Hall，2002.

[184] Lecourt E J. Control system for ship model towing carriage[J]. Anais Da Escola Superior De

Agricultura Luiz De Queiroz，1964，37（2）：24-38.

[185] Fossen T I. Marine Control Systems：Guidance，Navigation and control of ships，Rigs and Underwater Vehicles. [M]. Norway：Marine Cybernetics，Trondheim，2002.

[186] 贾欣乐，杨盐生. 船舶运动数学模型[M]. 大连：大连海事大学出版社，1998.

[187] Breivik M，Fossen T I. Path following for marine surface vessels[C]. Kobe：Proc of the OTO'04，2004.

[188] 李铁山. 船舶直线航迹控制非线性设计方法[D]. 大连：大连海事大学，2005.